大智移云
改革 会计教学

业财合一 • 流程管控系列

国家级精品课程配套教材
中央高校教育教学改革项目研究成果

EXERCISES AND ANALYSIS OF FUNDAMENTAL ACCOUNTING PRINCIPLES

会计学原理习题与解析

（第三版）

施先旺 刘美华 主 编
潘金锐 曾 艳 徐孝刚 副主编

资金运动，终点记借，起点记贷。
全书视频（免费）讲解！

东北财经大学出版社
Dongbei University of Finance & Economics Press
大连

图书在版编目（CIP）数据

会计学原理习题与解析 / 施先旺，刘美华主编．—3 版．—大连 ：东北财经大学出版社，2025.8.—（业财合一·流程管控系列）．—ISBN 978-7-5654-5781-4

Ⅰ. F230-44

中国国家版本馆 CIP 数据核字第 2025DP1892 号

会计学原理习题与解析

KUAIJIXUE YUANLI XITI YU JIEXI

东北财经大学出版社出版

（大连市黑石礁尖山街 217 号　邮政编码　116025）

网　　址：http://www.dufep.cn

读者信箱：dufep@dufe.edu.cn

大连市东晟印刷有限公司印刷　东北财经大学出版社发行

幅面尺寸：185mm×260mm　字数：318 千字　印张：15.25

2025 年 8 月第 3 版　2025 年 8 月第 1 次印刷

责任编辑：李　栋　责任校对：何　莉

封面设计：原　皓　版式设计：原　皓

书号：ISBN 978-7-5654-5781-4　定价：35.00 元

教学支持　售后服务　联系电话：（0411）84710309

第三版前言

由施先旺、龚翔主编的《会计学原理》（第三版）于2024年7月经东北财经大学出版社出版后，得到了广大读者的普遍认可和好评。应读者的要求，中南财经政法大学会计学院“财务会计学”课程组联合国内部分高校的会计学专业教师一起修订了本书。

作为《会计学原理》（第三版）的学习辅导用书，本书的主要特点为：

1.按教学知识点设计练习题。

与目前大多数习题集按章节设计的传统做法不同，本书按照一个个知识点来独立设计练习题。每一个知识点设置相应的单选、多选、判断、计算、业务、综合等题型。这一方面可以方便老师布置作业，老师讲了某一个知识点，就可以布置该知识点所对应的练习题；另一方面也便于学生主动学习，学生学习了某一个知识点，就可以做该知识点对应的练习题。

2.习题题型与内容体现了传统与改革的融合。

一方面，本书习题的题型与内容和传统的会计学习内容保持一致。这样，学生通过本书的使用，依然可以掌握传统的会计学习内容，可以参加目前的会计相关学历学习及考试、后续培训考试和职业证书考试。

另一方面，本书习题的题型和内容又体现了“业财合一、流程管控”的会计改革思想。通过本书的学习，可进一步了解业务，了解业务流程，搞懂企业的资金运动；进一步提升学生的财务管理与控制思想；进一步提升学生对企业全局业务、流程与资金流动的把控，全面提升其综合素质。

3.提供所有习题的免费视频讲解。

编者对本书的所有习题逐题进行免费视频讲解，讲解视频以二维码的形式在书中展示。

4.以“综合模拟试题”强化综合应用能力。

为进一步深化“业财合一”会计教学改革，体现会计改革的教学成果，本版新增加了两套“综合模拟测试”试卷。这两套试卷的形式和内容都做了较大的变更，以体现“业财合一”会计教学改革的基本思想。

5.内容更加精准适用。

针对第二版中存在的各类问题，本书进行了全面细致的修改与完善。通过修正疏漏、优化表述、精进习题设计等方式，进一步提升习题的准确性、科学性与适用性，为师生提供更优质的教学辅助资源。

本书由施先旺（中南财经政法大学）、刘美华（湖北大学）任主编，潘金锐（西南交通大学希望学院）、曾艳（武汉学院）和徐孝刚（长春工程学院）任副主编。

各章编写分工如下：第一章由龚翔（中南财经政法大学）编写；第二章由刘美华编写；第三章由施先旺编写；第四章由梁丽（重庆交通大学）编写；第五章由曾艳编写；第六章由王猛（辽宁科技学院）编写；第七章由徐孝刚编写；第八章由周磊（武汉学院）编写；第九章由丁琳（中南财经政法大学）编写；第十章由李怀晖（桂林理工大学）编写；综合模拟测试由罗殿英（武汉学院）编写；习题答案与解析部分由潘金锐编写。

本书在编写过程中得到了很多专家、学者的帮助，在此一并表示感谢。同时，还要感谢东北财经大学出版社的编校人员为本书的出版付出的辛勤劳动。

由于编者水平有限，本书的疏漏之处在所难免，期待广大读者批评指正，以促进本书不断完善。请将您的宝贵意见告知课程组联系人（微信号：shixw2000）。

欢迎关注“施会计4855”微信视频号：

欢迎关注“财大的施会计”个人空间：

财大的施会计

编　者

2025年5月

目　录

第一章　概述 ······ 1

一、知识点：会计的产生与发展 ······ 1

二、知识点：会计与组织 ······ 1

三、知识点：公司制企业中的会计与会计目标 ······ 2

四、知识点：会计信息与会计信息使用者 ······ 2

五、知识点：会计信息质量特征 ······ 3

六、知识点：会计的基本内容与规范 ······ 4

第二章　会计要素与复式记账 ······ 6

一、知识点：会计对象与“会计沙盘模型”的提出+资金运动在“会计沙盘模型”上的模拟 ······ 6

二、知识点：企业综合资金运动分析 ······ 7

三、知识点：会计要素概述+资产 ······ 8

四、知识点：负债+所有者权益 ······ 9

五、知识点：经济交易与事项的定义与类型+经济交易与事项和会计方程式 ··· 11

六、知识点：会计科目+账户概念、结构及功能+账户与资金运动 ······ 14

七、知识点：会计账户与会计科目、账户体系 ······ 15

八、知识点：记账方法 ······ 17

九、知识点：记账规则（含复式记账法的概念） ······ 18

十、知识点：记账符号与账户分类 ······ 20

十一、知识点：试算平衡方法 ······ 23

十二、知识点：会计分录+项目与会计账户的关系+借贷记账法运用举例······ 24

第三章　企业主要经营环节资金运动分析与会计处理 ······ 27

一、知识点：供应环节与阶段性配比原则 ······ 27

二、知识点：供应环节在途物资处理 ······ 27

三、知识点：供应环节相关账户分析+业务举例 ······ 29

四、知识点：产品成本确认+生产环节资金运动与阶段性配比原则 ······ 31

五、知识点：车间固定资产折旧 ······ 32

六、知识点：车间薪酬与维修费处理 ······ 33

七、知识点：生产环节主要项目分析 ······ 35

八、知识点：生产环节业务举例 …… 37
九、知识点：销售环节基本资金运动与配比原则+销售环节资金运动与相关性原则 …… 40
十、知识点：销售环节资金运动与会计分期假设 …… 40
十一、知识点：销售环节资金运动与多元化经营 …… 41
十二、知识点：收益和费用项目的扩展 …… 42
十三、知识点：销售环节资金运动与阶段性配比原则 …… 43
十四、知识点：权责发生制对费用段资金运动的影响+维修费的待摊与预提+税费的处理 …… 44
十五、知识点：差旅费处理 …… 47
十六、知识点：销售环节资金运动综合分析+收入+费用与利润 …… 48
十七、知识点：六大要素关系理论分析 …… 51
十八、知识点：六大要素的关系分析 …… 52
十九、知识点：六大要素关系举例 …… 54
二十、知识点：销售环节作业讲解 …… 54
二十一、知识点：股权性筹资分析 …… 57
二十二、知识点：债务性筹资与对外投资分析 …… 58
二十三、知识点：筹资与投资业务举例 …… 59
二十四、知识点：利润分配概述+现金股利分配+盈余公积提取和股票股利分配 …… 61
二十五、知识点：利润分配与分期假设+利润分配综合分析 …… 62
二十六、知识点：利润分配环节相关项目分析 …… 63
二十七、知识点：利润分配环节业务举例 …… 65
二十八、知识点：增值税业务 …… 65

第四章　会计确认与会计计量原理 …… 73
一、知识点：会计确认概念、分类与标准 …… 73
二、知识点：会计假设 …… 73
三、知识点：权责发生制与收付实现制 …… 75
四、知识点：会计要素的确认与运用 …… 77
五、知识点：会计计量的概念与计量属性+会计计量单位与计量模式 …… 78

第五章　资产计价与收益确定 …… 81
一、知识点：资产计价原理与债权计量 …… 81
二、知识点：存货概述与盘存制度 …… 81
三、知识点：存货耗用的计价方法+存货耗用计价方法选择对会计信息的影响 …… 82

四、知识点：固定资产概述与折旧+折旧方法的一般性分析 …………………… 84
五、知识点：加速折旧法举例 ………………………………………………………… 86
六、知识点：收益确定 ………………………………………………………………… 87

第六章 会计凭证 ………………………………………………………………… 89
一、知识点：记录的基本程序与原始凭证 ……………………………………… 89
二、知识点：记账凭证 ………………………………………………………………… 90

第七章 会计账簿 ………………………………………………………………… 93
一、知识点：账簿体系与登记方法 ……………………………………………… 93
二、知识点：账簿记录的核对 ……………………………………………………… 94
三、知识点：财产清查分析+财产清查举例 ……………………………………… 92
四、知识点：错账的更正方法与结账 …………………………………………… 99
五、知识点：递延项目的调整+应计项目的调整 ………………………………… 100

第八章 会计报告………………………………………………………………… 103
一、知识点：会计报表概述………………………………………………………… 103
二、知识点：资产负债表…………………………………………………………… 103
三、知识点：利润表和现金流量表………………………………………………… 104

第九章 会计业务循环………………………………………………………… 107
知识点：会计循环…………………………………………………………………… 107

第十章 会计规范………………………………………………………………… 110
一、知识点：会计规范体系与会计法……………………………………………… 110
二、知识点：会计准则与会计制度………………………………………………… 110

综合模拟测试 A卷 ……………………………………………………………… 112

综合模拟测试 B卷 ……………………………………………………………… 118

综合模拟测试 C卷 ……………………………………………………………… 123

综合模拟测试 D卷 ……………………………………………………………… 129

习题答案与解析………………………………………………………………… 136

第一章 概述

一、知识点：会计的产生与发展

1.【单项选择题】1494年，意大利数学家卢卡·帕乔利所著的（　　）一书问世，为复式簿记作为一种科学记账方法的完善及其在整个欧洲及世界范围内的普及与应用奠定了基础。

A.《计算与记录详论》

B.《复式簿记》

C.《会计思想史》

D.《算术、几何、比及比例概要》

会计的产生与发展

2.【判断题】会计的产生是基于人类对生产活动进行管理的客观需要。（　　）

3.【判断题】会计国际化现象说明了会计的发展受制于经济环境的变化。（　　）

4.【判断题】会计是一种“商业语言”，经济的全球化要求作为商业语言的会计也应该尽可能一致。（　　）

二、知识点：会计与组织

1.【单项选择题】下列表述错误的是（　　）。

A.一般来说，企业都是以营利为目的的

B.企业既可能是一个法人，也可能是一个非法人

C.法人一定是一个以营利为目的的经济组织

D.所发行的股票在证券交易所上市交易的公司，人们一般称之为上市公司

会计与组织

2.【多项选择题】下列属于非营利性组织的有（　　）。

A.政府及其相关职能部门　　B.学校

C.医院　　D.红十字会

3.【多项选择题】公司制企业的特点主要有（　　）。

A.是一个独立的法人

B.企业股东对公司债务承担有限责任

C.公司制企业主要分为有限责任公司和股份有限公司

D.公司制企业股东之间要承担连带责任

4.【多项选择题】非公司制企业的特点主要有（　　）。

A.是一个独立的法人

B.企业所有者对企业债务承担无限责任

C.非公司制企业主要分为独资企业和合伙企业

D.非公司制企业需要缴纳企业所得税

5.【判断题】经济组织都是以营利为目的的。 ( )

6.【判断题】发行股票的公司被称为有限责任公司，不发行股票的公司被称为股份有限公司。 ( )

三、知识点：公司制企业中的会计与会计目标

公司制企业中的会计与会计目标

1.【单项选择题】在公司制企业中，企业的权力机构是（ ）。

A.监事会　　B.股东大会或类似权力机构

C.董事会　　D.管理层

2.【多项选择题】在公司制企业的高管中，负责财务与会计的管理者一般被称为（ ）。

A.财务总监（CFO）　　B.总会计师

C.副总经理（分管财务）　　D.会计与出纳

3.【多项选择题】下列有关会计的本质，表述正确的有（ ）。

A.会计是一个经济信息系统

B.该系统是由原始信息的输入、信息的加工与转换、会计信息的输出三部分构成的

C.“会计是一个经济信息系统”反映会计的本质是为企业管理层服务的

D.“会计是一个经济信息系统”反映会计的本质是为股东和债权人服务的

4.【判断题】企业提供的会计信息首先用来满足企业内部经营管理者的需要。 ( )

5.【判断题】会计的目标分为直接目标和终极目标。直接目标主要是指优化资源配置，实现企业价值最大化；终极目标是指为信息使用者提供对其决策有用的经济信息。 ( )

6.【判断题】从一般意义上讲，会计目标主要是指会计的直接目标。 ( )

四、知识点：会计信息与会计信息使用者

会计信息与会计信息使用者

1.【单项选择题】下列关于会计信息使用者的说法错误的是（ ）。

A.企业的利益相关者都是企业会计信息的使用者

B.会计信息使用者包括现实的和潜在的使用者

C.会计信息使用者除关注其自身特殊需求的信息外，也关注共同性的会计信息

D.投资者等会计信息使用者根据企业提供的会计信息即可做出正确的经济决策

2.【多项选择题】企业向投资者、债权人等外部信息使用者提供的会计信息具有

（　　）特征。

A.会计信息全部是以货币进行计量的信息

B.会计信息主要是以货币进行计量的信息

C.会计信息可以连续、综合地揭示企业经济活动情况

D.会计信息可以连续、综合地揭示企业经济活动的全部情况

3.【多项选择题】会计信息的使用者主要有（　　）。

A.现有的和潜在的股东　　B.现有的和潜在的债权人

C.政府及其相关职能部门　　D.企业管理层

4.【判断题】债权人特别关注企业的偿债能力，也关注企业的获利能力。（　　）

5.【判断题】会计信息最主要的使用者是企业管理层，而不是公司现有的和潜在的投资者（股东和债权人）。（　　）

五、知识点：会计信息质量特征

1.【单项选择题】我国规定上市公司的年度报告需在次年的前四个月内披露，体现了会计信息的（　　）质量特征要求。

A.重要性　　B.相关性

C.及时性　　D.可理解性

会计信息质量特征1-5

2.【单项选择题】企业提供的会计信息应有助于财务报告使用者对企业过去或现在的情况做出评估，对未来的情况做出预测，这体现的会计信息质量特征要求是（　　）。

A.可靠性　　B.相关性　　C.可理解性　　D.可比性

3.【单项选择题】下列有关会计信息质量特征要求表述正确的是（　　）。

A.谨慎性原则允许企业设立秘密准备金

B.实质重于形式原则要求企业只看经济实质，不看交易或事项的法律形式

C.可靠性原则要求企业所提供的会计信息应真实地表述客观存在的经济事实，不偏不倚

D.相关性原则主要包括可核性、反映真实性和中立性三个方面

4.【多项选择题】下列业务反映了“实质重于形式”质量特征的有（　　）。

A.将租入的固定资产确认为企业的使用权资产处理

B.将售后回购业务作为融资业务处理

C.将土地的使用权作为企业的资产处理

D.在处理中强调“经济实质”而不仅仅强调法律形式

5.【多项选择题】下列有关“可比性”质量特征表述正确的有（　　）。

A.可比性原则包括纵向可比和横向可比

B.纵向可比，又被称为一贯性原则。它强调的是同一企业在不同时期的信息比较，其中更强调企业会计政策在不同时期的一贯性

C.横向可比，又被称为狭义的可比性。它强调的是同一行业不同企业的信息比较

D.横向比较有助于企业找到与同行业其他企业存在的差距

6.【多项选择题】下列有关“重要性”质量特征的表述正确的有（　　）。

会计信息质量特征6-11

A.重要性的判断标准是漏报或错报是否会影响使用者的决策

B.对重要性的判断需要发挥职业判断能力

C.对重要性的判断需要从项目性质和数量金额两个方面进行考量，在很多情况下，数量比性质更重要

D.重要性原则意味着某些不重要的事项可以简化处理

7.【多项选择题】下列有关“稳健性”质量特征表述正确的有（　　）。

A.稳健性原则又被称为谨慎性原则

B.稳健性原则要求企业应保持高度的谨慎，应充分考虑各种风险和损失

C.稳健性原则要求在进行业务处理时，不要高估资产和收益，不要低估费用和损失

D.对于应收款项中可能存在的坏账要充分加以考虑，就是稳健性原则的一种体现

8.【判断题】会计信息质量特征（质量要求）是用来衡量会计信息质量的基本标准。（　　）

9.【判断题】会计信息的“重要性”质量特征要求对企业所发生的金额较大的经济交易的相关信息予以详细披露。（　　）

10.【判断题】会计信息的一致性（或一贯性）是指不同企业之间的会计信息、同一企业前后期间的会计信息具有可比性。（　　）

11.【判断题】有时，相关的会计信息可靠性不足；可靠的会计信息相关性不足。（　　）

六、知识点：会计的基本内容与规范

1.【单项选择题】规范企业对外提供会计信息行为的主要标准是（　　）。

会计的基本内容与规范1-4

A.会计确认　　B.会计计量

C.会计准则　　D.会计报告

2.【单项选择题】下列关于企业会计行为的说法错误的是（　　）。

A.企业会计行为属于企业的管理行为，因而具有管理特性

B.企业财务会计行为包括控制经济资源的配置和提供会计信息

C.企业财务会计行为的后果影响“社会公共利益”，因而必须接受政府的会计管制

D.企业对外提供会计信息的行为主要包括会计确认、计量、记录和报告

3.【多项选择题】就会计信息提供而言，企业的会计信息处理流程主要包括（　　）。

A.以财务报告的方式向信息使用者提供其所需要的会计信息

B.确定或认定企业所发生的经济交易与事项是否进入会计系统进行处理

C.计算和衡量企业经济资源的价值变动结果

D.以会计特有的方式记载各种会计信息及其生成过程

4.【多项选择题】下列有关会计确认表述正确的有（ ）。

A.会计确认反映的是交易或事项应不应该作为会计要素加以记录，并在报表中予以披露

B.会计确认反映的是一个定性的问题，是一个应不应该的问题

C.初始确认反映的是已经记录在会计账簿中的交易或事项应不应该在报表中披露的问题；如果应该，应通过报表的哪一个项目来披露

D.再确认反映的是该交易或事项应不应该在会计账簿中记录的问题；如果应该，应在会计账簿的哪一个项目中记录

5.【多项选择题】下列有关会计计量表述正确的有（ ）。

会计的基本内容与规范5-8

A.会计计量的实质是在解决会计确认过程中应以多少金额将相关业务记录在账簿之中，并以多少金额列示在报表之中

B.在实务中，会计确认与会计计量是可以分离的

C.会计计量属于广义会计确认的范畴，为会计要素的确认提供金额信息

D.会计计量可分为初始计量和再计量。初始计量是针对会计账簿而言的，再计量是针对会计报告而言的

6.【多项选择题】下列有关会计记录的表述，正确的有（ ）。

A.只有满足了初始确认与计量后的交易或事项才可以在会计账簿中进行记录

B.会计账簿为会计报告提供依据

C.会计记录的方法主要是指如何记录的问题，其有单式记账法和复式记账法之分

D.会计记录的形式主要是指在哪里记录的问题，即记录的载体是什么

7.【多项选择题】下列有关会计报告的表述正确的有（ ）。

A.会计报告是企业会计确认、计量、记录和报告这一过程的终点

B.会计报告是在日常会计核算的基础上，按照相关会计规范的规定，定期对外提供的书面文件

C.会计报告为会计信息的使用者提供决策有用的信息，反映企业管理层受托责任的履行情况

D.会计报告信息使用者主要包括股东、债权人和公司管理层等外部信息使用者

8.【判断题】会计信息系统一般分为四个环节：确认、计量、记录和报告。

（ ）

第二章　会计要素与复式记账

一、知识点：会计对象与“会计沙盘模型”的提出+资金运动在“会计沙盘模型”上的模拟

1.【单项选择题】会计的对象一般是指企业的（　　）。

A.经济活动　　B.经济业务

C.筹资活动　　D.资金运动

会计对象与
会计沙盘模型

2.【单项选择题】结合下图，下列有关资金具体运动过程描述不正确的是（　　）。

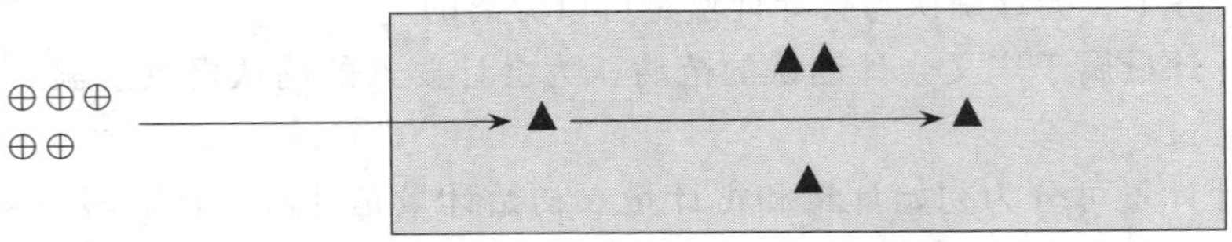

A.从游戏上看，“资金进入企业”就好像小孩挖了一把沙放到平面之上。模型中产生了一个沙坑和一个沙堆

B.从游戏上看，“资金在企业内部周转”就像小孩在玩游戏时，平面之上沙堆的体积、形态和场所发生了变化，沙堆的总体积也发生了改变

C.从游戏上看，“资金退出企业”就像小孩在玩游戏时，用平面之上的沙堆冲掉平面之外的沙坑一样，平面之上沙堆的体积和平面之外沙坑的容积等量减少

D.从游戏上看，“资金来源渠道的相互转换”就像小孩在玩游戏时，从平面之外新挖取一把沙冲减一个旧沙坑一样。平面之外沙坑总的容积没有变

3.【多项选择题】企业经济业务所引起的资金运动主要包括（　　）。

A.资金进入企业　　B.资金在企业内的循环与周转

C.资金退出企业　　D.资金来源渠道的相互转换

4.【多项选择题】结合下图，下列有关小孩玩沙子游戏描述恰当的有（　　）。

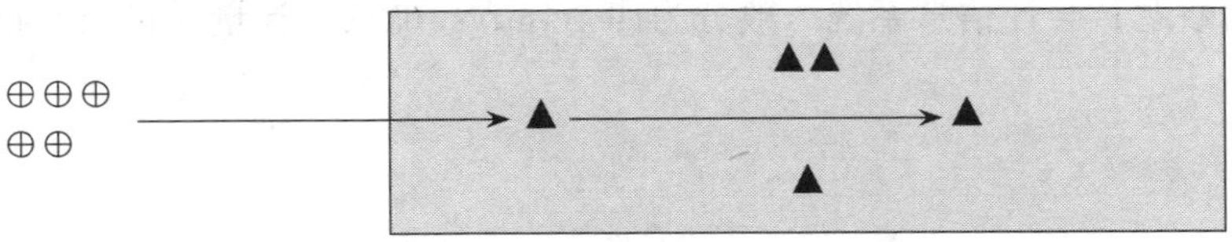

A.小孩要玩游戏，得有沙子。在该游戏中，沙子就是小孩玩游戏的对象

B.在游戏中，我们会看到很多沙坑和沙堆；随着游戏的进行，沙堆体积和沙坑容

积在不断发生变化

C.在整个游戏中，沙堆的总体积和沙坑的总容积不一定相等

D.在整个游戏中，沙堆的总体积和沙坑的总容积一定相等

5.【多项选择题】下列有关“会计沙盘模型”表述正确的有（　　）。

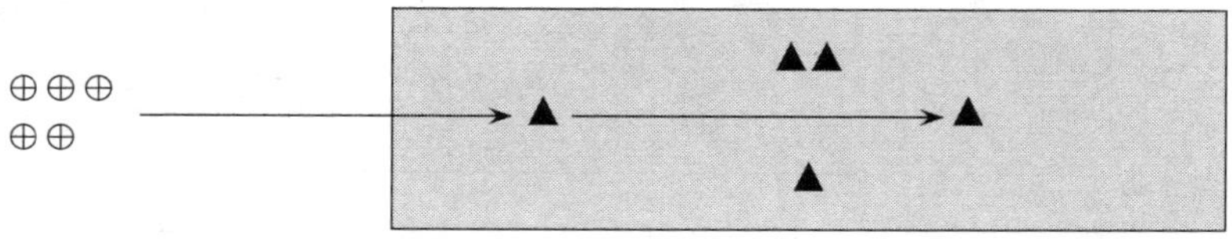

A.“会计沙盘模型”就是用来模拟企业经济业务所引发的资金运动的

B.“会计沙盘模型”将资金运动以一种可视化的“沙子流动”的形式呈现出来

C.在游戏中，通过沙堆体积和沙坑容积的变化来模拟企业资金运动的结果

D.“会计沙盘模型”可以使资金运动立体化、可视化、集成化

6.【判断题】会计的对象就是企业能够用货币表现的经济活动，这些用货币表现的经济活动会引发企业的资金运动。简言之，会计的对象就是企业的资金运动。

（　　）

7.【判断题】严格来讲，资金来源渠道的相互转换并不能作为一种单独的资金运动。它实际上是对“资金进入企业”和“资金退出企业”同时发生的一种简化处理。

（　　）

二、知识点：企业综合资金运动分析

企业综合资金运动分析

1.【单项选择题】供应环节的阶段所得是（　　）。

A.货币资产　　B.储备资产

C.库存商品　　D.长期性资产

2.【单项选择题】生产环节的阶段所得是（　　）。

A.货币资产　　B.储备资产

C.库存商品　　D.长期性资产

3.【单项选择题】销售环节的阶段所得是（　　）。

A.货币资产　　B.储备资产

C.库存商品　　D.长期性资产

4.【单项选择题】投资环节（对内投资）的阶段所得是（　　）。

A.货币资产　　B.储备资产

C.库存商品　　D.长期性资产

5.【单项选择题】投资环节（对外投资）的阶段所得是（　　）。

A.货币资产　　B.储备资产

C.库存商品　　D.长期性资产

6.【多项选择题】结合下图，下列有关阶段所得与所失表述正确的有（　　）。

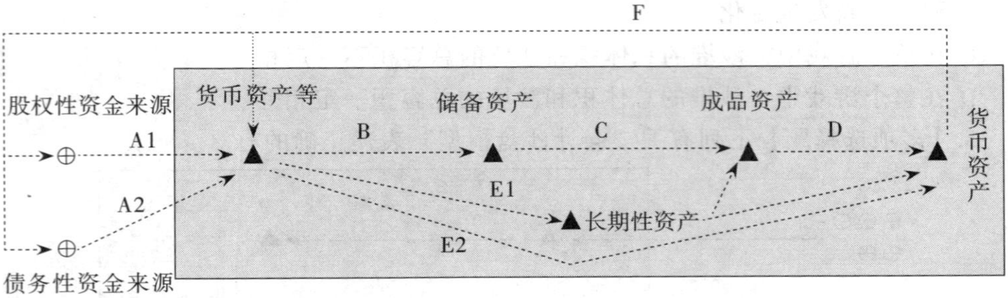

A.每个环节都有自己的工作目标和任务，这就是该环节的阶段所得

B.各个环节为获得阶段所得所付出的代价就是该环节的所失

C.供应环节的阶段所得——原材料，就是生产环节的所失之一

D.生产环节的阶段所得——库存商品，就是销售环节的所失之一

7.【多项选择题】结合下图，下列有关筹资环节基本资金运动表述正确的有（　　）。

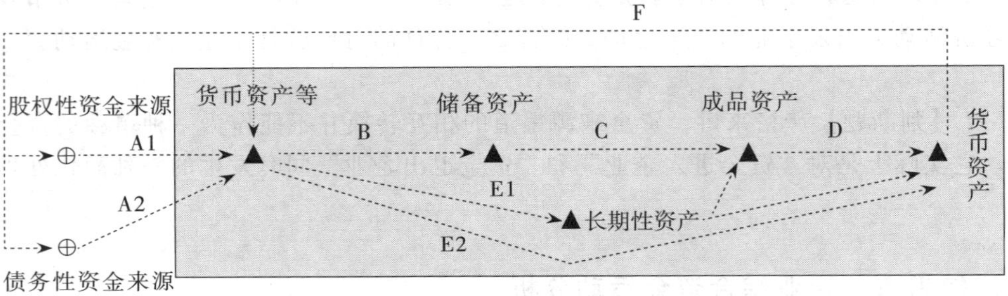

A.其基本资金运动的起点反映的是资金的来源渠道

B.其基本资金运动的终点反映的是资金的存在形态

C.筹资环节可以分为股权性筹资环节和债务性筹资环节

D.筹资环节资金来源渠道在“会计沙盘模型”上是用沙堆来模拟的

8.【多项选择题】企业的经济活动一般可以分为（　　）。

A.经营活动　　B.生产活动　　C.筹资活动　　D.投资活动

9.【多项选择题】下列有关企业经济活动表述正确的有（　　）。

A.生产性企业的经营活动一般分为供应环节、生产环节和销售环节

B.商品流通企业的经营活动一般分为采购环节和销售环节

C.筹资活动一般包括股权筹资和债权筹资

D.对外投资活动是指企业以所有者或债权人的身份将资金提供给对方

三、知识点：会计要素概述+资产

1.【单项选择题】资产是指过去的交易、事项形成并由企业拥有或者控制的资源，该资源预期会给企业带来（　　）的流入。

A.货币资金　　B.资产或劳务

C.财产　　D.经济利益

会计要素概述+资产

2.【多项选择题】下列关于会计要素表述正确的有（　　）。

A.会计要素是对会计对象（资金运动）的基本分类

B.会计要素是对会计对象（资金运动）的高度概括

C.会计要素是财务报表的基本构成要素

D.会计要素是对会计对象（资金运动）的具体化

3.【多项选择题】下列有关会计沙盘模型与会计要素关系描述正确的有（　　）。

A.“会计沙盘模型”上的沙堆，相当于资金的存在形态

B.“会计沙盘模型”上的沙坑，相当于资金的来源渠道

C.会计要素资产可用“会计沙盘模型”上的沙堆来模拟

D.会计要素中的负债和所有者权益可用“会计沙盘模型”上的沙坑来模拟

4.【多项选择题】下列有关资产特征表述正确的有（　　）。

A.资产是企业所拥有或控制的一种经济资源

B.该资源最本质的特征是预期将给企业带来经济利益的流入

C.从某种意义上看，资产代表一种权利，在“会计沙盘模型”上用沙堆来模拟

D.资产一定是有形的经济资源，如厂房、机器设备等

5.【判断题】资产可以是货币，也可以是实物；可以是有形的，也可以是无形的。（　　）

6.【判断题】资产按流动性可分为流动资产和长期资产。流动资产是指资产将在一年内（含）或超过一年的一个营业周期内变现或被耗费的资产。（　　）

7.【判断题】资产定义中的“控制”权，体现了“实质重于形式”的原则。（　　）

四、知识点：负债+所有者权益

负债+所有者权益1-7

1.【单项选择题】负债指过去的交易、事项形成的现时义务，履行该义务预期会导致（　　）流出企业。

A.货币资金　　B.资产或劳务

C.财产　　D.经济利益

2.【单项选择题】某企业月初资产总额1 000万元，负债总额200万元，假如企业本月只发生了以下交易与事项：（1）向银行借款100万元存入银行；（2）用银行存款偿还应付账款50万元。则月末所有者权益总额为（　　）万元。

A.900　　B.800　　C.850　　D.1 150

3.【多项选择题】下列有关负债要素特征表述正确的有（　　）。

A.负债是一种预期的义务

B.负债的本质特征是履行该义务预期将导致经济利益流出企业

C.企业未来需要用资产或劳务来偿还该债务

D.负债本质上就是一种现时义务，可在“会计沙盘模型”上用沙坑来模拟

4.【多项选择题】下列有关所有者权益要素特征描述正确的有（　　）。

A.所有者权益是企业所有者在企业资产中享有的经济利益，其金额为资产减去负债后的余额

B.所有者权益是企业的所有者对企业净资产的要求权，其中，净资产等于资产减去负债

C.所有者权益是一种剩余权益，其在“会计沙盘模型”上用沙坑来模拟

D.一般，公司制企业的所有者权益的金额可能大于0、等于0或小于0

5.【多项选择题】下列有关负债和所有者权益的比较描述正确的有（　　）。

A.负债和所有者权益反映的都是企业的资金来源渠道，在“会计沙盘模型”上都用沙坑来模拟

B.从资金成本的角度来看，负债的资金成本低，所有者权益的资金成本高

C.无论是收益分配还是公司清算，债权人的利益都排在所有者的前面

D.“资产-负债=所有者权益”与“资产-所有者权益=负债”反映的经济含义是相同的

6.【判断题】负债按流动性可分为流动负债和长期负债。流动负债是指该负债预计将在一年内（含）或超过一年的一个营业周期内需要偿还的债务。（　　）

7.【判断题】企业在某一时点所有者权益金额反映企业在这一时刻所有者的原始投入。（　　）

8.【计算题】(1) 目的：掌握会计要素。

负责+所有者权益8

(2) 资料：某企业20×8年12月31日有关资金内容及金额如下：

① 生产用机器设备800 000元；

② 存放于成品仓库的产成品50 000元；

③ 库存的各种材料19 000元；

④ 购买方拖欠本企业货款80 000元；

⑤ 向市工商银行取得的短期借款120 000元；

⑥ 公司未分配完的利润75 000元；

⑦ 尚未完工的半成品150 000元；

⑧ 存放在企业的现金1 000元；

⑨ 存放在银行的款项300 000元；

⑩ 房屋建筑物900 000元；

⑪ 投资者投入资本1 755 000元；

⑫ 拖欠供货方货款350 000元。

(3) 要求：分析上列各项资料，判明其应属于资产、负债、所有者权益的类别以及在“会计沙盘模型”上的表现形态，并填列下表中。

某企业资产、负债和所有者权益分析计算表　　　　单位：元

资料序号	属于会计要素类别及金额			模型形态判断（√）	
	资产	负债	所有者权益	沙堆▲	沙坑⊕
1					
2					
3					
4					
5					
6					
7					
8					
9					
10					
11					
12					
合计				–	–
				–	–

五、知识点：经济交易与事项的定义与类型+经济交易与事项和会计方程式

1.【多项选择题】下列有关下图资金运动的表述正确的有（　　）。

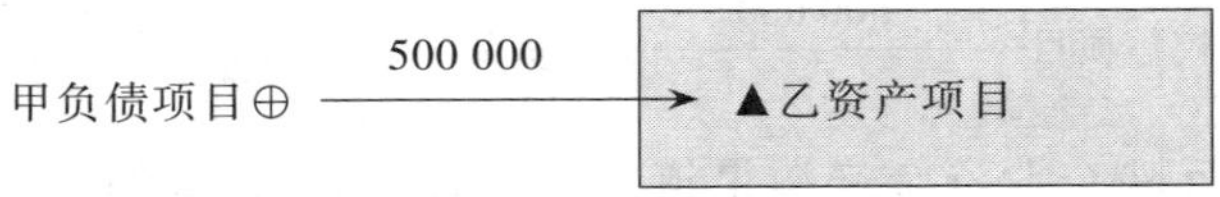

交易与事项和会计等式1-6

A.该段资金运动反映50万元的资金从外部流入企业

B.甲负债项目位于资金运动的起点，资金从本项目中流出50万元，从而导致“会计沙盘模型”上沙坑的容积增加50万元，即其所代表的甲项目资金量增加50万元

C.乙资产项目位于资金运动的终点，资金50万元流入到本项目，从而导致“会计沙盘模型”上沙堆体积增加50万元，即其所代表的乙项目资金量增加50万元

D.该段资金运动同时影响会计方程式“资产=负债+所有者权益”的左右两边，从而导致等式左右两边同时增加50万元，最终导致企业的资金总量没有发生变化

2.【多项选择题】下列有关下图资金运动的表述正确的有（　　）。

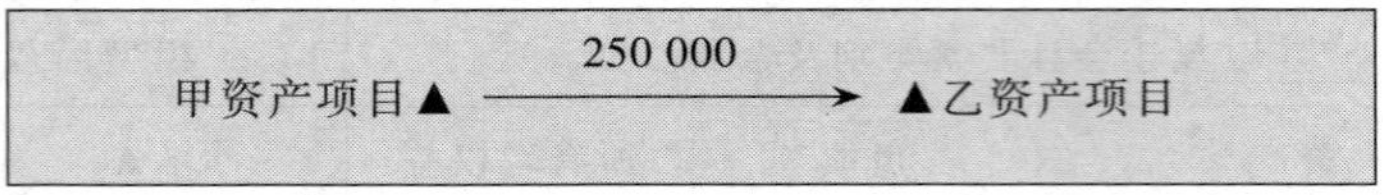

A.该段资金运动反映有25万元的资金在企业内部周转

B.甲资产项目位于资金运动的起点，有25万元的资金从本项目中流出，从而导致“会计沙盘模型”上沙堆体积减小25万元，即其所代表的甲项目资金量减少25万元

C.乙资产项目位于资金运动的终点，有25万元的资金流入到本项目，从而导致“会计沙盘模型”上沙堆体积增加25万元，即其所代表的乙项目资金量增加25万元

D.该段资金运动同时影响会计方程式“资产=负债+所有者权益”的左右两边，从而导致等式两边同时增加25万元，最终导致企业的资金总量没有发生变化

3.【多项选择题】下列有关下图资金运动的表述正确的有（　　）。

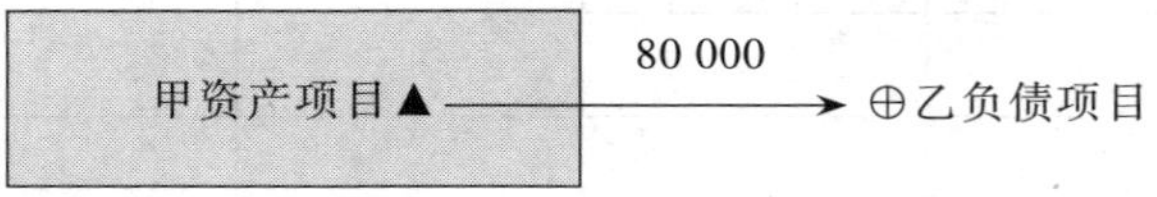

A.该段资金运动反映有8万元的资金退出企业

B.甲资产项目位于资金运动的起点，资金从本项目中流出8万元，从而导致“会计沙盘模型”上沙堆体积减少8万元，即其所代表的甲项目资金量减少8万元

C.乙负债项目位于资金运动的终点，资金流入到本项目，从而导致“会计沙盘模型”上沙坑容积减少8万元，即其所代表的乙项目资金量减少8万元

D.该段资金运动同时影响会计方程式“资产=负债+所有者权益”的左右两边，从而导致等式两边同时减少8万元，最终导致企业的资金总量减少8万元

4.【多项选择题】下列有关下图资金运动的表述正确的有（　　）。

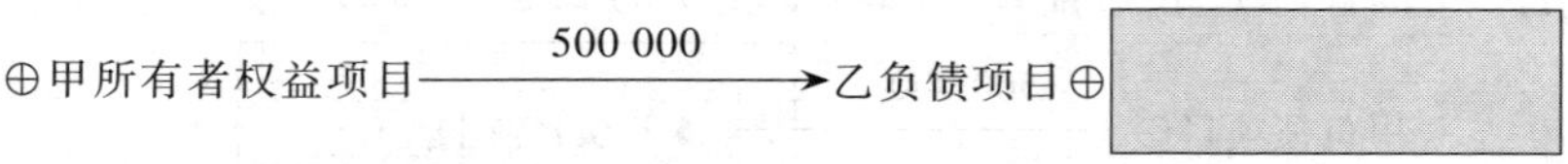

A.该段资金运动反映企业资金来源渠道的相互转化，所有者权益减少50万元，负债增加50万元

B.甲项目位于资金运动的起点，资金从本项目中流出50万元，从而导致“会计沙盘模型”上沙坑容积增加50万元，即其所代表的甲项目资金量增加50万元

C.乙项目位于资金运动的终点，资金流入到本项目，从而导致“会计沙盘模型”上沙坑容积增加50万元，即其所代表的乙项目资金量增加50万元

D.该段资金运动只影响会计方程式“资产=负债+所有者权益”的右边，从而导致等式右边一增一减，但资金来源渠道的总量不会改变，因此也不会导致企业的资金总量发生变化

5.【多项选择题】下列各项目中，正确的经济交易类型有（　　）。

A.一项资产增加，一项所有者权益减少
B.资产与负债同时增加
C.一项负债减少，一项所有者权益增加
D.负债与所有者权益同时增加
E.资产与所有者权益同时增加

6.【多项选择题】企业向银行借款，引起会计要素的变化有（　　）。
A.资产增加　　B.所有者权益增加
C.负债增加　　D.负债减少

7.【多项选择题】下列有关经济业务发生的表述正确的有（　　）。
A.一定只影响一个会计要素
B.一定会影响两个会计要素
C.可能影响一个要素的两个方面
D.可能会影响两个或两个以上会计要素

交易与事项和会计等式7-12

8.【多项选择题】下列有关经济业务的发生对“资产=负债+所有权权益”的影响表述正确的有（　　）。
A.可能只影响会计方程式的某一边
B.可能同时影响会计方程式的左右两边
C.无论发生什么经济业务，都不会影响会计等式的平衡关系
D.可能影响会计方程式的两边，其中一边增加，另一边减少

9.【判断题】所有经济交易或事项的发生，都会引起会计方程式两边发生变化，但不破坏会计方程式的平衡关系。（　　）

10.【判断题】一项经济交易的发生引起负债的增加和所有者权益的减少，但没有破坏会计方程式的平衡相等关系。（　　）

11.【判断题】经济业务的发生可以使一个资产项目增加的同时，使另一个资产项目也增加。（　　）

12.【判断题】转账经济业务会引起货币资金发生变化。（　　）

13.【业务题】

某公司4月1日资产期初总额为625万元，负债325万元。4月份发生下列经济交易与事项：

交易与事项和会计等式13

（1）4月4日，以银行存款购买原材料10万元；
（2）4月5日，以银行存款偿还向银行借入的短期借款100万元；
（3）4月7日，企业收到乙公司以设备进行的投资，价值20万元；
（4）4月9日，企业实行债转股，将200万元的长期借款转为公司的所有者权益。

要求：

（1）根据上述资料，从资金运动的四种类型上看，分析以上经济交易与事项属于哪一种资金运动类型。

（2）画出以上经济交易与事项所引起的资金运动流程。

（3）分析以上经济交易与事项如何影响资产、负债和所有者权益。

（4）分析以上经济交易与事项如何影响“资产=负债+所有者权益”。

（5）发生上述业务后，计算该公司资产、负债和所有者权益数额。

六、知识点：会计科目+账户概念、结构及功能+账户与资金运动

会计科目、账户与资金运动 1-5

1.【单项选择题】对每个余额不为零的账户来说，在某一时刻其期末余额（　　）。

A.只能在借方　　B.只能在账户的一方

C.只能在贷方　　D.可能在借方和贷方

2.【单项选择题】按照借贷记账法的记账规则记账，资产类账户的借方发生额和贷方发生额（　　）。

A.总是相等的

B.总是不等的

C.借方发生额一定大于贷方发生额

D.两者之间的数量关系需要考虑其期初余额

3.【多项选择题】结合下图，下列有关账户表述正确的有（　　）。

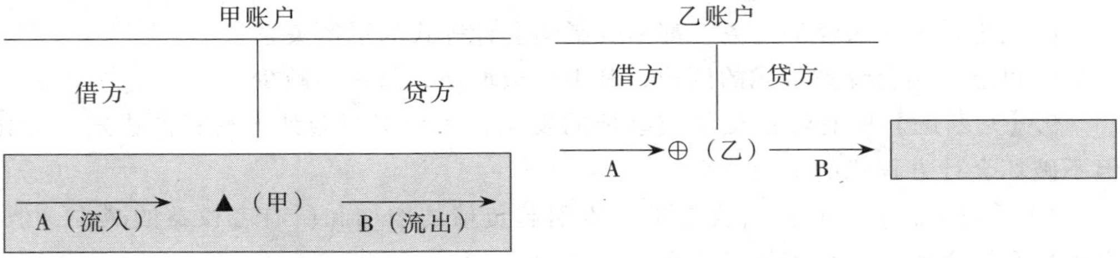

A.任何一个账户的借方（左边）登记对应项目的资金流入量

B.任何一个账户的贷方（右边）登记对应项目的资金流出量

C.资金运动对相关项目的资金数量增减变化的影响取决于该项目属于什么要素

D.账户左边的资金数额反映对应项目的资金增加，账户右边的资金数额反映对应项目的资金减少

4.【多项选择题】结合下图，下列有关资产类账户描述正确的有（　　）。

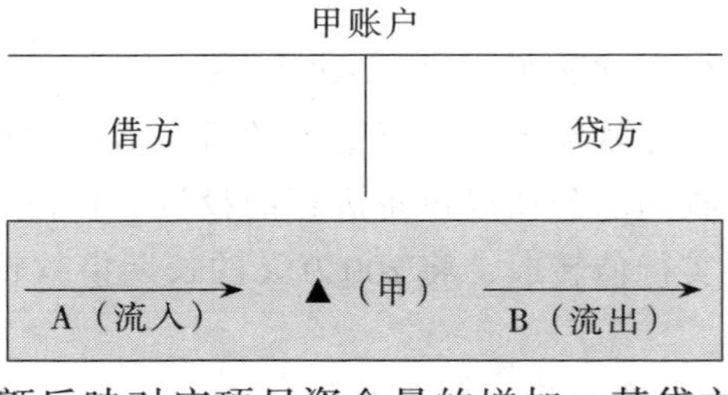

A.其借方登记的金额反映对应项目资金量的增加，其贷方则反映减少

B.其借方登记的金额反映对应项目资金量的减少，其贷方则反映增加

C.其余额登记在借方，反映对应项目的资金流入量多于流出量，在“会计沙盘模型”上一般以沙堆的形态存在

D.其余额登记在借方，反映对应项目的资金流出量多于流入量，在“会计沙盘模型”上一般以沙坑的形态存在

5.【多项选择题】结合下图，下列有关负债类、所有者权益类账户描述正确的有（　　）。

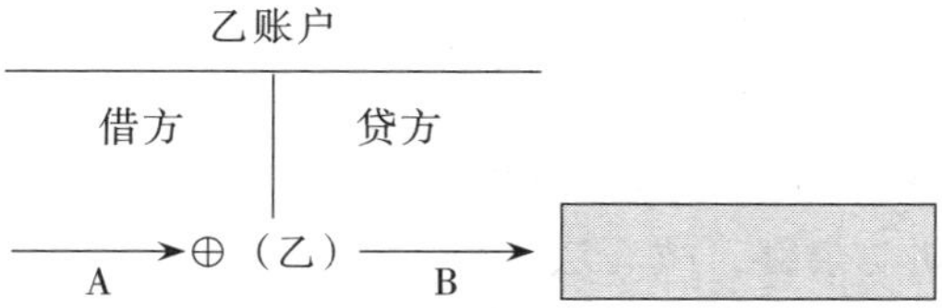

A.其借方登记的金额反映对应项目资金量的增加，其贷方则反映减少

B.其借方登记的金额反映对应项目资金量的减少，其贷方则反映增加

C.其余额登记在贷方，反映对应项目的资金流出量多于流入量，在“会计沙盘模型”上一般以沙坑的形态存在

D.其余额登记在贷方，反映对应项目的资金流入量多于流出量，在“会计沙盘模型”上一般以沙堆的形态存在

6.【判断题】账户的借方反映资产和负债的增加，贷方反映资产和负债的减少。（　　）

7.【判断题】所有账户的左边均记录增加额，右边均记录减少额。（　　）

会计科目、账户与资金运动 6-10

8.【判断题】借贷记账法在账户结构上设置借方和贷方两栏。借方记增加，贷方记减少。（　　）

9.【判断题】一般而言，一个账户若其借方登记业务的增加数，则其贷方肯定登记业务的减少数，反之亦然。（　　）

10.【判断题】一般情况下，账户的期末余额方向通常和记录增加的发生额一方在同一方向。（　　）

七、知识点：会计账户与会计科目、账户体系

1.【单项选择题】（　　）是对会计对象的具体内容进行科学分类的项目。

A.会计要素　　B.会计科目

C.会计对象　　D.会计账户

会计账户及其体系 1-6

2.【单项选择题】以下各项目属于会计科目的有（　　）。

A.欠供应单位料款　　B.所有者投资

C.银行存款　　D.还没有收到的销货款

3.【单项选择题】对会计要素进行分类核算的工具是（　　）。

A.会计科目　　B.账户

C.会计科目和账户　　D.会计科目或账户

4.【单项选择题】某企业材料总分类账户本期借方发生额为3 200元，本期贷方发生额为3 000元，其有关明细分类账户的发生额分别为：甲材料本期借方发生额700元，贷方发生额900元；乙材料本期借方发生额2 100元，贷方发生额1 800元；丙材料本期（　　）。

A.借方发生额400元，贷方发生额800元

B.借方发生额400元，贷方发生额300元

C.借方发生额200元，贷方发生额400元

D.因不知各账户期初余额，故无法计算

5.【单项选择题】账户的基本结构是指（　　）。

A.账户的具体形式　　B.账户登记的经济内容

C.账户登记的日期　　D.账户中登记增减金额的栏次

6.【单项选择题】所有者权益类账户中四项金额的关系式是（　　）。

A.期末贷方余额=期初贷方余额+本期借方发生额-本期贷方发生额

B.期末贷方余额=期初贷方余额+本期借方发生额+本期贷方发生额

C.期末贷方余额=期初贷方余额+本期贷方发生额-本期借方发生额

D.期末贷方余额=期初贷方余额-本期借方发生额-本期贷方发生额

7.【多项选择题】总分类账户与明细分类账户（　　）。

A.是性质不同的账户　　B.核算对象相同

C.登记的原始依据相同　　D.采用平行登记方法

8.【多项选择题】设置会计科目应遵循的原则有（　　）。

A.必须全面反映会计要素的内容　　B.统一性与灵活性相结合

C.适应需要又要保持相对稳定性　　D.会计科目要简明适用

会计账户及其体系7-13

9.【多项选择题】账户可以提供的金额指标有（　　）。

A.期初余额　　B.本期增加发生额

C.本期减少发生额　　D.期末余额

10.【多项选择题】账户中各项金额的关系可用（　　）表示。

A.本期期末余额=期初余额+本期增加发生额-本期减少发生额

B.本期期末余额+本期减少发生额=期初余额+本期增加发生额

C.本期期末余额=本期增加发生额-本期减少发生额

D.本期期末余额=本期期初余额

11.【判断题】账户就是会计科目的名称。（　　）

12.【判断题】所有账户都是依据会计科目开设的。（　　）

13.【判断题】企业所使用的会计科目必须遵循国家颁布的统一名称，不得自行设置与修改。（　　）

14.【计算分析题】

（1）企业发生下列业务与事项：①银行存款增加10万元；②短期借款增加100万元；③实收资本增加500万元；④原材料减少12万元；⑤长期借款减少1 000万元；⑥实收资本减少20万元。

会计账户及其体系14

（2）要求：分析上述业务所涉及的项目属于哪一个会计要素？该项目在“会计沙盘模型”上通过何种形态模拟出来？该项目应该位于资金运动的终点还是起点？应该在该项目对应账户的哪一方登记？将上述分析结果填入下列表格中。

业务序号	会计要素	模型模拟		位于资金运动的终点或起点	账户登记方向
		表现形态	形态变化		
1					
2					
3					
4					
5					
6					

八、知识点：记账方法

1.【单项选择题】被世界各国普遍采用的复式记账法是（　　）。

A.增减记账法　　B.收付记账法

C.单式记账法　　D.借贷记账法

记账方法

2.【单项选择题】采用复式记账的方法，主要为了（　　）。

A.便于登记账簿

B.全面地、相互联系地反映资金运动的来龙去脉

C.提高会计工作效率

D.便于会计人员的分工协作

3.【多项选择题】复式记账法的主要特点是（　　）。

A.可以全面、系统地反映经济活动的过程与结果

B.便于试算平衡，以检查账户记录是否正确

C.所记账户之间形成相互对应关系

D.可以全面、清晰地反映经济业务的来龙去脉

4.【多项选择题】复式记账法的主要优点包括（　　）。

A.进行试算平衡　　B.了解经济业务的来龙去脉

C.简化账簿登记工作　　D.检查账户记录的正确性

5.【多项选择题】单式记账法的主要特点是（　　）。

A.账户设置不完整，不能反映经济活动的全貌

B.形不成账户对应关系，不能反映经济活动的来龙去脉

C.对发生的每一项经济业务，只在一个账户中登记

D.账户登记不完整

6.【判断题】借贷记账法账户的基本结构是：每一个账户的左边均为借方，右边均为贷方。（　　）

九、知识点：记账规则（含复式记账法的概念）

1.【单项选择题】复式记账法下每一项经济业务的发生，都会影响（　　）账户发生增减变化。

A.一个　　B.两个

C.两个或更多　　D.全部

记账规则（含复式记账法的概念）1-4

2.【多项选择题】下列有关记账思路与记账规则表述正确的有（　　）。

A.借贷记账法的记账思路：资金运动，终点记借方、起点记贷方

B.借贷记账法的记账规则：有借必有贷，借贷必相等

C.之所以“有借必有贷”是因为资金运动，有终点必有起点，有起点必有终点

D.之所以“借贷必相等”是因为资金运动，起点的流出量一定等于终点的接收量

3.【多项选择题】下列有关记账思路与记账规则表述正确的有（　　）。

A.借贷记账法的记账思路：资金运动，终点记借方、起点记贷方

B.复式记账法之所以强调“两个或两个以上的账户”，主要是因为资金运动至少有一个终点项目和一个起点项目

C.记账规则将会计学习的重点从会计的记账转移到对经济业务及其资金运动的把握上

D.记账规则有助于提升学生对企业经济业务及其所引发的资金运动的把握

4.【多项选择题】下列有关下图资金运动的表述正确的有（　　）。

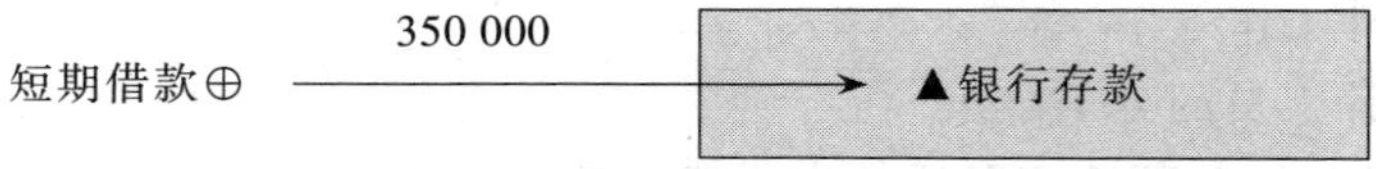

A.该段资金运动反映资金从外部流入企业。具体而言，企业向银行取得短期借款35万元，款项已存入银行

B.在这段资金运动中，短期借款项目位于资金运动的起点，所以应打开其对应的账户，在其账户的贷方登记35万元。从“会计沙盘模型”上看，资金从短期借款项目流出35万元，其对应的沙坑容积因此而减少35万元。即记在短期借款账户贷方的数字35万元反映其对应的短期借款项目资金量减少了35万元

C.在这段资金运动中，银行存款项目位于资金运动的终点，所以应打开其对应的账户，在其账户的借方登记35万元。从“会计沙盘模型”上看，资金35万元流入到银行存款项目之中，其对应的沙堆体积因此而增加35万元。即记在银

行存款账户借方的数字35万元反映其对应的银行存款项目资金量增加了35万元

D.该段资金运动同时影响会计方程式“资产=负债+所有者权益”的左右两边，从而导致等式左右两边同时增加35万元，最终导致企业的资金总量没有发生变化

5.【多项选择题】下列有关下图资金运动的表述正确的有（　　）。

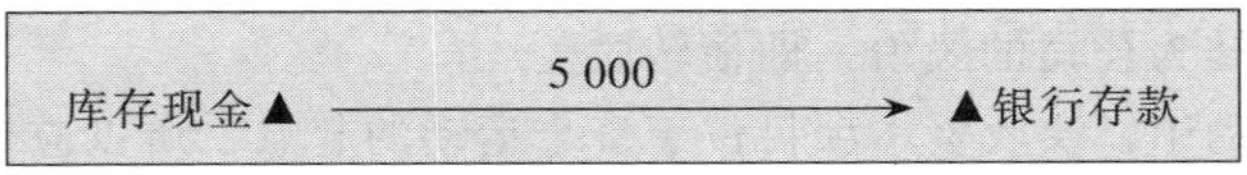

记账规则（含复式记账法概念）5-8

A.该段资金运动反映资金在企业内部周转。具体而言，企业将现金0.5万元存入银行

B.在这段资金运动中，库存现金项目位于资金运动的起点，所以应打开其对应的账户，在其账户的贷方登记0.5万元。从“会计沙盘模型”上看，资金从库存现金项目流出0.5万元，其对应的沙堆体积因此而减少0.5万元。即记在库存现金账户贷方的数字0.5万元反映其对应的项目资金量减少了0.5万元

C.在这段资金运动中，银行存款项目位于资金运动的终点，所以应打开其对应的账户，在其账户的借方登记0.5万元。从“会计沙盘模型”上看，资金0.5万元流入到银行存款项目之中，其对应的沙坑容积因此而减少0.5万元。即记在银行存款账户借方的数字0.5万元反映其对应的银行存款项目资金量减少了0.5万元

D.该段资金运动同时影响会计方程式“资产=负债+所有者权益”的左右两边，从而导致等式左右两边同时增加0.5万元，最终导致企业的资金总量没有发生变化。

6.【多项选择题】下列有关下图资金运动的表述正确的有（　　）。

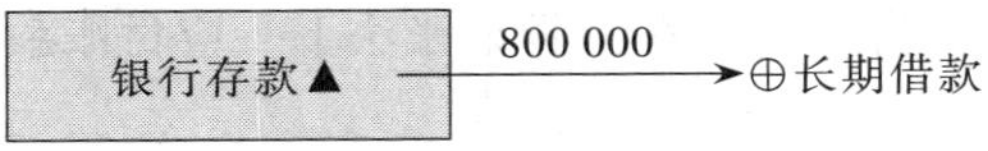

A.该段资金运动反映资金退出企业。具体而言，企业以银行存款80万元偿还长期借款

B.在这段资金运动中，银行存款项目位于资金运动的起点，所以应打开其对应的账户，在其账户的贷方登记80万元。从“会计沙盘模型”上看，资金从银行存款项目流出80万元，其对应的沙堆体积因此而减少80万元。即记在银行存款账户贷方的数字80万元反映其对应的项目资金量减少了80万元

C.在这段资金运动中，长期借款项目位于资金运动的终点，所以应打开其对应的账户，在其账户的借方登记80万元。从“会计沙盘模型”上看，资金80万元流入到长期借款项目之中，其对应的沙堆体积因此而增加80万元。即记在长期借款账户借方的数字80万元反映其对应的长期借款项目资金量增加了80万元

D.该段资金运动同时影响会计方程式“资产=负债+所有者权益”的左右两边，从而导致等式左右两边同时减少80万元，最终导致企业的资金总量减少80万元

7.【多项选择题】下列有关下图资金运动的表述正确的有（　　）。

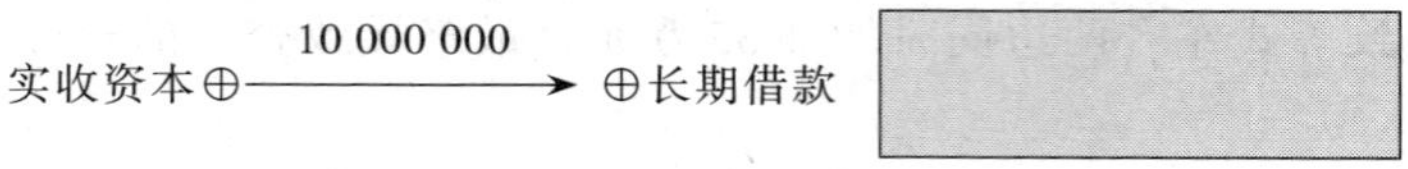

A.该段资金运动反映企业资金来源渠道的相互转化。具体而言，企业将1 000万元的长期借款转为公司的股份，即债转股

B.在这段资金运动中，实收资本项目位于资金运动的起点，所以应打开其对应的账户，在其账户的贷方登记1 000万元。从“会计沙盘模型”上看，资金从实收资本项目流出1 000万元，其对应的沙堆体积因此而减少1 000万元。即记在实收资本账户贷方的数字1 000万元反映其对应的项目资金量减少了1 000万元

C.在这段资金运动中，长期借款项目位于资金运动的终点，所以应打开其对应的账户，在其账户的借方登记1 000万元。从“会计沙盘模型”上看，资金1 000万元流入到长期借款项目之中，其对应的沙堆体积因此而增加1 000万元。即记在长期借款账户借方的数字1 000万元反映其对应的长期借款项目资金量增加了1 000万元

D.该段资金运动只影响会计方程式“资产=负债+所有者权益”的右边，从而导致等式右边一个负债项目减少1 000万元而一个所有者权益项目同时增加1 000万元，最终导致企业的资金总量没有发生变化

8.【判断题】在“资金运动，终点记借方、起点记贷方”的记账思路下，同学们只要把企业经济业务所引发的资金运动搞清楚了，就自然会进行会计处理了。（　　）

十、知识点：记账符号与账户分类

1.【单项选择题】结合下图，在借贷记账法下，应付账款账户的贷方表明（　　）。

记账符号与账户分类1-5

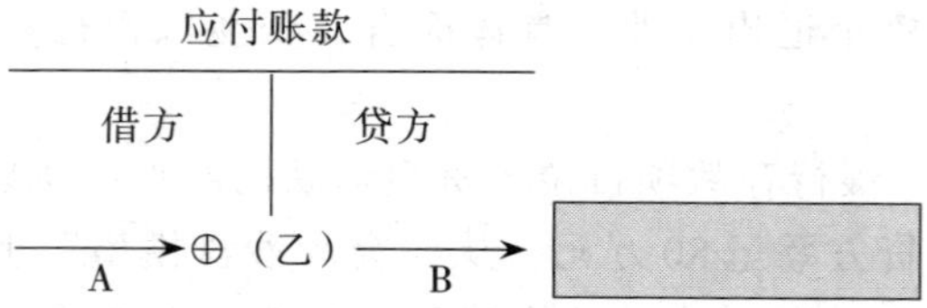

A.企业债权的增加　　　　　　B.企业债务的减少

C.企业债务的增加　　　　　　D.企业债权的减少

2.【单项选择题】结合下图，在借贷记账法下，负债类账户的借方表明（　　）。

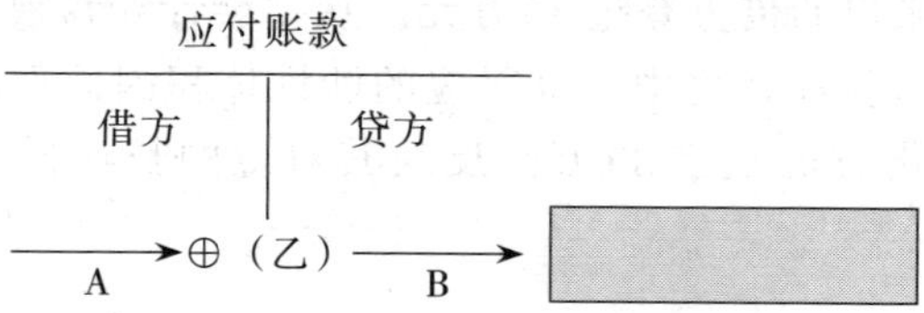

A.企业债权的增加　　　　　　　　B.企业债务的减少

C.企业债务的增加　　　　　　　　D.企业债权的减少

3.【单项选择题】结合下图，下列账户中本期发生额减少登记在借方的是（　　）。

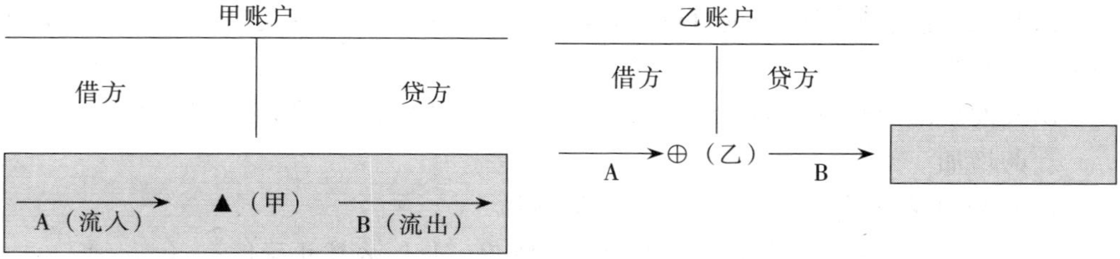

A.固定资产　　　　B.库存现金　　　　C.短期借款　　　　D.银行存款

4.【单项选择题】本月共购入材料5 000元，各车间部门领用3 500元，退回200元，月末结存2 000元，则材料上月结存应为（　　）元。

A.300　　　　B.700　　　　C.500　　　　D.900

5.【单项选择题】结合下图，采用借贷记账法，哪方记增加、哪方记减少，是根据（　　）。

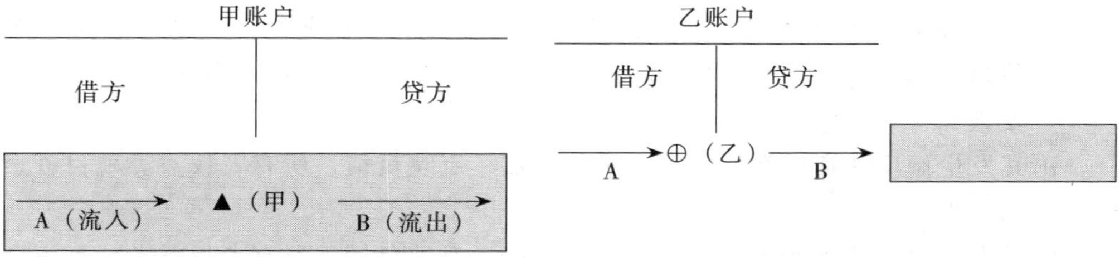

A.借方记增加、贷方记减少的规则来决定的

B.贷方记增加、借方记减少的规则来决定的

C.企业会计准则来决定的

D.每个账户的基本性质来决定的

6.【多项选择题】结合下图，下列对有关账户的“借”表述正确的有（　　）。

记账符号与账户分类6-10

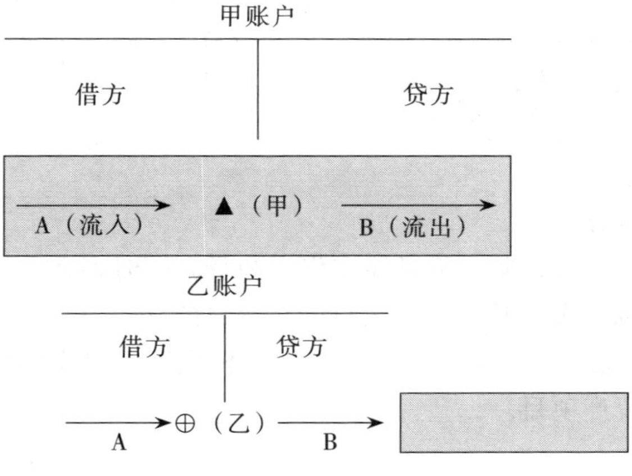

A.登记在借方的发生额既可能反映对应项目资金量的增加，也可能反映对应项目资金量的减少。其结果取决于该项目的基本性质，即属于哪一个会计要素

B.其发生额反映资产类项目资金量的增加，反映负债、所有者权益类项目资金量的减少

C.其发生额反映资产类项目资金量的减少，反映负债、所有者权益类项目资金量的增加

D.其余额反映对应的项目属于资产类项目

7.【多项选择题】结合下图，下列有关账户“贷”表述正确的有（　　）。

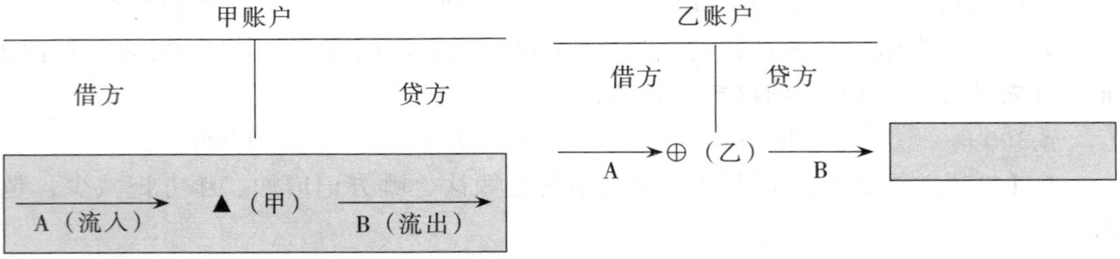

A.登记在贷方的发生额既可能反映对应项目资金量的增加，也可能反映对应项目资金量的减少，其结果取决于该项目的基本性质，即属于哪一个会计要素

B.其发生额反映资产类项目资金量的增加，反映负债、所有者权益类项目资金量的减少

C.其发生额反映资产类项目资金量的减少，反映负债、所有者权益类项目资金量的增加

D.其余额反映对应的项目属于负债类、所有者权益类项目

8.【多项选择题】结合下图，某些共同性账户余额表述正确的有（　　）。

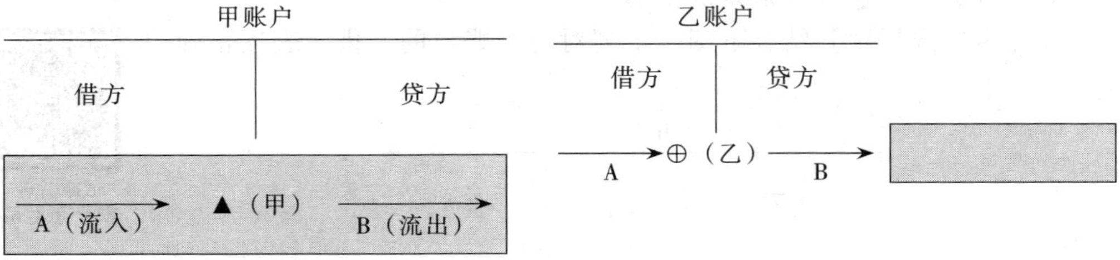

A.余额有时候在借方

B.余额有时候在贷方

C.就某一特定时刻而言，其余额可能在借方和贷方同时存在

D.就某一特定时刻而言，其余额一定只能在账户的某一方

9.【判断题】账户余额在贷方，则“会计沙盘模型”上对应的项目是一个沙堆的形态，反映的是一个资产项目。（　　）

10.【判断题】账户余额在借方，则“会计沙盘模型”上对应的项目是一个沙坑的形态，反映的是一个负债或所有者权益项目。（　）

十一、知识点：试算平衡方法

试算平衡方法 1-7

1.【单项选择题】账户发生额试算平衡公式存在的依据是（　　）。

A.借贷记账法的记账规则　　B.经济业务的内容

C.静态会计方程式　　D.动态会计方程式

2.【多项选择题】借贷记账法的试算平衡方法包括（　　）。

A.发生额采用差额平衡法　　B.发生额采用直接平衡法

C.余额采用差额平衡法　　D.余额采用直接平衡法

3.【多项选择题】下列错误不影响发生额和余额的试算平衡的有（　　）。

A.重复登记同一项经济业务

B.借贷双方发生同等金额的错误

C.会计分录中错用了会计科目，其他无错误

D.漏记经济业务

4.【多项选择题】下列错误中，不能通过试算平衡发现的有（　　）。

A.某项经济业务未登记入账

B.借贷双方同时多记了相等的金额

C.只登记了借方金额，未登记贷方金额

D.应借应贷的账户中错记了借贷方向

5.【多项选择题】在借贷记账法下，用来进行试算平衡的公式中，正确的有（　　）。

A.资产账户借方发生额合计=负债账户贷方发生额合计

B.全部账户借方发生额合计=全部账户贷方发生额合计

C.全部账户借方余额合计=全部账户贷方余额合计

D.每类账户借方发生额合计=每类账户贷方发生额合计

6.【判断题】借贷记账法下进行发生额试算平衡时，若借贷双方不平衡，则说明记账肯定是错误的，若借贷双方平衡了，则说明记账没有错误。（　）

7.【判断题】借贷记账法下余额试算平衡的本质就是“资产=负债+所有者权益”所反映的经济含义。或者说，余额平衡就是“资产=负债+所有者权益”的另外一种表述方式。（　）

8.【计算题】

试算平衡方法8

目的：熟悉账户的基本结构和期末余额的计算方法。

资料：某企业5月31日有关账户的期初余额和本期发生额情况见下表（单位：元）。

账户名称	期初余额		本期发生额		期末余额	
	借方	贷方	借方	贷方	借方	贷方
银行存款	100 000		42 300	133 800		
库存现金	3 500		800		2 000	
固定资产			135 000	0	172 000	
无形资产			68 000	0	68 000	
库存商品	25 000			0	25 000	
应付账款			10 000			
实收资本		125 000	0			225 000
合计		165 500	256 100			275 500

要求：根据所给的资料计算出各账户的相关金额。

十二、知识点：会计分录+项目与会计账户的关系+借贷记账法运用举例

1.【多项选择题】结合下图，下列有关“项目”表述正确的有（　　）。

会计分录与复式记账举例 1-7

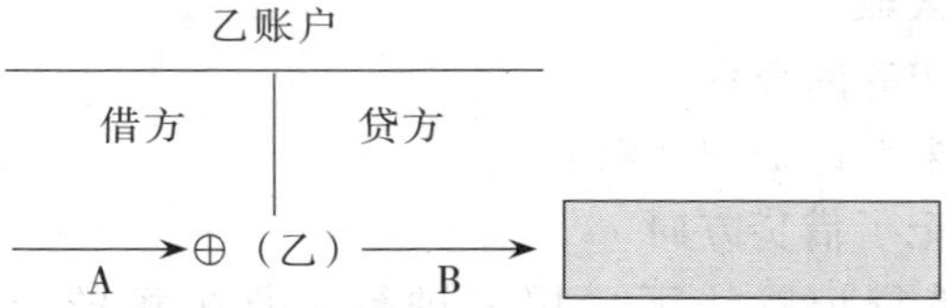

A.“项目”反映的是资金具体的来源渠道与资金具体的存在形态。所以说，“项目”一定是指资金项目，即资金来源渠道项目和资金存在形态项目

B.在“会计沙盘模型”上，“项目”通过沙堆、沙坑实物形态模拟出来

C.在“会计沙盘模型”上，“资产项目”通过沙堆模拟出来，负债和所有者权益项目通过沙坑模拟出来

D.简言之，展现在“会计沙盘模型”上的对象都是“项目”

2.【多项选择题】结合下图，下列有关会计账户表述正确的有（　　）。

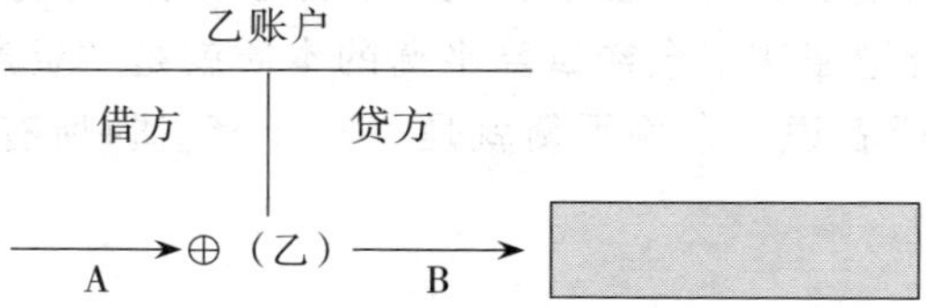

A.会计账户就像档案，而档案可能就是由几张纸构成的

B.会计账户就是专门用来对其所对应的“资金项目”的资金运动进行反映、控制和监督的一种手段与方法

C.账户的左边登记对应项目资金的流入量，账户的右边登记对应项目资金的流出量

D.“账户”的余额对应着“项目”的余额。与账户的借方余额对应的项目在“会计沙盘模型”上是以一个沙堆的形态存在的，其金额通过沙堆体积体现出来。与账户的贷方余额对应的项目在“会计沙盘模型”上以一个沙坑的形态存在，其金额通过沙坑容积体现出来

3.【多项选择题】复合会计分录是指（　　）。

A.一借一贷的会计分录　　B.一借多贷的会计分录

C.多借一贷的会计分录　　D.多借多贷的会计分录

4.【多项选择题】下列有关会计分录表述正确的有（　　）。

A.会计分录在实际工作中是真实存在的

B.会计分录就是记账凭证的核心内容

C.会计分录是为了服务于教学、节省教学时间、提高教学效率而对记账凭证所进行的一种技术处理

D.会计分录的编制工作实际上就是将经济业务登记到会计账簿之前的一项准备工作，其目的是确保应该登记到账簿的业务都能正确地登记到账簿之中

5.【多项选择题】下列有关会计处理表述正确的有（　　）。

A.所谓记账，就是要将企业发生的经济业务记录到企业的会计账簿之中

B.从教学的重心来看，在不考虑资金运动的情况下，只要把会计分录正确编制出来，再将其登记到会计账簿就是一个较为简单的工作了。也正因为如此，会计教学的重点就在于讲授会计分录

C.在考虑资金运动的情况下，由于“资金运动，终点记借方、起点记贷方”的记账规则，只要把资金运动讲授清楚了，会计分录就是一个水到渠成的事了。也正因为如此，资金运动视角下会计教学的重心就在于企业经济业务及其所引发的资金运动

D.资金运动视角下，会计学习的重心不再是会计本身的技术处理，而是经济业务及其所引发的资金运动

6.【判断题】会计分录是对所发生的经济业务确认其应借应贷账户的名称及金额的记录，即会计分录就是确认应该在哪些账户的哪一方登记多少。（　　）

7.【判断题】会计账户与项目是一回事。（　　）

8.【业务题】某企业本月初有关总分类账户的余额如下：

账户名称、金额及方向			账户名称、金额及方向		
会计科目	金额	方向	会计科目	金额	方向
银行存款	100万元	借方	原材料	10万元	借方
库存现金	0.2万元	借方	应付账款	80.2万元	贷方
固定资产	300万元	借方	长期借款	180万元	贷方
无形资产	70万元	借方	实收资本	220万元	贷方

该企业本期发生下列经济业务：

（1）企业从银行提取5 000元现金备用。

（2）企业购买新设备，价值40万元，已经用银行存款支付了35万元，余款5万元尚未支付。

（3）企业接受甲公司投资100万元，其中以银行存款投资50万元，以新机器投资35万元，以无形资产投资15万元。

（4）企业以银行存款13万元购买原材料。

（5）企业以银行存款20万元购买固定资产。

（6）企业购买一项无形资产，价值50万元，货款尚未支付。

（7）企业以银行存款偿还以前的赊购款25万元。

（8）企业将长期借款110万元转为公司的股份。

要求：

（1）画出每笔业务的资金运动流程图，并编制相应的会计分录。

（2）根据所编制的会计分录，完成相应的会计账户的登记。

（3）结算相应会计账户的发生额与余额，并编制会计账户发生额和余额试算平衡表。

会计分录与复式记账举例 8（1）

会计分录与复式记账举例 8（2）

第三章 企业主要经营环节资金运动分析与会计处理

一、知识点：供应环节与阶段性配比原则

供应环节与阶段性配比原则

1.【多项选择题】下列项目中，属于资产要素的账户有（　　）。

A.银行存款　　　　B.预付账款

C.原材料　　　　D.应付账款

2.【多项选择题】下列有关采购环节阶段性配比原则表述正确的有（　　）。

A.阶段性配比原则是指本阶段所得与所失两者在时间上是什么关系

B.就采购环节而言，阶段所得与所失在时间上的关系反映了企业采购的三种商业模式：钱货两清模式、赊购模式和预付款模式

C.“预付账款”项目产生于企业的赊购模式

D.“应付账款”“应付票据”项目产生于企业的预付款模式

3.【判断题】预付账款属于负债要素。（　　）

4.【判断题】相对于应付账款，应付票据具有更好的信用级别，对于持有者而言，风险更小。（　　）

二、知识点：供应环节在途物资处理

供应环节在途物资处理

1.【单项选择题】结合下图，下列有关在途物资账户表述不正确的是（　　）。

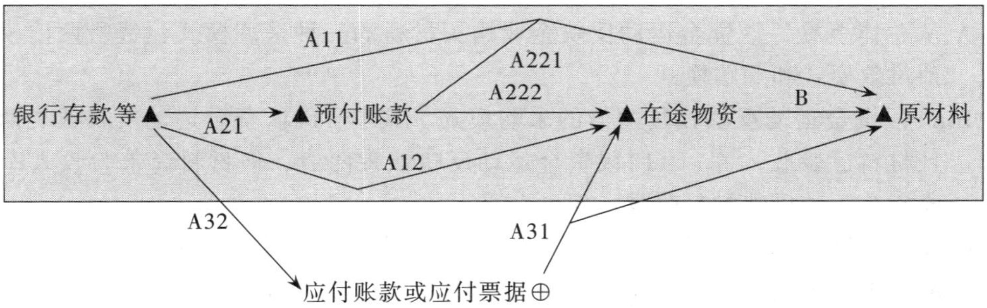

A.该账户是一个记录材料采购成本的形成并用来计算确定材料采购成本的专门账户

B.该账户的借方记录企业所采购材料的买价和发生的各种采购费用

C.该账户的贷方记录完成采购手续并已验收入库的材料的采购成本

D.该账户的期末余额表示已验收入库材料的实际成本

2.【多项选择题】下列有关原材料表述正确的有（　　）。

A.从性质上看，该材料将是完工产品成本的组成部分

B.从实物的角度来看，该材料已验收入库

C.从价值的角度来看，其单价和总价已知

D.从过程管控的角度来看，原材料具有成本汇集与计算功能

3.【多项选择题】结合下图，下列有关在途物资表述正确的有（　　）。

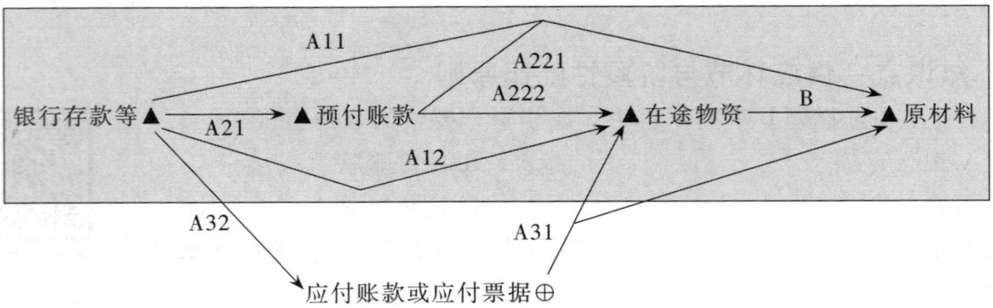

A.该材料尚未验收入库

B.该材料已购买，但尚未到达企业，或者已到达企业，但尚未验收入库

C.该项目具有成本汇集与计算功能

D.该项目反映材料采购过程的结束

4.【多项选择题】结合下图，下列有关表述正确的有（　　）。

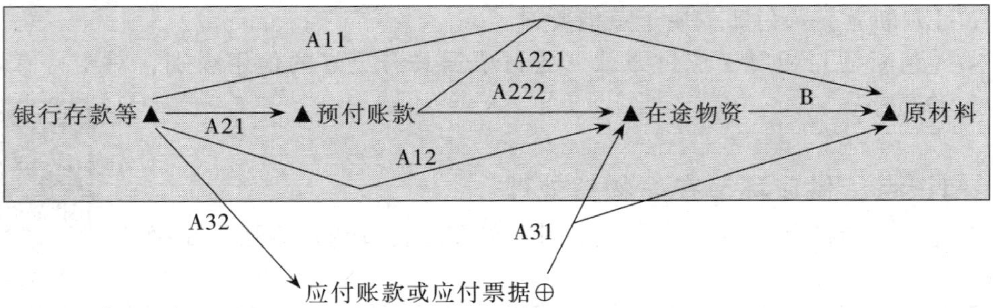

A.从总体上看，该资金运动反映企业购买材料的三种采购模式：钱货两清模式、预付款模式和赊购模式

B.A1段资金运动反映钱货两清的采购模式。其中A11段资金运动反映钱货两清，且材料已验收入库；A12段资金运动反映钱货两清，但材料尚未验收入库；B段资金运动反映材料验收入库

C. A2段资金运动反映预付款的采购模式。其中A21段资金运动反映预付购货款；A222段资金运动反映所购买的材料验收入库，并冲销预付款；A221段资金运动反映采购材料，但材料尚未验收入库；B段资金运动反映材料验收入库

D.A3段资金运动反映赊购的采购模式。其中A31段资金运动反映材料的采购，

该段运动又分为两小段，以反映材料的不同状态，一段反映材料已验收入库，一段反映材料尚未验收入库（暂时作为在途物资处理，以后验收入库时资金发生B段资金运动）。A32段资金运动反映企业偿还赊购款

5.【判断题】就工业企业而言，在途物资与原材料的性质是不同的。　　（　　）

三、知识点：供应环节相关账户分析+业务举例

1.【单项选择题】引起资产和负债同时减少的经济交易与事项是（　　）。

A.以银行存款购入材料一批

B.以应付票据抵偿应付账款

C.将现金存入银行

D.以银行存款偿还以前的赊购款

供应环节业务举例1-5

2.【多项选择题】结合下图，下列有关表述正确的有（　　）。

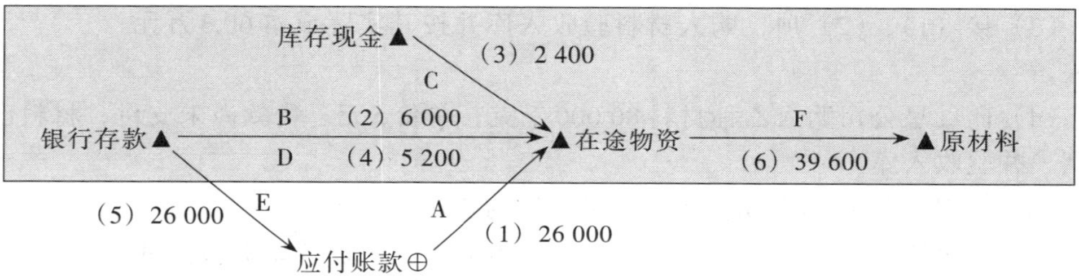

A.A段资金运动很可能是反映企业赊购材料26 000元，材料尚未验收入库

B.B段资金运动、C段资金运动和D段资金运动可能反映企业在采购过程中发生的其他采购费用，如运输费、保险费和装卸费等。这些采购费用共计13 600元，都将构成所购材料的成本

C.E段资金运动反映企业以银行存款支付该笔材料采购的欠款26 000元。F段资金运动反映材料验收入库，计算并结转所购材料的实际成本39 600元

D.从图中可以看到，资金不断地汇集到“在途物资”项目之中，并最终形成所购材料的总成本。也正因为如此，“在途物资”项目在这里也具有成本汇集与计算的功能。同时只有材料验收入库并确认其总成本与单位成本，在途物资才能转为企业的“原材料”

3.【多项选择题】结合下图，下列有关表述正确的有（　　）。

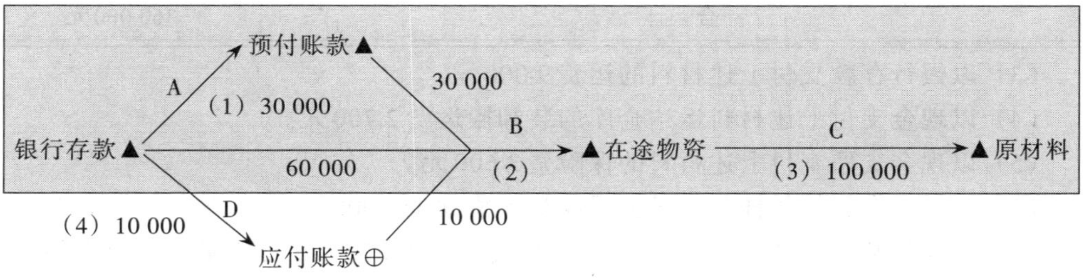

A.A段资金运动反映企业以银行存款预付材料购货款30 000元

B.B段资金运动反映企业实际采购材料100 000元，冲销预付款30 000元，以银行存款支付60 000元，余款10 000元尚未支付。该材料尚未验收入库

C.C段资金运动反映企业所购的材料已验收入库，计算并结转所购材料的实际成本100 000元

D.D段资金运动反映企业以银行存款偿还该批材料采购的欠款10 000元

4.【判断题】应计入原材料成本的项目主要包括买价以及运杂费、保险费等采购费用。（　　）

5.【判断题】在途物资属于成本项目，不属于资产要素。（　　）

6.【业务题】资料：甲企业某月发生下列经济交易与事项：

供应环节业务举例6

（1）向大成公司购入甲种材料200吨，单价3 000元，已用银行存款支付。

（2）以银行存款3 000元支付（1）项中材料的装卸搬运费。

（3）接（1）、（2）项，购入材料验收入库并按其实际成本60.3万元转账。

（4）向红星公司购入乙种材料80 000千克，单价5元。货款尚未支付，材料已经收到，并验收入库。

（5）以银行存款40万元偿还欠红星工厂的货款。

（6）从运达公司购入设备一台，价值26万元，款项以转账支票支付。

要求：对上述经济交易与事项进行确认与计量，并编制会计分录。

7.【业务题】白马公司在某月份内发生了下列有关材料采购的各项经济业务：

供应环节业务举例7（1–7）

（1）企业向昊天公司购买材料100 000元，材料已验收入库，货款已以银行存款支付。

（2）从红星公司购进下列原材料，货款尚未支付，但材料已运达本厂。

项目	重量	单价	金额
甲种材料	2 000千克	80元	160 000元
乙种材料	1 000千克	200元	200 000元
合　计			360 000元

（3）以银行存款支付上述材料的运费9 000元。

（4）以现金支付上述材料运达仓库的装卸搬运费2 700元。

（5）以现金支票支付上述材料的保险费3 600元。

（6）以银行存款偿付拖欠红星公司的材料货款360 000元。

（7）上述所购材料均已验收入库，按其实际成本37.53万元入账。其中甲种材料

16.94万元，乙种材料20.59万元。

（8）从天虹公司购入机器一台，价值34万元，货款尚未支付。

（9）向蓝天公司预付材料购货款5万元，以转账支票支付。

（10）接（9）项，向蓝天公司购买丙种材料14万元，冲销预付款5万元，以存款支付7万元，余款2万元尚未支付。

供应环节业务举例7（8-12）

（11）接（10）项，向蓝天公司购买的材料已验收入库，结转其实际采购成本14万元。

（12）以转账支票2万元偿还应付未付的蓝天公司购料款。

要求：对上述经济交易与事项进行确认与计量，并编制会计分录。

（运输费和装卸搬运费按材料重量比例分配，保险费按买价分配）

四、知识点：产品成本确认+生产环节资金运动与阶段性配比原则

产品成本确认+生产环节资金运动与阶段性配比原则1-6

1.【单项选择题】生产车间生产费用划分为直接费用和间接费用的依据是（　　）。

A.是否与企业的销售收入有直接的关系

B.是否与企业生产车间所使用的机器设备有直接的关系

C.是否与企业生产车间所生产的产品有直接的关系

D.是否与企业生产车间生产工人薪酬有直接的关系

2.【单项选择题】下列费用中，不应计入产品成本的是（　　）。

A.直接材料费　　B.直接人工费

C.期间费用　　D.制造费用

3.【单项选择题】产品生产间接耗用的费用，应先归入（　　），然后计入有关产品成本中去。

A.间接费用　　B.直接费用　　C.制造费用　　D.期间费用

4.【单项选择题】月末，如果某种产品一部分完工一部分未完工，归集在产品成本明细账中的费用总额，还要采用适当的分配方法，在（　　）之间进行分配，然后才能计算完工产品成本。

A.产品品种　　B.产品批别

C.产品生产步骤　　D.完工产品和在产品

5.【单项选择题】结合下图，下列支出直接计入生产成本的是（　　）。

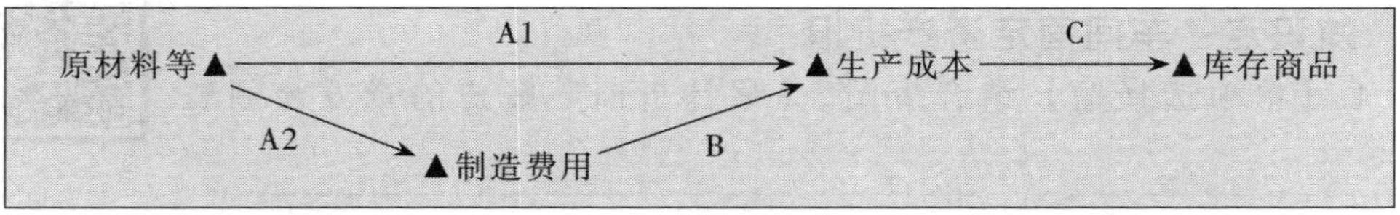

A.车间管理人员薪酬　　B.车间水电费

C.车间办公费　　D.车间生产产品耗用的原材料

6.【单项选择题】结合下图，下列直接计入某种对象的生产成本的支出是（　　）。

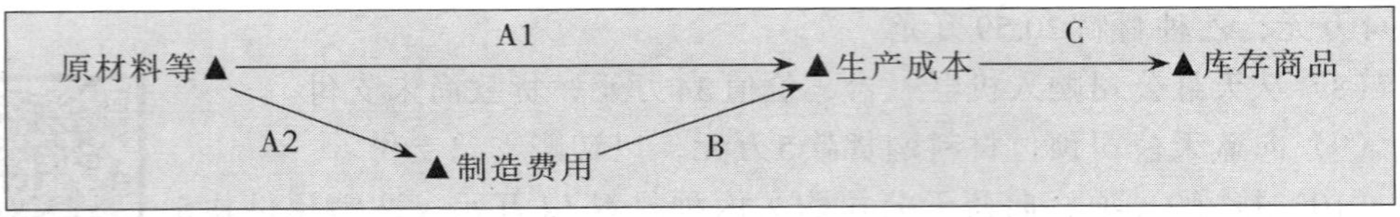

A.厂部办公费　　　　B.生产产品的材料费

C.广告费　　　　D.利息费用

7.【单项选择题】结合下图，下列项目中直接计入制造费用的是（　　）。

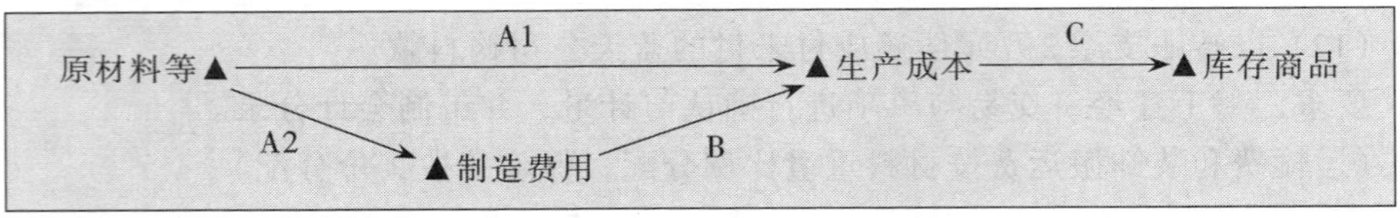

A.生产成本　　　　B.车间生产人员薪酬

C.车间维修耗用材料　　　　D.车间生产产品耗用材料

产品成本确认+生产环节资金运动与阶段性配比原则7-11

8.【单项选择题】（　　）是指与产品生产无直接关系，属于经营管理过程中发生的，不计入产品成本，而直接计入当期损益的费用。

A.制造成本　　　　B.制造费用

C.生产成本　　　　D.期间费用

9.【单项选择题】在某一时刻，“制造费用”账户余额应转入（　　）。

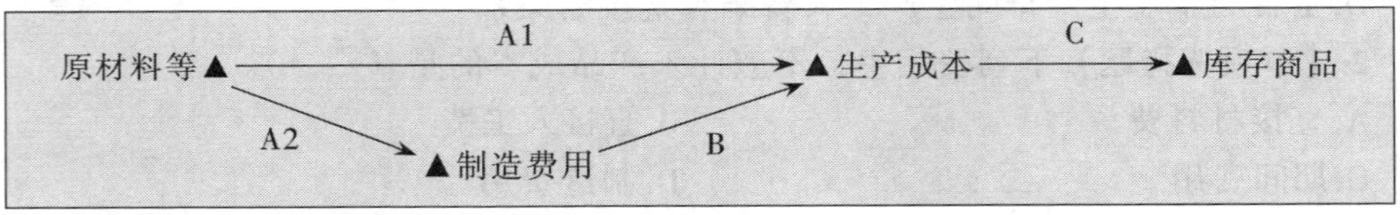

A.“生产成本”账户　　　　B.“库存商品”账户

C.“原材料”账户　　　　D.“银行存款”账户

10.【多项选择题】下列有关制造成本法表述正确的有（　　）。

A.在制造成本法下，产品成本包括车间支出和车间之外的企业所有其他支出

B.在制造成本法下，产品成本只由生产车间所发生的所有支出构成

C.在制造成本法下，若产品按其成本进行销售，企业会产生亏损

D.制造成本法是全世界通用的产品成本计算方法

11.【判断题】制造费用和生产成本属于资产要素。（　　）

五、知识点：车间固定资产折旧

车间固定资产折旧

1.【单项选择题】结合下图，“累计折旧”账户的贷方余额表示（　　）。

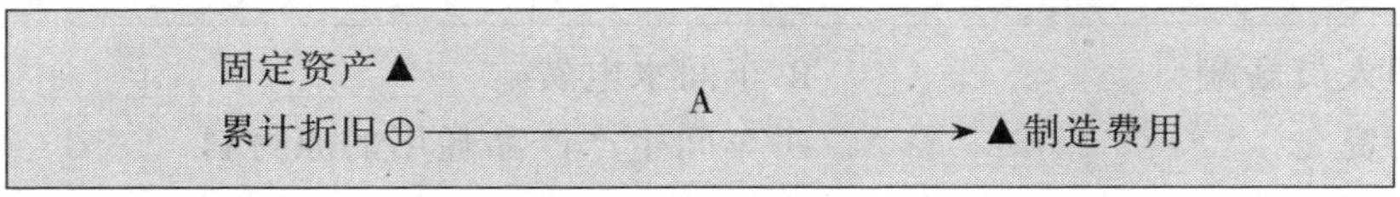

A.折旧的增加数　　　　　　　　B.折旧的减少数

C.折旧的累计数　　　　　　　　D.折旧的转销数

2.【多项选择题】结合下图，下列中有关固定资产相关信息表述正确的有（　　）。

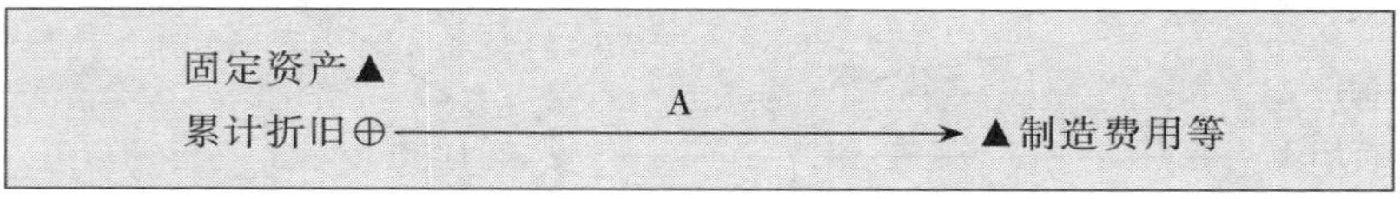

A.A段资金运动流量代表固定资产每一次的折旧费

B.累计折旧的余额（即沙坑的容积）代表截至目前累计磨损转移的固定资产价值

C.固定资产的金额（即沙堆的体积）代表固定资产的原始价值

D.将固定资产和累计折旧结合起来，就可以知道固定资产现在的净值

3.【多项选择题】下列有关外部关系人对于固定资产信息需求表述恰当的有（　　）。

A.通过固定资产的原始价值，推断企业的生产能力与生产规模

B.通过固定资产的原始价值，完全正确地把握企业的生产能力与生产规模

C.通过固定资产的净值，推断企业固定资产的新旧程度

D.通过固定资产的净值，完全正确地把握固定资产的新旧程度

4.【判断题】"累计折旧"项目产生的原因是人为主动的技术处理，反映了会计的管理与控制作用。（　　）

六、知识点：车间薪酬与维修费处理

车间薪酬与维修费处理

1.【单项选择题】下列项目中不计入产品成本的是（　　）。

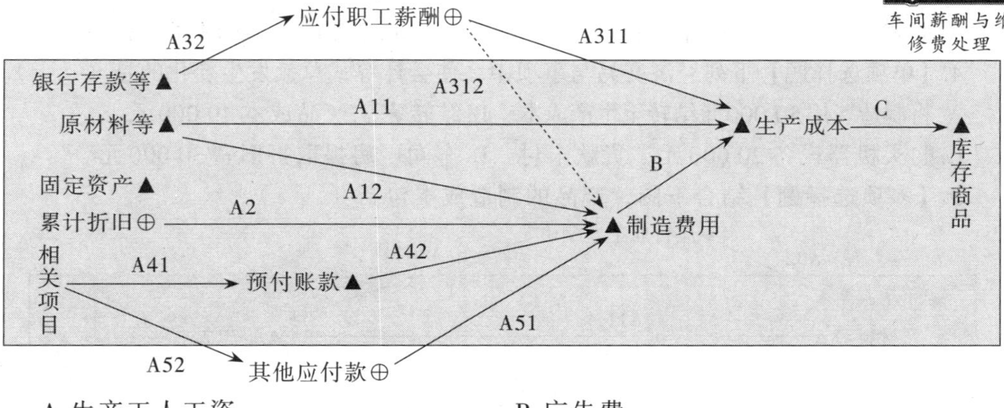

A.生产工人工资　　　　　　　　B.广告费

C.生产车间机器设备的折旧费　　D.生产产品所耗用的材料费

2.【单项选择题】结合下图，下列项目不属于制造费用的有（　　）。

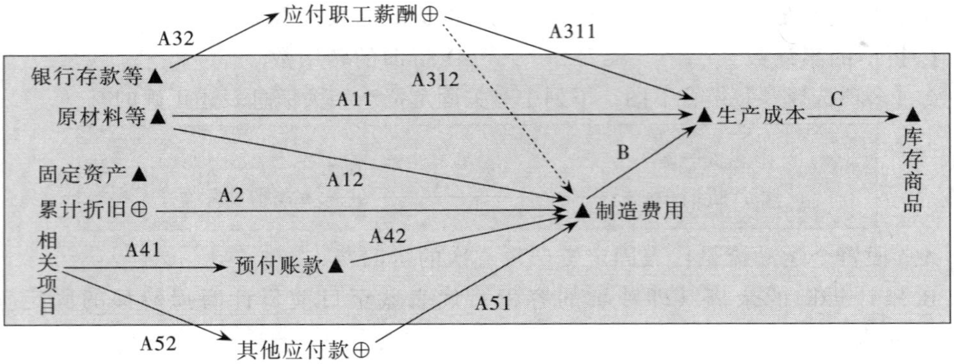

A.车间厂房折旧费　　B.车间生产人员工资

C.车间管理人员工资　　D.车间水电费

3.【单项选择题】结合下图，下列账户中不可能与“制造费用”账户发生对应关系的是（　　）。

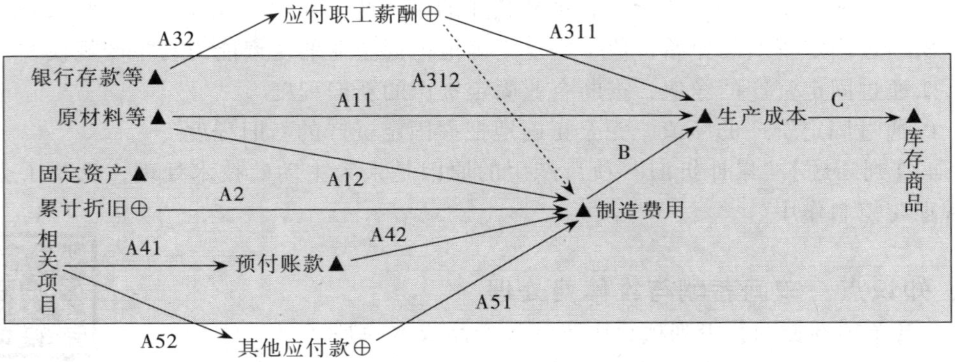

A.原材料　　B.累计折旧　　C.应付职工薪酬　　D.库存商品

4.【单项选择题】下列经济交易与事项中，使会计等式总额发生变化的是（　　）。

A.将制造费用50 000元结转至生产成本　　B.结转完工产品成本40 000元

C.购买机器设备20 000元，货款未付　　D.车间厂房提取折旧费30 000元

5.【多项选择题】结合下图，产品的制造成本包括（　　）。

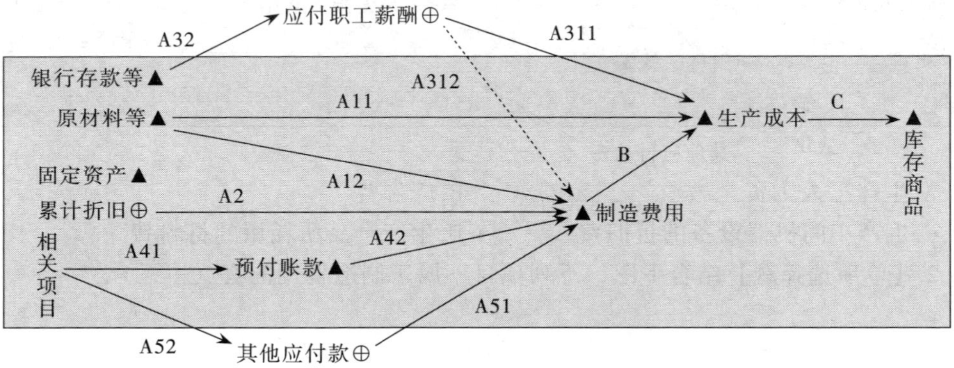

A.为制造产品发生的材料费用

B.为制造产品发生的人工费用

C.为制造产品发生的固定资产折旧费用

D.生产车间发生的一般性耗费

6.【多项选择题】结合下图，下列属于生产车间直接费用的有（　　）。

A.生产车间的电费　　　　B.生产耗用材料

C.生产工人的工资　　　　D.生产车间管理人员的福利费

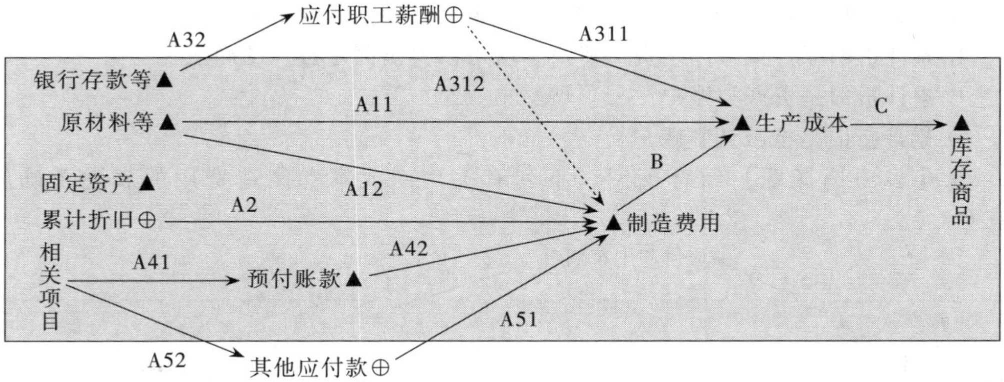

七、知识点：生产环节主要项目分析

生产环节主要项目分析1-5

1.【单项选择题】结合下图，“累计折旧”账户属于（　　）类账户。

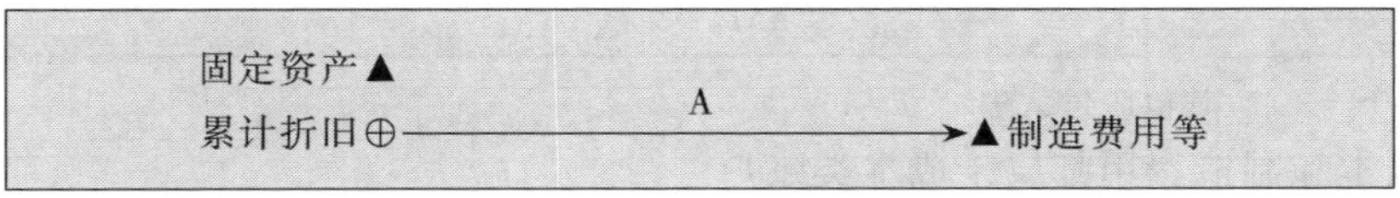

A.资产　　　　B.负债　　　　C.费用　　　　D.所有者权益

2.【单项选择题】结合下图，下列支出属于制造费用的是（　　）。

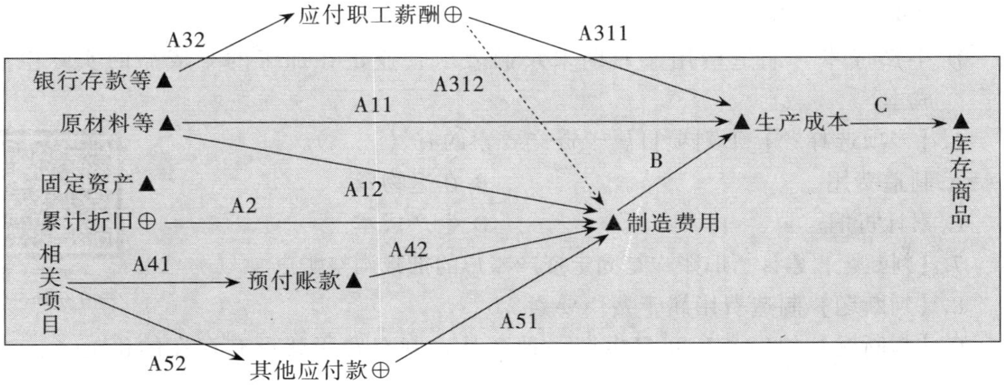

A.车间办公费　　　　B.厂部办公费　　　　C.直接材料　　　　D.直接人工

3.【多项选择题】各种生产费用按其经济用途可分为（　　）。

A.直接材料费　　B.直接人工费　　C.制造费用　　D.期间费用

4.【多项选择题】结合下图，下列有关固定资产和累计折旧账户表述正确的有（　　）。

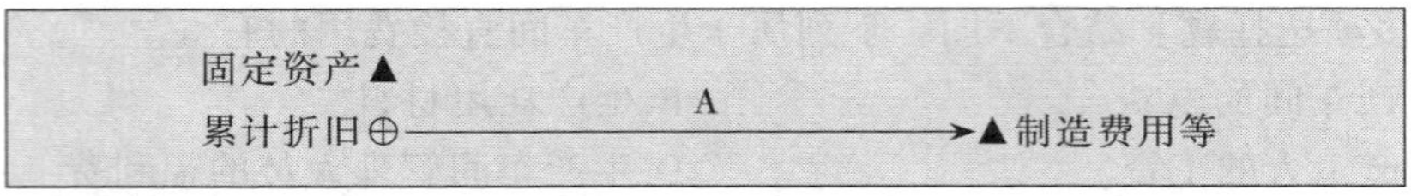

A.累计折旧账户的贷方登记固定资产价值因使用而减少的金额

B.累计折旧账户抵减固定资产账户，就可以得出固定资产的净值

C.累计折旧是资产类账户

D.累计折旧是抵减调整账户

5.【多项选择题】结合下图，下列有关生产成本和制造费用的表述正确的有（　　）。

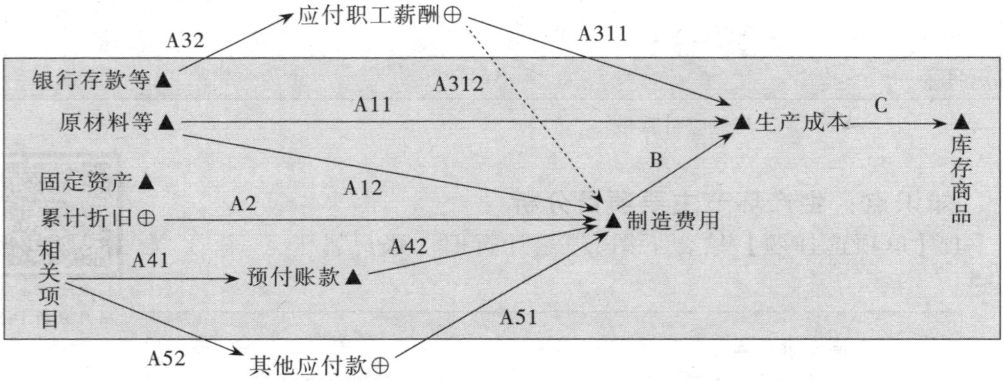

A.生产成本和制造费用都属于成本类账户

B.生产成本和制造费用都属于资产类账户

C.制造费用的贷方记录会计期末为计算产品生产成本而分配、结转至生产成本账户的制造费用

D.生产成本、制造费用账户期末余额表示企业正在加工的半成品的实际生产成本

6.【多项选择题】下列项目属于资产要素的有（　　）。

A.制造费用　　B.在途物资

C.累计折旧　　D.生产成本

生产环节主要项目分析6-9

7.【判断题】累计折旧账户是固定资产账户的抵减调整账户。（　　）

8.【判断题】制造费用属于费用要素。（　　）

9.【判断题】如生产车间只生产一种产品，制造费用就没有存在的价值了。（　　）

八、知识点：生产环节业务举例

1.【多项选择题】结合下图，下列有关A段资金运动表述正确的有（ ）。

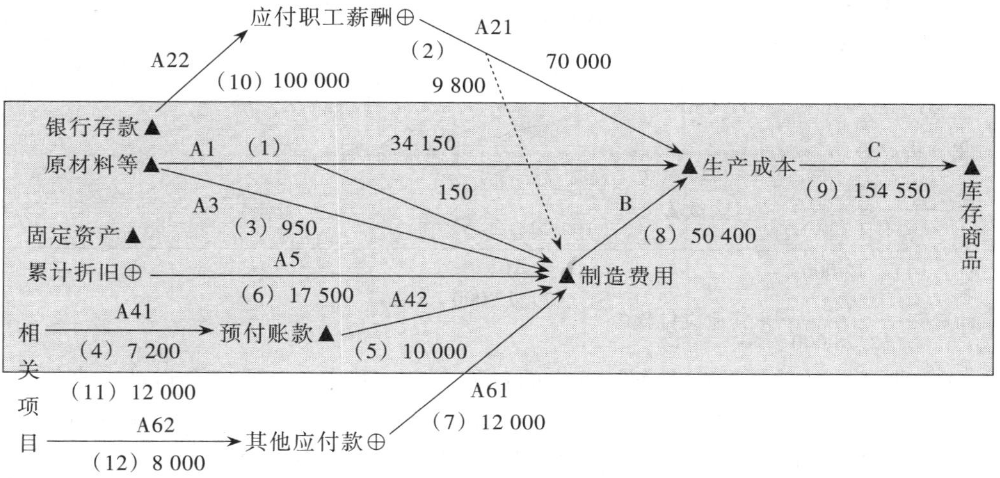

A.A1段资金运动反映生产过程中原材料的耗费，共计34 300元，其中直接服务于产品生产的有34 150元，生产车间一般性耗费为150元

B.A2段资金运动反映生产过程中员工薪酬的耗费，共计79 800元。A21段资金运动反映薪酬费用的确认与计量，其中车间生产工人的薪酬70 000元，车间管理人员薪酬9 800元。A22段资金运动反映企业以银行存款100 000元发放职工薪酬。由于薪酬的发放数大于本期提取的金额，这说明应付职工薪酬期初是有余额的

生产环节业务举例1-2

C.A5段资金运动反映企业生产过程中机器设备、厂房等固定资产由于使用所发生的磨损费，其金额为17 500元。该17 500元的折旧费全部计入制造费用之中

D.A3段资金运动反映企业生产车间发生了950元的一般性耗费。A4段资金运动反映企业生产车间发生的、需要分期摊销的费用。其中，A41段资金运动反映本期发生了两笔共计19 200元的预付费用，A42段资金运动反映本期生产车间摊销了10 000元的相关费用，该费用作为一般性耗费计入制造费用之中。A6段资金运动反映生产车间一般性耗费的确认与发生，A61段资金运动反映企业按照权责发生制确认本期生产车间应承担的相关费用12 000元，A62段资金运动反映企业本期生产车间实际发生了8 000元的相关支出，该支出会影响本期的制造费用

2.【多项选择题】结合下图，下列有关该资金运动流程图的表述正确的有（ ）。

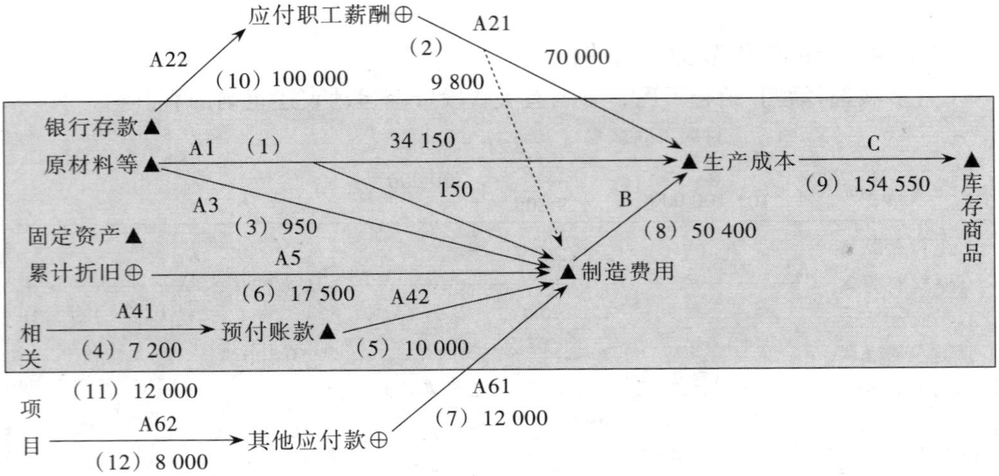

A.A段资金运动反映生产车间发生的各种支出。其中A21段资金运动中直接服务于产品生产的人工费70 000元和A1段资金运动中直接用于产品耗费的原材料金额34 150元，在发生时就直接记入“生产成本”项目之中

B.A1段资金运动中车间一般耗费150元原材料，A21段资金运动中车间管理人员薪酬9 800元，A3段资金运动反映车间一般性耗费950元，A42段资金运动反映10 000元摊销费，A5段资金运动反映折旧费17 500元，A61段资金运动反映12 000元的预提费用，都作为生产车间一般性耗费，计入制造费用之中

C.从A段资金运动可知，生产车间本期应该发生的所有支出，一部分直接在“生产成本”项目中汇集，一部分先暂时在“制造费用”项目中汇集。通过B段资金运动，暂时汇集在“制造费用”项目中的金额50 400元最终全部流转到“生产成本”项目之中。通过C段资金运动，在产品最终全部转化为库存商品

D.从总体上看，“生产成本”项目起了一个对生产过程进行管理、控制与监督的作用。“制造费用”项目作为“生产成本”项目的辅助，起到临时的汇集与分配作用，它属于费用要素。库存商品反映整个生产过程的最终所得

3.【业务题】甲企业在某月发生下列交易：

生产环节业务举例3

(1) 仓库发出材料用于产品生产共计200 000元，车间一般性耗用2 000元。

(2) 本月生产车间应付职工薪酬共计890 000元，其中：生产工人薪酬800 000元，车间管理人员薪酬90 000元。

(3) 计提本月车间使用的固定资产折旧费120 000元。

(4) 预提由本月负担的生产车间大修理支出5 000元。

(5) 摊销应由本生产车间承担的机器设备租赁费3 800元。

(6) 将本月发生的制造费用100 000元转入“生产成本”账户。

(7) 本月生产的产品，已经全部制成并验收入库，按实际生产成本150万元转账。

要求：对上述经济交易与事项进行确认与计量，并编制会计分录。

4.【业务题】某企业在某月生产A、B两种产品，发生下列经济交易：

（1）仓库发出下列材料供各方使用（见下表）：

项目	甲材料	乙材料	合计
A产品生产	120 000元	10 000元	130 000元
B产品生产	200 000元	10 550元	210 550元
车间一般性耗用		1 500元	1 500元
合　计	320 000元	22 050元	342 050元

（2）本月应付职工薪酬分配如下（见下表）：

项目	分配金额
生产工人的薪酬：	
A产品生产工人薪酬	230 000元
B产品生产工人薪酬	440 000元
小计	670 000元
车间管理人员薪酬	55 000元
合　计	725 000元

（3）以银行存款支付生产车间水电费35 000元。

（4）以银行存款预付下一季度生产车间租入固定资产租金24 000元。

（5）摊销应由本月负担的车间使用的租入固定资产的租金15 000元。

生产环节业务举例4（1-6）

（6）计提本月车间使用的固定资产折旧37 500元。

（7）预提应由本月负担的生产车间机器大修理费用10 000元。

（8）将本月发生的制造费用13.4万元转入“生产成本”账户，并按照生产工人薪酬的比例（比例为23∶44）在A、B产品之间进行分配。

（9）本月生产的A产品100件，B产品500件，均已全部完工并验收入库，按实际生产成本94.455万元转账。其中：A产品40.6万元，B产品53.855万元。

生产环节业务举例4（7-12）

（10）以银行存款发放职工工资，共计870 000元。

（11）企业第一生产车间发生修理费24 000元，其中：耗用材料18 000元，应付职工工资等6 000元，该机器修好后可连续使用两年（从下月算起）。

（12）企业第二生产车间发生修理费9 000元，其中：耗用材料7 000元，应付职工工资等2 000元，该机器的修理费已预提，冲销其预提的修理费。

要求：对上述经济交易与事项进行确认与计量，并编制会计分录。

九、知识点：销售环节基本资金运动与配比原则+销售环节资金运动与相关性原则

1.【多项选择题】下列有关配比原则表述正确的有（　　）。

A.配比是指为取得收入所付出的代价应该从收入中得到补偿

B.配比原则包括因果关系的配比和时间关系的配比

C.因果关系的配比强调的是所付出的代价与收入有明确的数量因果关系

D.如所付出的代价与收入没有明确的数量关系，它们主要随着时间的流逝而产生，在这种情况下，本期的费用只能从本期的收入中得到补偿，即时间关系的配比

销售环节基本资金运动与配比原则+销售环节资金运动与相关性原则

2.【多项选择题】下列应该按照时间关系配比原则进行补偿的支出有（　　）。

A.已售产品成本　　B.管理部门的房租、水费、电费

C.广告单印制费、发放费　　D.借款应该支付的利息

3.【多项选择题】下图中有关资金运动描述正确的有（　　）。

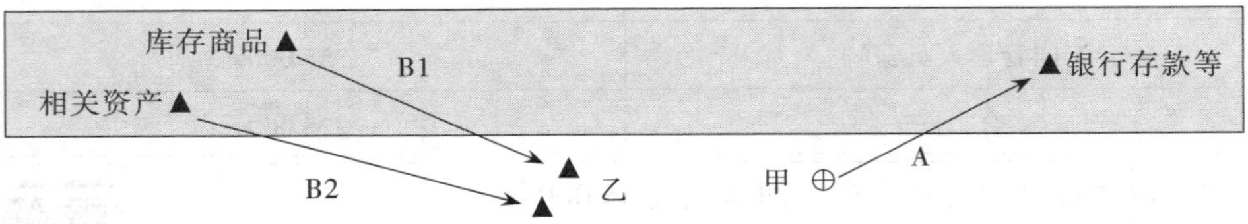

A.A段资金运动代表每一次销售收入的取得，其流量代表每一次的收入量

B.就某一时期而言，甲项目的容积就代表企业在这一期间的总收入

C.B段资金运动代表每一次费用的发生，其流量代表每一次的费用量

D.就某一时期而言，乙项目的体积就代表企业在这一期间的总费用

十、知识点：销售环节资金运动与会计分期假设

1.【单项选择题】下列有关分期假设表述不正确的有（　　）。

A.分期假设是指将企业持续不断的经营活动划分为较短的相对等距的会计期间

B.会计期间一般以年度来划分，我国以农历年度作为会计年度，即1月1日至12月31日

销售环节资金运动与会计分期假设

C.分期假设的目的是分期结算账目，按期编制财务报告，以便及时提供信息

D.通过分期假设，将收入、费用和利润全部结清为零，从而为下期收入、费用和利润的确认与计量做好准备

2.【多项选择题】下图中有关各段资金运动经济含义描述正确的有（　　）。

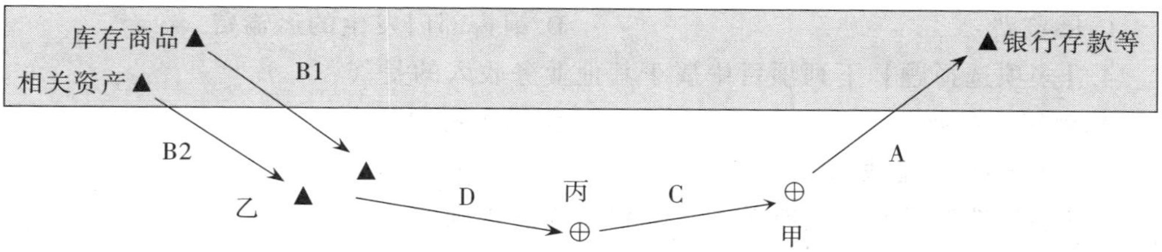

A.平时，什么时候有销售，资金就发生A段运动，其流量代表每一次的收入量

B.平时，什么时候有与销售有关的费用发生，资金就发生B段运动

C.期末，通过C段资金运动将收入全部结转，其流量代表本期的总费用

D.期末，通过D段资金运动将费用全部结转，其流量代表本期的总收入

3.【多项选择题】结合下图，下列有关C、D段资金运动结果描述正确的有（　　）。

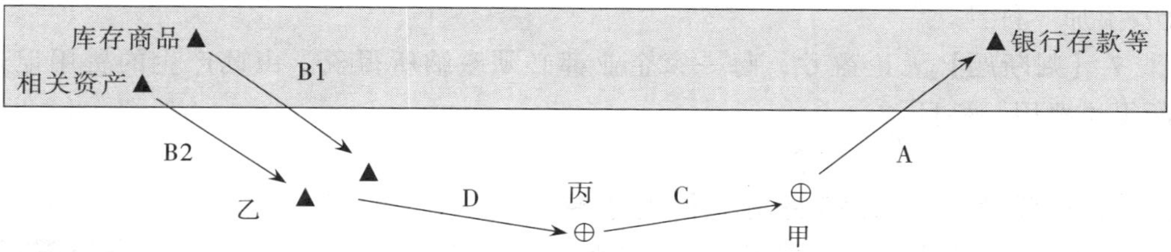

A.通过C段资金运动将收入全部结转至本年利润项目，从而导致甲项目的余额为零

B.通过D段资金运动将费用全部结转至本年利润项目，从而导致乙项目的余额为零

C.当C段资金运动的流出量大于D段的流入量时，代表产生盈利，其在“会计沙盘模型”上以沙坑的形式存在；当C段资金运动的流出量等于D段的流入量时，代表不赚不亏，其在“会计沙盘模型”上以零的形式存在

D.当C段资金运动的流出量小于D段的流入量时，代表发生亏损，其在“会计沙盘模型”上以沙堆的形式存在

十一、知识点：销售环节资金运动与多元化经营

1.【单项选择题】下列不属于其他业务成本的有（　　）。

A.出售材料的成本　　B.出售产品的成本

C.出租设备的磨损费　　D.因出租所产生的人工费

销售环节资金运动与多元化经营

2.【单项选择题】“主营业务成本”账户的借方登记（　　）。

A.库存商品成本

B.正在生产的产品的生产成本

C.已销售库存商品成本

D.已销售材料的购买成本

3.【多项选择题】下列项目中属于销售费用的有（　　）。

A.广告费　　B.销售部门发生的办公费

C.展览费　　D.销售部门发生的运输费

4.【多项选择题】下列项目中属于其他业务收入的是（　　）。

A.销售产品收入　　B.出租房屋收入

C.出租机器设备收入　　D.出售材料收入

5.【多项选择题】下列有关收入和费用表述正确的是（　　）。

A.企业多元化经营，可能会引起企业收益的多元化

B.企业多元化经营，可能会引起企业费用的多样化

C.总量信息比结构化信息更有信息含量

D.提供收益和费用的明细构成信息比只提供总量信息更具有决策有用性

6.【判断题】企业销售商品必须缴纳消费税和资源税。由此产生的费用记入“税金及附加”科目。（　　）

7.【判断题】无论盈亏，每一家企业都必须缴纳所得税。由此产生的费用记入“所得税费用”科目。（　　）

十二、知识点：收益和费用项目的扩展

收益和费用项目的扩展1–5

1.【单项选择题】下列属于其他业务收入的是（　　）。

A.利息收入　　B.投资所获得的收益

C.罚没收入　　D.出售材料收入

2.【单项选择题】下列项目中，属于营业外收入的是（　　）。

A.销售产品的收入　　B.出租收取的租金收入

C.接受捐赠收入　　D.投资所获得的收益

3.【单项选择题】下列项目中，属于营业外支出的是（　　）。

A.支付银行借款利息　　B.支付的广告费

C.对外捐赠支出　　D.销售多余材料的成本

4.【多项选择题】下列收入中应记入“其他业务收入”账户的有（　　）。

A.租金收入　　B.材料出售收入

C.接受捐赠收入　　D.罚款收入

5.【多项选择题】下列项目中属于营业外支出的有（　　）。

A.固定资产盘亏　　B.非常损失

C.存货的正常盘亏损耗　　D.因违规受到处罚所支付的罚款

收益和费用项目的扩展6–9

6.【多项选择题】下列应计入管理费用的有（　　）。

A.企业行政管理部门发生的办公费用

B.企业行政管理部门发生的人工薪酬

C.企业行政管理部门发生的业务招待费、差旅费和折旧费

D.企业财务部门人员的薪酬不计入管理费用，应计入财务费用

7.【多项选择题】下列支出应计入管理费用的有（　　）。

A.购入厂部用小汽车一部　　　　　　B.厂部管理人员工资

C.车间水电费　　　　　　　　　　　D.全厂本期的报刊费

8.【判断题】企业在生产过程中发生的一笔非正常材料损失会影响当期营业利润的确定。（　　）

9.【判断题】企业在经营过程中发生的某项费用计入管理费用和计入制造费用对当期经营成果的影响是相同的。（　　）

十三、知识点：销售环节资金运动与阶段性配比原则

1.【多项选择题】下列项目中，属于资产的有（　　）。

A.原材料　　　　　　　　　　B.银行存款

C.预收账款　　　　　　　　　D.应收账款

销售环节资金运动与阶段性配比原则

2.【多项选择题】下列有关销售环节阶段性配比原则表述正确的有（　　）。

A.阶段性配比原则是指本阶段所得与所失两者在时间上是什么关系

B.就销售环节而言，阶段所得与所失在时间上的关系反映了企业销售的三种商业模式：钱货两清模式、赊销模式和预收款模式

C.“预收账款”项目产生于企业的赊销模式

D.“应收账款”“应收票据”项目产生于企业的预收款模式

3.【多项选择题】结合下图A段资金运动，下列有关销售环节阶段性配比原则表述正确的是（　　）。

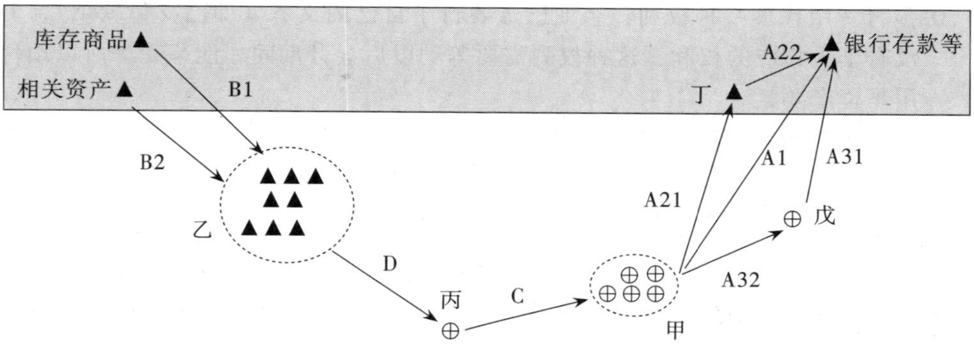

A.A1段资金运动反映企业采用钱货两清的销售模式

B.A2段资金运动反映企业采用赊销的销售模式，先赊销后收款，资金运动分为两段，需要设置丁项目（应收账款、应收票据等）来进行过渡

C.A3段资金运动反映企业采用预收款的销售模式，先预收订金后销售，资金运动分为两段，需要设置戊项目（预收账款、合同负债等）来进行过渡

D.A段资金运动从整体上看，无论采用什么样的销售模式，企业最终都取得了销售收入，并收到了相应的银行存款。在这里，丁、戊两个项目都只是起一个过渡性的、临时性的桥梁作用

4.【判断题】预收账款属于资产要素。（　　）

5.【判断题】相对于应收账款，应收票据具有更好的信用级别，对于持有者而言，风险更小。（　　）

十四、知识点：权责发生制对费用段资金运动的影响+维修费的待摊与预提+税费的处理

1.【单项选择题】权责发生制存在的主要原因是（　　）。

A.可靠性原则

B.会计分期假设

C.及时性原则

D.复式记账

权责发生制对费用段资金运动的影响1-6

2.【多项选择题】结合下图，下列有关预付费用表述正确的有（　　）。

A.对于预付费用，企业可以设置“预付账款”项目来反映，也可以设置“预付费用”“待摊费用”项目来反映

B.预付费用反映的是一个跨期业务，其跨期体现在：款项已在本期支付，但受益却在未来期间

C.预付账款是一个费用账户

D.预付费用代表一种权利：企业已经履行了自己的义务（即已支付款项），但并没有享受相应的权利，这种权利需要等到以后会计期间才能享受，所以预付费用是资产要素

3.【多项选择题】结合下图，下列有关预提费用的表述正确的有（　　）。

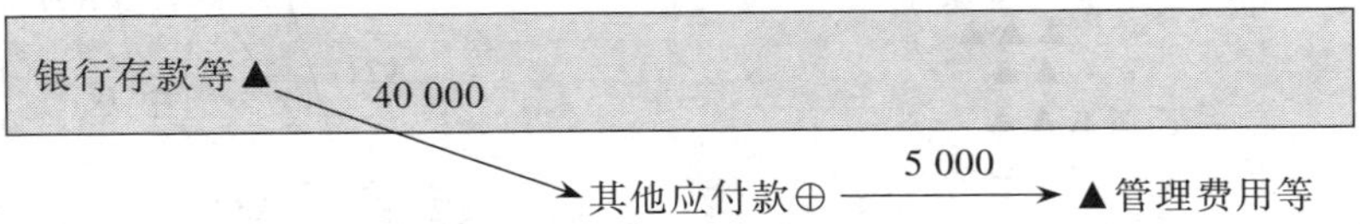

A.对于预提的费用，企业可以设置“其他应付款”项目来反映，也可设置“预提费用”项目来反映

B.预提费用反映的是一个跨期业务，其跨期体现在：本期已经受益并应承担相应的费用，但支付却在未来

C.其他应付款是一个费用账户

D.其他应付款代表一种义务：企业已经享受某种权利，相应地应承担其代价，但这个代价的支付却在下一会计期间，所以说其他应付款是负债要素

4.【多项选择题】结合下图，下列业务所引起的资金运动可以用B1来反映的有（　　）。

A.企业预付以后期间的房屋租赁费

B.企业预付以后期间公司的财产保险费

C.企业支付机器设备的维修费，该支出的效用期在未来

D.企业预付下一年度的报刊费

5.【多项选择题】结合下图，下列业务所引起的资金运动可以用B1来反映的有（　　）。

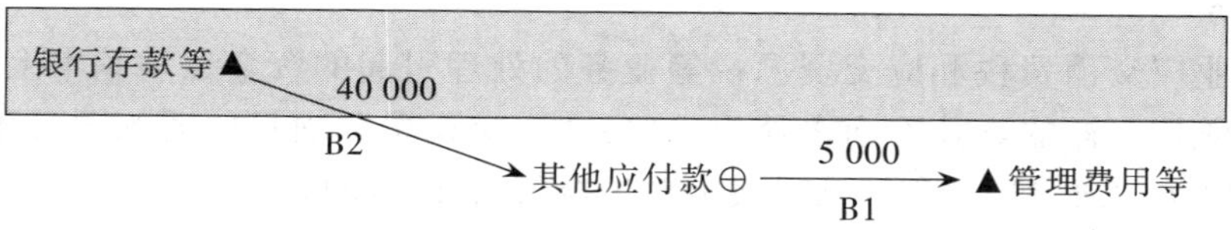

A.预提本期厂部应承担的机器设备维修费

B.计提本期厂部应付未付的水电费

C.预提本期厂部应付未付的房屋租赁费

D.计提本期厂部应付未付的业务招待费

6.【多项选择题】结合下图，下列业务所引起的资金运动可以用B2来反映的有（　　）。

A.企业摊销本期厂部应该承担的房屋租赁费

B.企业分摊本期厂部应该承担的财产保险费

C.企业摊销本期厂部应该承担的机器设备的维修费

D.企业摊销本期厂部应该承担的报刊费

7.【多项选择题】结合下图，下列业务所引起的资金运动可以用B2来反映的有（　　）。

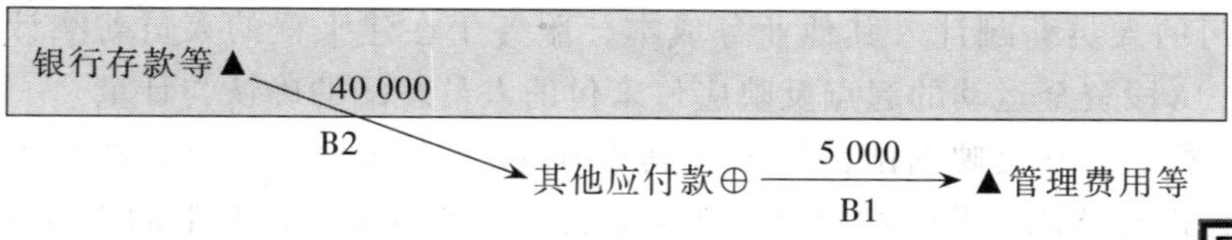

A.企业以银行存款等支付应付未付的水电费

B.企业以银行存款等支付应付未付的房租

C.企业以银行存款等支付应付未付的业务招待费

D.企业以银行存款等支付机器设备的维修费

权责发生制对费用段资金运动的影响等7-11

8.【多项选择题】结合下图，下列有关所得税处理的表述正确的有（　　）。

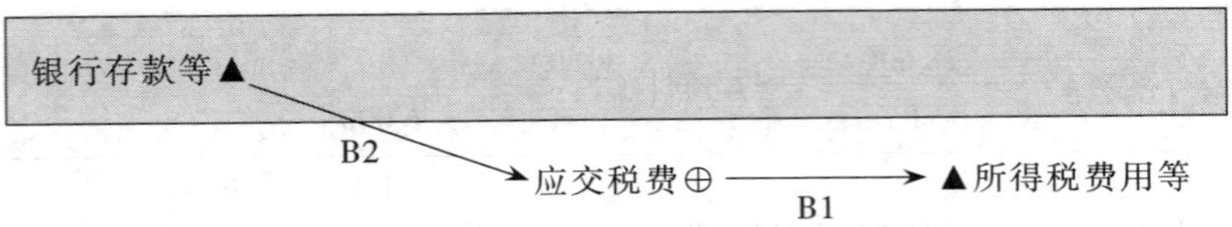

A.B1段资金运动反映企业计算并确认本期应该缴纳的所得税

B.B2段资金运动反映企业以银行存款缴纳应缴未缴的所得税

C.应交所得税的处理之所以要分为两段，是因为计算并确认应交税费与实际缴纳税费可能在时间上存在一定的差异，从而使得所得税处理出现跨期的现象。因此，需要设置“应交税费”项目来专门反映、控制和监督这种跨期业务

D.企业应交消费税和应交资源税等业务的处理引起的资金运动基本上和应交所得税是一样的。其不同之处为：(1)“应交税费”项目的明细项目不同；(2)需要将“所得税费用”项目改为“税金及附加”项目

9.【多项选择题】结合下图，下列有关职工薪酬业务的表述正确的有（　　）。

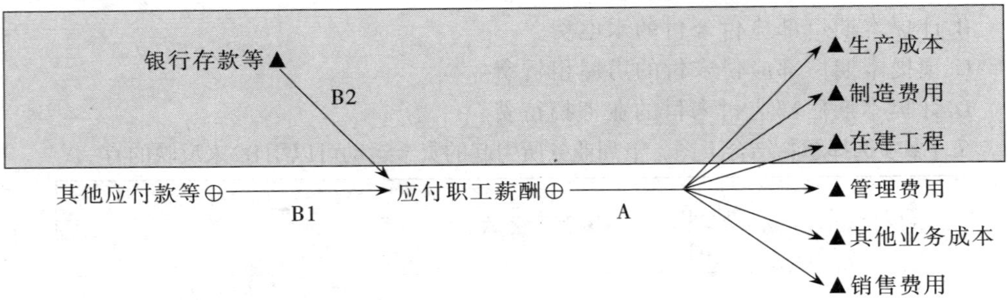

A.A段资金运动反映薪酬费用的确认与分摊，B段资金运动反映薪酬的实际支付

B.A段资金运动的终点反映薪酬费用的分配。其分配的原则是按照员工所服务的不同职能部门进行分摊。服务于生产部门的人员薪酬直接计入生产成本，服务于生产部门的生产管理人员薪酬计入制造费用，服务于企业管理部门的人员薪酬计入管理费用，服务于销售部门的人员薪酬计入销售费用，服务于其他业务部门的人员薪酬计入其他业务成本，服务于在建工程的人员薪酬计入在建工程。A段资金运动的起点反映应付未付的人员薪酬的确认与计量

C.B段资金运动反映薪酬的发放。其中B1段资金运动反映企业在发生职工薪酬时，需要从职工薪酬中扣除一些需要代扣代缴的项目，剩下的应付职工薪酬则以银行存款等支付

D.职工薪酬的确认与发放所引发的资金运动之所以分为A、B两段，是因为本月薪酬的确认与计量需要一定的时间，导致薪酬的发放具有滞后性

10.【判断题】其他应付款（预提费用）属于费用要素。（　　）

11.【判断题】预付账款（待摊费用）属于费用要素。（　　）

十五、知识点：差旅费处理

1.【单项选择题】结合下图，企业员工预借差旅费所引起的变动为（　　）。

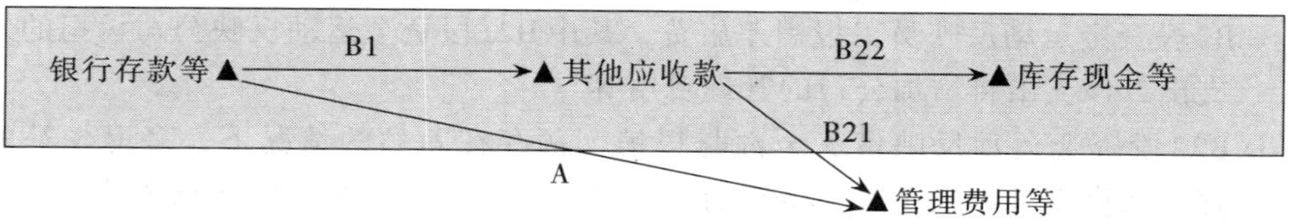

A.一项资产增加，一项负债增加

B.一项资产增加，另一项资产减少

C.一项资产减少，一项负债减少

D.一项负债增加，另一项负债减少

差旅费处理

2.【单项选择题】企业管理部门某位员工未预借差旅费，采用实报实销的方式报销差旅费，其所引起的变动为（　　）。

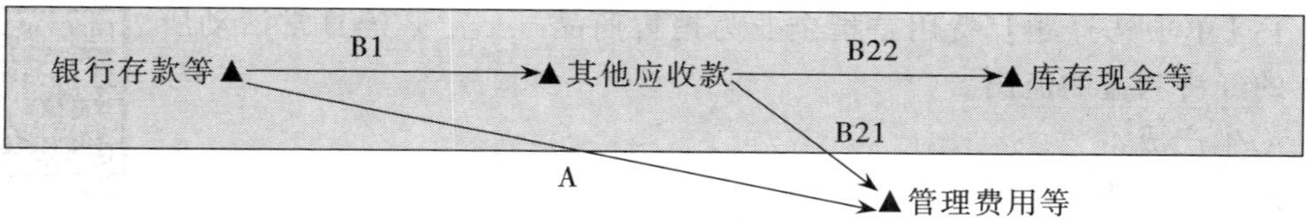

A.一项资产增加，一项负债增加

B.一项资产增加，另一项资产减少

C.一项资产减少，一项费用增加

D.一项负债增加，另一项负债减少

3.【单项选择题】某企业其他往来总账期初余额为借方600元，其三个明细账的期初余额分别为：甲借方800元，乙贷方300元，丙（　　）。

A.贷方1 100元　　B.借方1 100元　　C.借方100元　　D.贷方500元

4.【多项选择题】下列项目属于负债要素的有（　　）。

A.预提费用　　B.应付账款　　C.预付账款　　D.其他应付款

5.【多项选择题】下列有关其他应付款的表述正确的有（　　）。

A.其他应付款的核算对象主要是与购买商品、接受劳务有关的应付款

B.其他应付款也核算一些暂收款项，如收到的押金

C.为职工代扣但尚未代交的款项也属于其他应付款的核算内容

D.有些其他应付款业务可以用预提费用替代，如预提的维修费等

6.【多项选择题】结合下图，下列有关差旅费业务的表述正确的有（　　）。

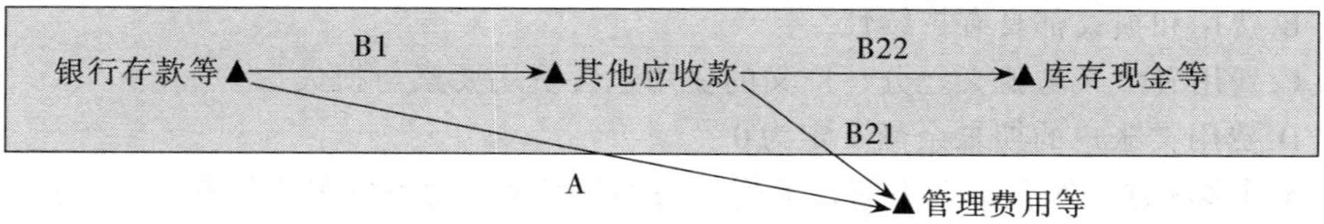

A.A段资金运动反映出差员工在未借支差旅费的情况下差旅费的报销。也就是说整个差旅费用全部是员工垫付的，实际报多少，就给职工多少

B.B1段资金运动反映出差员工借支差旅费

C.B2段资金运动反映员工报销差旅费，其中B21段资金运动反映公司承担的差旅支出，该支出将增加公司的管理费用等

D.B22段资金运动反映借支金额与报销金额存在差额的情况下，多退少补的处理。当借支金额大于实际报销的金额时，员工应将多余的资金退还给公司，此时B22段资金运动的流量为负数。当借支金额小于实际报销的金额时，公司应该补钱给员工，此时B22段资金运动的流量为正数

7.【判断题】在预借差旅费的情况下，企业应通过“应收账款”项目来核算。（　　）

十六、知识点：销售环节资金运动综合分析+收入+费用与利润

1.【单项选择题】费用是指企业为销售商品（　　）等日常活动所发生的经济利益的流出。

销售环节资金运动综合分析等1-5

A.生产成本

B.支出耗费

C.提供劳务

D.发生损失

2.【单项选择题】我国企业会计准则规定：作为会计要素的收入，是企业在销售商品或提供劳务等经营交易与事项中实现的（　　）。

A.营业收入

B.投资收益

C.全部收入

D.营业收入和营业外收入

3.【多项选择题】下列有关收入和利得的表述正确的有（　　）。

A.收入要素是日常活动产生的；利得是偶发事项产生的，又称为营业外收入

B.收入不具有持续性，利得具有持续性

C.收入有广义与狭义之分，广义的收入包括收入要素与利得

D.收入类账户的期末余额不一定为0

4.【多项选择题】下列有关费用和损失的表述正确的有（　　）。

A.费用要素是日常活动中产生的；损失是偶发事项产生的，又称为营业外支出

B.费用和损失都具有持续性

C.费用有广义与狭义之分，广义的费用包含费用要素与损失

D.费用类账户的期末余额一定为0

5.【多项选择题】结合下图，下列有关A段资金运动表述正确的有（　　）。

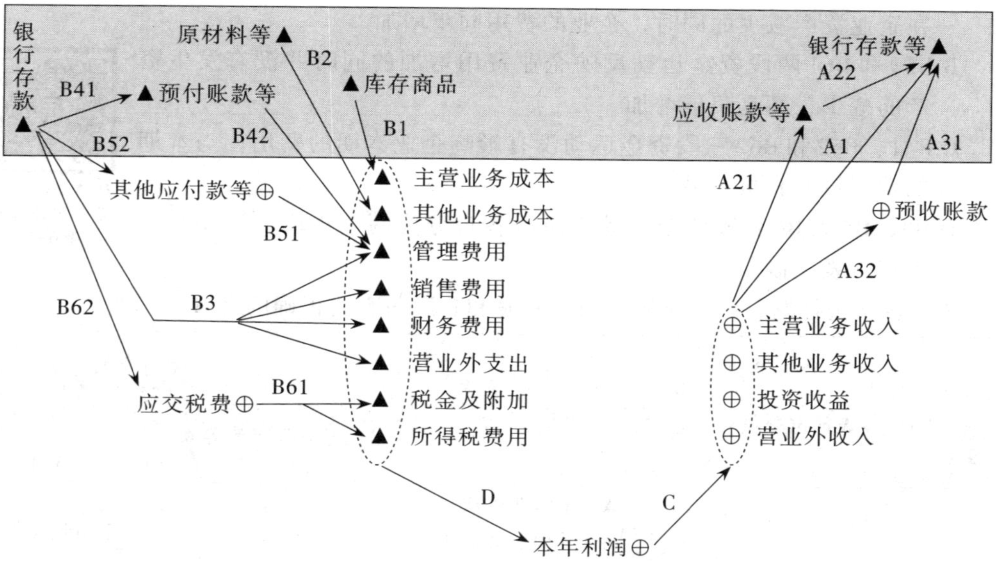

A.A段资金运动反映企业的三种销售模式：钱货两清、赊销和预收款

B.A1段资金运动反映钱货两清模式下的销售。在这种销售模式下，企业确认收入的同时就收到了货币资金

C.A2段资金运动反映赊销模式下的销售。在这种销售模式下，A21段资金运动反映收入的确认与计量，A22段资金运动与收入的确认与计量没有直接关系

D.A3段资金运动反映预收款模式下的销售。在这种销售模式下，A32段资金运动反映收入的确认与计量，A31段资金运动与收入的确认与计量没有直接关系

6.【多项选择题】结合下图B段资金运动分析，下列表述正确的有（　　）。

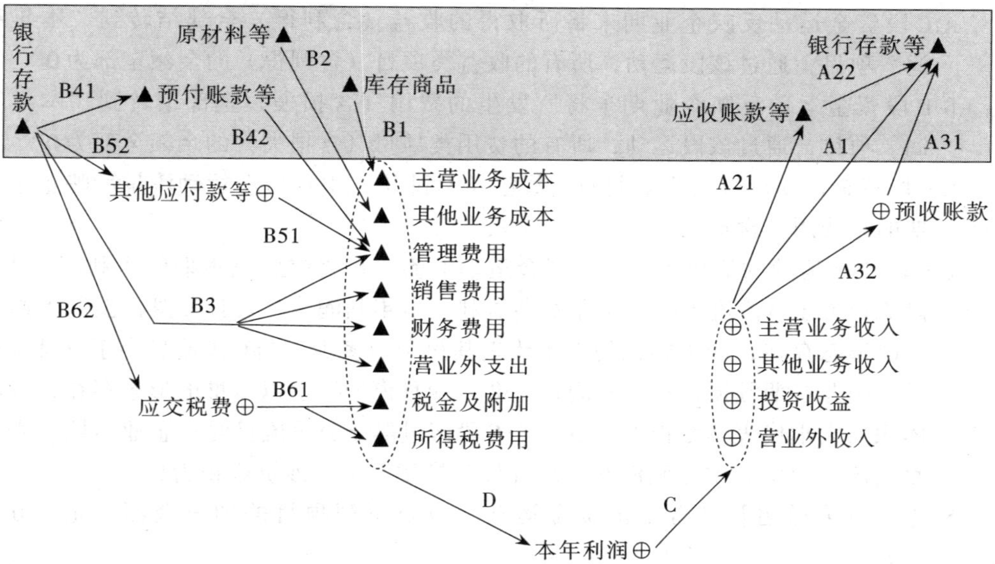

A.B1、B2、B3和B42四段资金运动反映企业的资产直接转换为企业的费用，即

在企业资产减少的同时，企业的费用同步增加

B.B51和B61两段资金运动反映企业费用增加的同时并没有发生资产的减少，而是负债增加

C.B41、B52和B62三段资金运动没有影响企业本期的费用，与本期的费用没有直接关系

D.B4、B5和B6三段资金运动之所以各自分为两个小段，主要是因为权责发生制

销售环节资金运动综合分析等6-10

7.【多项选择题】结合下图，有关C段和D段的表述正确的有（　　）。

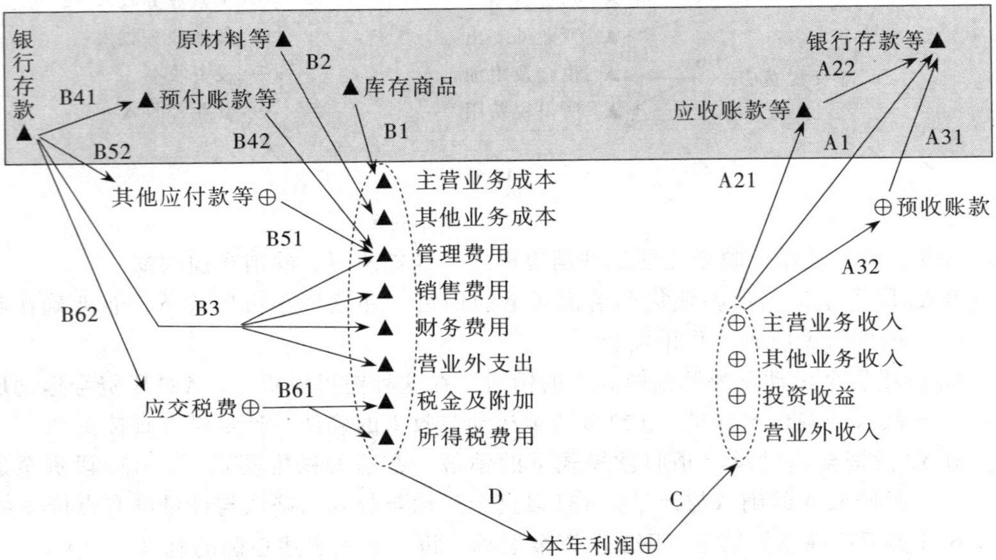

A.C段资金运动反映企业期末将所取得的收益（含利得）全部结转到“本年利润”项目，通过该段运动，所有的收益类项目（含利得）的余额全部为0

B.D段资金运动反映企业期末将所发生的费用（含损失）全部结转到“本年利润”项目，通过该段运动，所有的费用类项目（含损失）的余额全部为0

C.C段资金运动反映企业本期的总收益（含利得）。D段资金运动流量反映企业本期的总费用（含损失）

D.C段资金运动的流出量与D段资金运动的流入量之差就是本期的净利润。当C段流量大于D段流量时，企业本期盈利，本年利润在“会计沙盘模型”上以沙坑的形态存在，沙坑容积的大小代表其盈利的多少；当C段流量小于D段流量时，企业本期亏损，本年利润在“会计沙盘模型”上以沙堆的形态存在，沙堆体积的大小代表其亏损的多少；当C段流量等于D段流量时，企业本期不赚不亏（盈利为0），本年利润在“会计沙盘模型”上的沙坑容积为0

8.【多项选择题】结合下图资金运动，分析下列项目的期末余额一定为0的有（　　）。

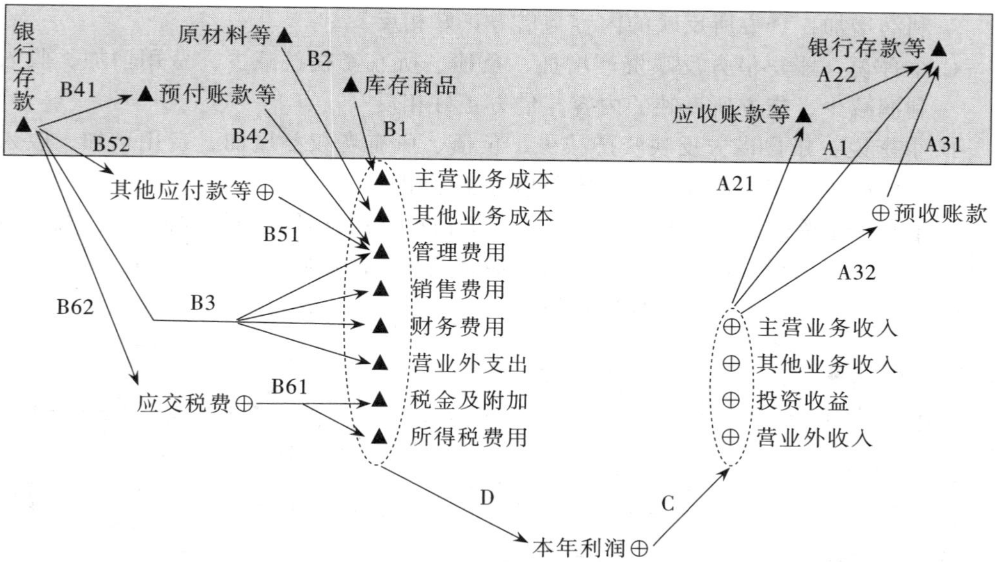

A.主营业务收入、其他业务收入、营业外收入、投资收益

B.主营业务成本、其他业务成本、营业外支出、税金及附加

C.管理费用、销售费用、所得税费用、预付账款（待摊费用）、其他应付款（预提费用）

D.财务费用、应交税费、库存商品、本年利润

9.【判断题】收入项目、利润项目和负债、所有者权益项目一样，在“会计沙盘模型”上都是通过沙坑模拟出来的，因此其账户的结构是一样的，其期末余额也是一样的。（　　）

10.【判断题】费用项目和资产项目，在“会计沙盘模型”上都是通过沙堆模拟出来的，因此其账户的结构是一样的，其期末余额也是一样的。（　　）

十七、知识点：六大要素关系理论分析

1.【单项选择题】资产、负债和所有者权益是资金运动的（　　）。

A.存在形态　　B.动态表现形式

C.静态表现形式　　D.形成来源

六大要素关系理论分析

2.【单项选择题】收入、费用和利润是资金运动的（　　）。

A.存在形态　　B.动态表现形式

C.静态表现形式　　D.形成来源

3.【单项选择题】某单位会计小赵、小钱、小孙、小李在一起讨论账户借贷双方登记的内容，其中正确的是（　　）。

A.小赵说：账户借方反映资产减少，负债、所有者权益增加，费用减少，收入、利润增加，贷方所反映的内容与借方正好相反

B.小钱说：账户借方反映资产增加，负债、所有者权益减少，费用减少，收入、

利润增加，贷方所反映的内容与借方正好相反

C.小孙说：账户借方反映资产增加，负债、所有者权益减少，费用增加，收入、利润减少，贷方所反映的内容与借方正好相反

D.小李说：账户借方反映资产减少，负债、所有者权益增加，费用增加，收入、利润减少，贷方所反映的内容与借方正好相反

4.【单项选择题】结合下图，企业将一笔销售费用误计入当期的制造费用，本期所生产的产品尚未对外出售，该错误对本期有关项目的影响包括（　　）。

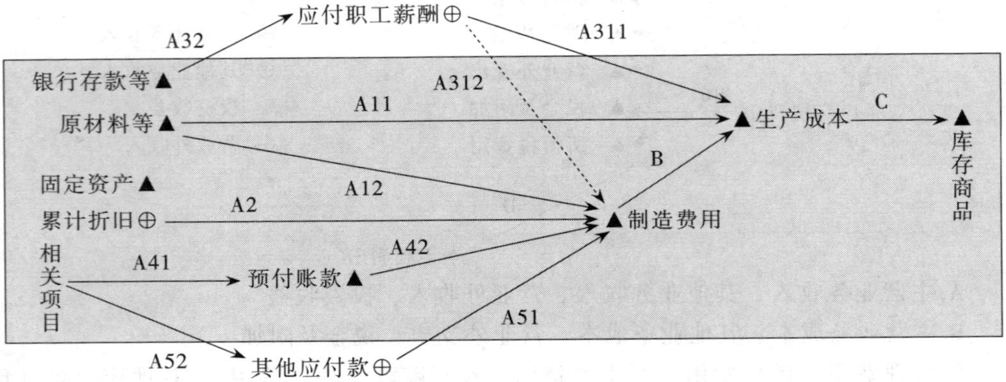

A.资产被低估，净利润被高估　　B.资产被高估，净利润被低估

C.资产被高估，净利润被高估　　D.资产被低估，净利润被低估

5.【多项选择题】下列账户中，在会计期末没有余额的有（　　）。

A.资产类账户　　B.收入类账户　　C.负债类账户　　D.费用类账户

6.【判断题】资产与权益是两笔资金的同一方面。（　　）

7.【判断题】收到货币资金并非都是营业收入，但支出货币资金都是营业成本和费用。（　　）

8.【判断题】资产账户和费用账户的结构一样，统称为资产类账户。负债、所有者权益、收入和利润四类账户的结构一致，统称为负债类账户。（　　）

十八、知识点：六大要素的关系分析

1.【单项选择题】期间费用账户期末应（　　）。

A.无余额　　B.有借方余额

C.有贷方余额　　D.同时有借、贷方余额

六大要素的关系分析

2.【多项选择题】下列属于期间费用，直接计入当期损益的有（　　）。

A.销售费用　　B.管理费用　　C.库存商品　　D.财务费用

3.【多项选择题】结合下图，下面涉及“所得税费用”账户的会计分录，正确的有（　　）。

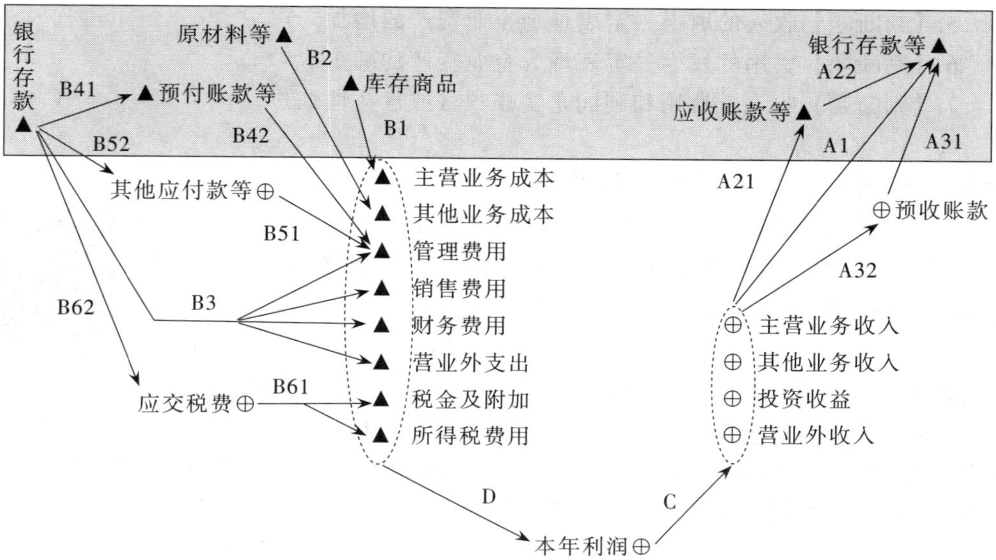

A.借方记“所得税费用”，贷方记“应交税费——应交所得税”

B.借方记“所得税费用”，贷方记“银行存款”

C.借方记“本年利润”，贷方记“所得税费用”

D.借方记“所得税费用”，贷方记“本年利润”

4.【多项选择题】结合下图，关于本年利润账户，下列说法中正确的有（　　）。

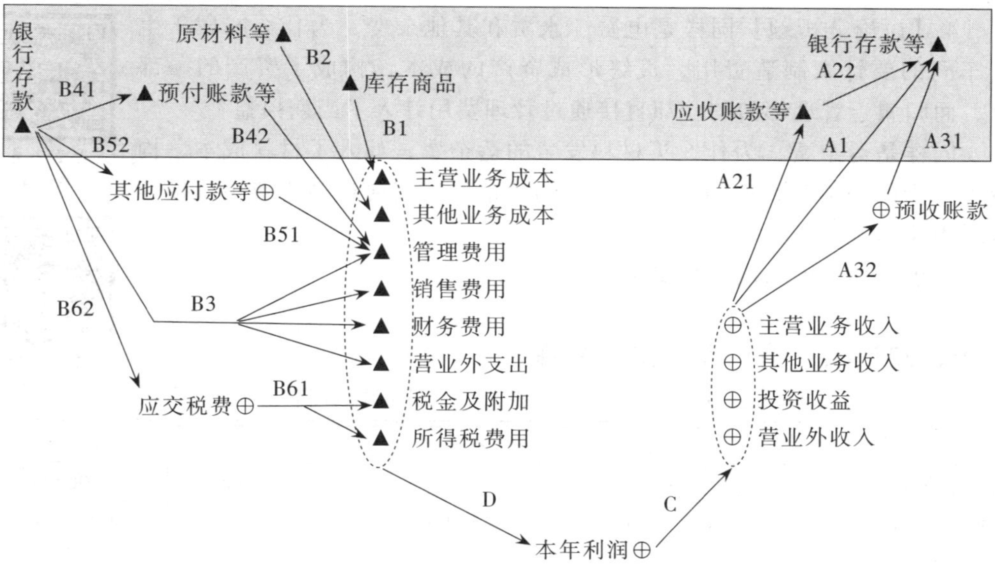

A.借方登记期末转入的各项费用和损失

B.贷方登记期末转入的各项收入和利得

C.结转前的贷方余额为实现的净利润额，结转前的借方余额为发生的亏损额

D.期末结转后该账户没有余额

5.【判断题】收入的取得一定表现为企业资产的增加。 （ ）

6.【判断题】费用的发生一定表现为企业资产的减少。 （ ）

7.【判断题】收入、费用和利润是实账户（或永久性账户）。 （ ）

十九、知识点：六大要素关系举例

1.【单项选择题】某企业期初资产100万元，负债40万元。其期末资产300万元，负债190万元。本期未发生与所有者权益相关的其他业务。则本期的净利润为（ ）万元。

A.20 B.50 C.40 D.70

六大要素关系举例1–3

2.【单项选择题】某企业期初资产100万元，负债40万元。其期末资产300万元，负债190万元。本期发生的与所有者权益相关的业务有：（1）接受投资者投资22万元；（2）某股东退出企业，企业减少资本8万元；（3）期间分配给股东利润5万元。则本期的净利润为（ ）万元。

A.36 B.50 C.41 D.32

3.【单项选择题】某企业期初资产100万元，负债40万元，其期末资产300万元。本期发生的与负债、所有者权益相关的业务有：（1）接受投资者投资22万元；（2）某股东退出企业，企业减少资本8万元；（3）期间分配给股东利润5万元；（4）本期偿还负债19万元；（5）本期新增负债168万元。则本期的净利润为（ ）万元。

A.37 B.42 C.41 D.51

4.【讨论分析题】同样是电费、水费和其他杂费，为什么归属于生产车间的要计入制造费用，最终形成资产的成本，构成了资产的一部分，而归属于管理部门的，却直接通过管理费用计入了当期损益？

六大要素关系举例4

同样是运杂费，为什么买材料发生的运杂费，计入了材料成本，构成了资产的一部分，而销售部门发生的运杂费，却通过销售费用直接计入了当期损益？

要求：如何区分成本与费用？

二十、知识点：销售环节作业讲解

销售环节作业讲解1

1.【计算题】下表是甲、乙、丙、丁四家公司的销售资料（单位：元）

业务	甲公司	乙公司	丙公司	丁公司
期初结存A产品成本	2 000 000	（ ）	400 000	1 200 000
本期入库A产品成本	3 500 000	4 500 000	（ ）	4 900 000
本期可供销售A产品成本	（ ）	（ ）	（ ）	（ ）
期末结存A产品成本	（ ）	1 000 000	1 200 000	（ ）
本期销售A产品收入	8 000 000	（ ）	8 400 000	5 200 000
本期销售A产品成本	（ ）	6 300 000	（ ）	3 500 000
毛利（售价与成本之差）	3 000 000	2 700 000	2 400 000	（ ）

要求：根据所给的资料，计算并填列表中括号中的金额。

2.【业务题】

乙企业本月发生下列业务：

（1）销售产品20台，每台售价50 000元，款项已存入银行；其成本为每台20 000元。

销售环节作业讲解2（1–5）

（2）销售原材料，取得销售收入50 000元，其成本为40 000元。款项尚未收到。

（3）用银行存款支付销售产品所发生的广告费100 000元。

（4）预收A公司所支付的订货款80 000元，款项已存入银行。

（5）销售产品给A公司，售价140 000元，冲销预收款80 000元，余款已收到并已存入银行。该产品成本为90 000元。

（6）企业销售部门本月应付销售人员薪酬200 000元。

（7）企业销售部门本月发生与销售有关的运杂费4 000元，该支出已通过现金支付。

（8）企业将一台设备对外出租，本月取得租金收入20 000元，款项已存入银行。

销售环节作业讲解2（6–10）

（9）经计算，企业本月应确认2 000元的消费税。

（10）企业收到以前销售给B公司的赊销款170 000元，款项已存入银行。

要求：画出上述业务的资金运动流程图，并编写会计分录。

3.【业务题】

丙企业本月发生下列经济业务：

（1）厂部刘畅出差，预借差旅费3 000元，出纳以现金支票支付。

（2）企业以转账支票支付本月管理部门水电费20 000元，以现金支票支付本月管理部门发生的业务招待费5 000元。

销售环节作业讲解3（1–6）

（3）企业收到C公司所支付的押金8 000元，款项已存入银行。

（4）企业以转账支票支付社区送温暖活动费用40 000元。

（5）厂部刘畅出差归来，报销差旅费3 400元，冲销其预借款3 000元，差额以现金补齐。

（6）厂部发生机器设备维修费6 000元，其中：原材料耗费4 000元，应付人工费2 000元。该机器维修好后可正常使用6个月（其效用从下一个月算起）。

（7）厂部摊销应由本期承担的房屋租赁费3 000元。

（8）企业没收C公司所支付的押金8 000元，将其确认为营业外收入。

（9）厂部王岑出差归来，报销差旅费3 200元。其出差前预借差旅费3 500元，余款300元以现金退还公司。

销售环节作业讲解3（7–12）

（10）厂部预提应由本月承担的机器设备维修费6 000元。

（11）厂部某办公用房发生维修费12 000元，其中：原材料耗费7 000元，直接以货币资金从市场购买维修材料3 000元，应付人工费2 000元。该维修费已预提。

（12）厂部张波报销差旅费2 300元，事先未借支差旅费，出纳以现金支票支付。

要求：画出上述业务的资金流程图，并编制会计分录。

4.【业务题】

丁企业本月发生下列经济业务：

销售环节作业讲解4

（1）企业月末将本月收入（含利得）全部结转到“本年利润”项目。其中：主营业务收入5 000 000元，其他业务收入400 000元，营业外收入100 000元。

（2）企业月末将本月费用（含损失）全部结转到“本年利润”项目。其中：主营业务成本3 000 000元，其他业务成本300 000元，税金及附加10 000元，管理费用300 000元，销售费用700 000元，营业外支出90 000元。

（3）假设税法利润与会计利润一致，计算并提取本月应缴纳的所得税27.5万元。

（4）将所得税费用27.5万元结转到“本年利润”项目。

要求：画出上述业务的资金流程图，并编制会计分录。

5.【业务题】

甲企业在某月内发生了下列各项经济业务：

销售环节作业讲解5（1–7）

（1）销售A产品8 000件，每件售价100元，货款已收到并已存入银行。

（2）销售B产品6 000件，每件售价150元，货款尚未收到。

（3）将售出的两种产品的实际生产成本转账，其中：A产品成本为32万元，B产品成本为60万元。

（4）以银行存款支付上述A、B两种产品的销售运费40 000元。

（5）以现金支付其他销售费用1 700元。

（6）按照5%的税率，计提上述A、B产品所应缴纳的消费税8.5万元。

（7）厂部李军出差预借差旅费1 800元，出纳以现金支票支付。

（8）出租会场收入现金2 000元。

销售环节作业讲解5（8–14）

（9）企业以银行存款支付厂部本月水电费80 000元，以现金支付厂部办公费用2 800元，以现金支票支付厂部业务招待费40 000元。

（10）销售材料，售价60 000元，货款已存入银行；材料成本40 000元。

（11）厂部刘三出差归来，报销差旅费2 700元，其在出差前预借差旅费2 500元，差额部分以现金补足。

（12）厂部王刚报销差旅费1 400元，其在出差前未借差旅费，企业以现金支票支付。

（13）企业收到华纳公司支付的前欠购货款120 000元，货款已存入银行。

（14）企业以银行存款支付本月环保罚款10 000元，支付社区送温暖活动支出8 000元。

（15）企业收到大宇公司包装物押金4 000元，款已存入银行。

（16）因大宇公司违约，企业没收大宇公司押金4 000元，全部作为营业外收入处理。

（17）企业预收财大公司购货款40 000元。

销售环节作业讲解5（15–21）

（18）企业销售C产品给财大公司，售价150 000元，冲销预收款40 000元，收到货款80 000元，余款尚未收到。该批产品成本为70 000元。

（19）企业以银行存款缴纳应支付的消费税税金70 000元。

（20）企业以现金支票支付下一季度厂部管理用房屋租金27 000元。

（21）企业预提厂部管理部门用机器维修费8 000元。

（22）企业本月摊销厂部应承担的财产保险费6 000元。

（23）厂部管理部门用机器发生维修费共计24 000元。其中：原材料耗用8 000元，直接以存款购入修理用材料10 000元，直接以现金支付修理人工费6 000元。该维修费用已预提。

销售环节作业讲解5（22–28）

（24）厂部王涛出差回来，报销差旅费1 800元。其出差前已向企业预支差旅费2 000元，余款以现金退回公司。

（25）月末将收入结转到“本年利润”项目。其中：主营业务收入185万元，其他业务收入6.2万元，营业外收入0.4万元。

（26）月末将费用结转到“本年利润”项目。其中：主营业务成本99万元，其他业务成本4万元，税金及附加8.5万元，销售费用4.17万元，管理费用14.13万元，营业外支出1.8万元。

（27）假设会计利润与税法利润一致，计提本月应交所得税15万元。

（28）将所得税费用15万元结转到“本年利润”项目。

要求：对上述经济交易与事项进行确认与计量，画出资金运动流程图并编制会计分录。

6.【业务题】

甲企业在某月内发生如下经济业务：

（1）企业以银行存款支付上月应付未付的工资94万元，代扣（尚未代缴）水电费等4万元，收回为职工代垫款项2万元。

销售环节作业讲解6

（2）企业本月确认应支付职工薪酬120万元，其中：生产人员薪酬84万元，车间管理人员薪酬2万元，销售人员薪酬23万元，管理人员薪酬11万元。

（3）企业计提本月固定资产折旧费30万元，其中：生产车间用固定资产折旧费26万元，厂部管理部门用固定资产折旧费3万元，销售部门用固定资产折旧费1万元。

要求：请画出上述经济业务所引发的资金运动流程图，并编制会计分录。

二十一、知识点：股权性筹资分析

1.【多项选择题】下列可计入资本公积的有（　　）。

A.接受捐赠　　　　B.资本溢价

C.股本溢价　　D.企业意外所得

股权性筹资分析

2.【多项选择题】接受投资者以无形资产投资会引起（　　）。

A.负债的增加　　B.收入的增加

C.资产的增加　　D.所有者权益的增加

3.【多项选择题】下列项目中属于所有者权益要素的有（　　）。

A.资本公积　　B.盈余公积

C.利润分配（未分配利润）　　D.实收资本

4.【多项选择题】下图中有关权益性筹资相关业务的表述正确的有（　　）。

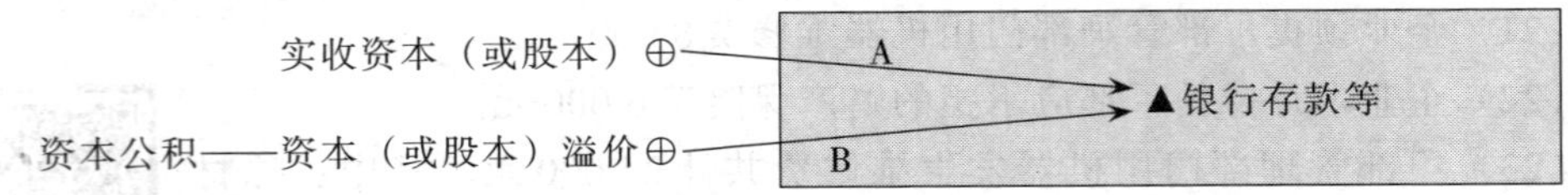

A.A段资金运动与B段资金运动流量之和共同反映投资者投入资本总额

B.A段资金运动反映投资者投入资本中与其在公司注册资本中所占份额对应的金额部分

C.B段资金运动反映投资者投入资本中超出其所占注册资本份额对应部分的价值

D.对于发行股票的公司而言，其所有者权益项目核算应该采用“股本”和“资本公积——股本溢价”项目；对于其他不是发行股票筹集权益资本的企业，其所有者权益项目核算应采用“实收资本”和“资本公积——资本溢价”项目。其实股本与实收资本没有本质的区别

5.【判断题】企业的资本公积、盈余公积和未分配利润统称为留存收益。（　　）

6.【判断题】企业的投入资本是企业独立承担民事责任的资金保证，在数量上应等于企业在市场监督管理部门登记的注册资金总额。（　　）

7.【判断题】所有者权益是企业投资者对企业净资产的要求权，包括实收资本加上未分配利润。（　　）

8.【判断题】企业的投入资本就是企业的注册资本。（　　）

9.【判断题】按照资本保全原则，企业筹集到资本金后，在企业生产经营期间，投资者除依法转让外，一般不得抽回投资。（　　）

二十二、知识点：债务性筹资与对外投资分析

1.【多项选择题】下图中有关短期借款相关业务的表述正确的有（　　）。

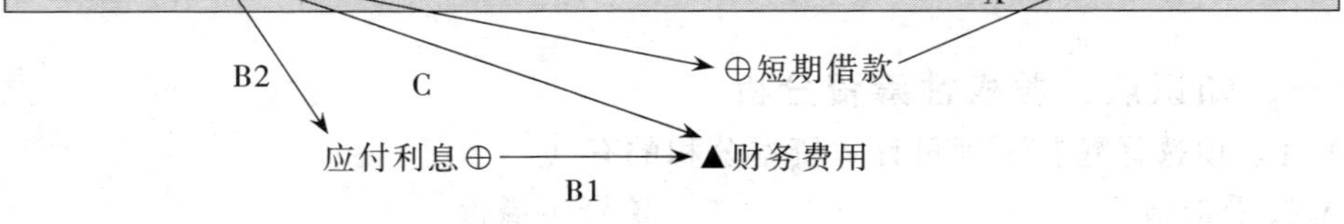

A.B1段资金运动反映企业按权责发生制原则确认本期应负担的短期借款利息费用，并同步确认应付未付的债务

B.C段资金运动反映企业确认并立即支付本期的短期借款利息

C.B2段资金运动反映企业支付以前期间已确认但尚未支付的短期借款利息

D.应付利息项目也可以用预提费用替代

债务性筹资与对外投资分析

2.【多项选择题】结合下图，“短期借款”账户的结构是（　　）。

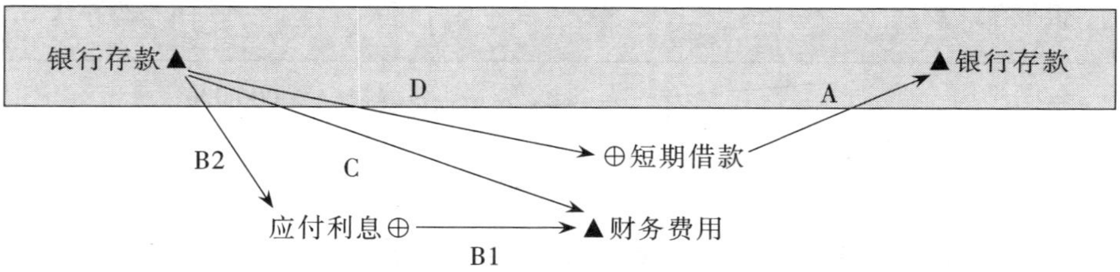

A.借方登记借款的增加数　　　　B.期末余额在贷方

C.贷方登记借款的增加数　　　　D.借方登记借款的归还数

3.【多项选择题】若一项经济交易发生后引起银行存款减少5 000元，则相应地有可能引起（　　）。

A.固定资产增加5 000元　　　　B.短期借款减少5 000元

C.预提费用减少5 000元　　　　D.应付账款减少5 000元

4.【多项选择题】下列账户期末余额应在贷方的有（　　）。

A.“累计折旧”　　B.“实收资本”　　C.“库存现金”　　D.“短期借款”

5.【多项选择题】下列引起资产与负债同时增加的交易或事项包括（　　）。

A.赊购原材料　　　　B.收到投资者投入的款项存入银行

C.以银行存款偿还前欠货款　　　　D.向银行借款并存入银行

6.【判断题】企业在经营活动中产生的各种利息收入都属于投资收益，应该在“投资收益”账户中进行核算。（　　）

二十三、知识点：筹资与投资业务举例

1.【多项选择题】下图是甲企业接受乙企业投资所引起的资金运动。投资后，乙企业占甲企业注册资本的10%。下图中关于该笔权益性筹资相关业务的表述正确的有（　　）。

筹资与投资业务举例1-2

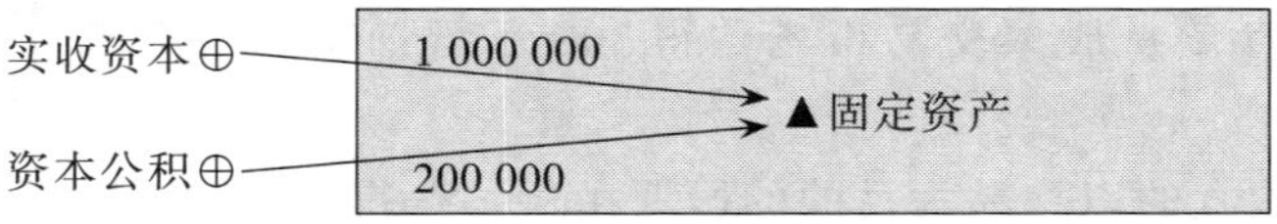

A.甲企业接受乙企业以固定资产投资，该固定资产经双方协商作价1 200 000元

B.乙企业投入资本1 200 000元中与其所占注册资本10%对应的金额是1 000 000元。该1 000 000元作为实收资本处理。超出的200 000元作为资本公积——资

本溢价处理

C.由于乙企业投资了120万元，占甲企业注册资本的10%，因此可以推断甲企业的注册资本为1 200万元

D.该笔业务将导致企业的资产和所有者权益同时增加120万元，但并没有影响可用资金总量，也没有破坏“资产=负债+所有者权益”的会计等式

2.【多项选择题】下图中关于短期借款相关业务的表述正确的有（　　）。

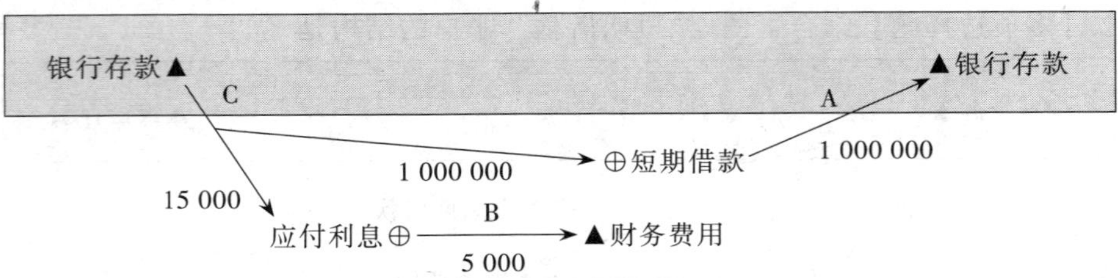

A.A段资金运动反映企业取得短期借款1 000 000元

B.B段资金运动反映企业按照权责发生制确认本期应付的借款利息5 000元

C.C段资金运动反映企业在借款到期时以银行存款还本付息。其中偿还本金1 000 000元，偿还以前应付未付的利息15 000元

D.从C段资金运动可知，企业偿还的应付未付利息为15 000元，这说明企业计提了3次应付未付的利息，即B段资金运动发生过三次，每次5 000元，三次共计15 000元

3.【业务题】目的：掌握筹资和投资业务的会计处理

甲公司某月发生了下列经济交易与事项：

（1）收到大华公司的投资300万元，款项已存入银行。

（2）收到天宇公司的投资400万元，其中：以专利技术作价180万元，以一台设备作价150万元，货币资金70万元。

筹资与投资业务举例3（1-6）

（3）收到海欣公司以设备进行的投资，设备协商价为180万元，海欣公司投资占本公司注册资本1 000万元的12%。

（4）向银行取得期限为6个月的短期性借款500万元，款项已存入银行。

（5）以银行存款偿还已到期的临时性借款160万元。

（6）向银行借入期限为3年的长期性借款1 500万元，款项已存入银行。

（7）接到银行通知，已将本期应负担的短期性借款利息2万元从本企业银行账户中扣除。

（8）企业以银行存款从股票交易市场购得300万元股票，以赚取差价。

筹资与投资业务举例3（7-12）

（9）企业将上期购入的以交易为目的的股票抛售，获得价款340万元，其成本为300万元。款已存入银行。

（10）企业以货币资金800万元向彩虹公司投资，该股权企业准备长期持有。

（11）企业期末确认应付未付的短期借款利息570元。

（12）企业以银行存款支付上期应付未付的短期借款利息4万元。

要求：对上述经济交易与事项进行确认与计量，画出资金运动流程图并编制会计分录。

二十四、知识点：利润分配概述+现金股利分配+盈余公积提取和股票股利分配

1.【多项选择题】企业对净利润进行的分配有（　　）。

A.计算并缴纳所得税

B.提取任意盈余公积

C.提取法定盈余公积

D.向所有者分配现金股利和股票股利

利润分配概述等

2.【多项选择题】结合下图，有关利润分配项目的表述正确的有（　　）。

A.利润分配项目产生于人为的技术干预，反映了会计的管理与控制作用

B.通过这种技术干预，利润分配项目就代表本期已分配利润

C.通过这种技术干预，本年利润项目就代表本期已实现的利润

D.通过计算利润分配与本年利润之差，就可以得出企业尚未分配完的利润

3.【多项选择题】结合下图，有关利润分配项目的表述正确的有（　　）。

A.A1段资金运动发生的时点是股利宣告日

B.A2段资金运动发生的时点是股利支付日

C.一旦宣告，公司就产生对所有股东应付未付的现金股利债务——应付股利；股东也由此可以确认应收未收的现金股利权利——应收股利

D.一旦支付，企业货币资金总量会减少；股东的货币资金量会增加

4.【多项选择题】结合下图，有关盈余公积提取和股票股利分配相关业务的表述正确的有（　　）。

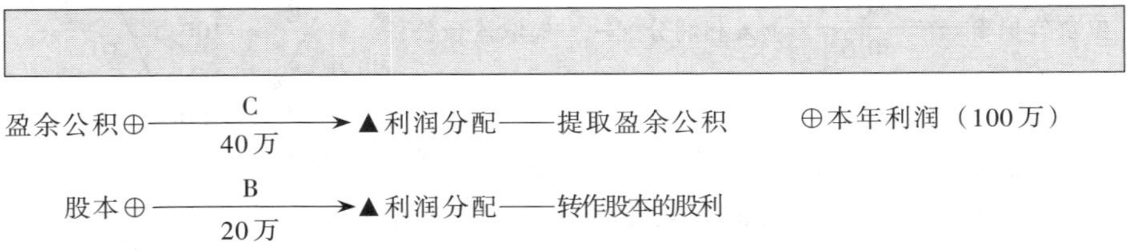

A.无论是股票股利分配还是盈余公积提取，都不影响实际资金总量

B.无论是股票股利分配还是盈余公积提取，都不会导致企业资产的减少

C.股票股利的分配是记在各个股东名下的；而盈余公积的提取并没有记在各个股东名下，因而有损股东的利益

D.股票股利的分配和盈余公积的提取，都不影响股东实际的货币资金量

二十五、知识点：利润分配与分期假设+利润分配综合分析

1.【多项选择题】结合下图，分析下列有关会计分期假设的表述正确的有（　　）。

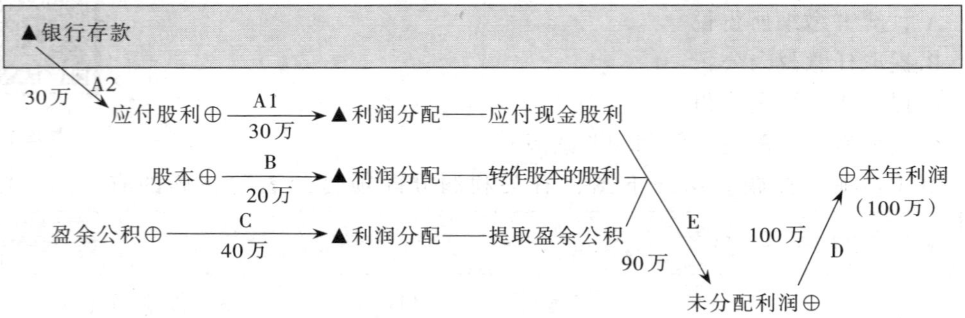

A.就利润分配环节而言，会计分期假设要求将已实现利润和已分配利润全部结清为零，并将未分配完的余额转入所有者权益项目，从而为下期利润的分配及结转提供条件

B.通过D段资金运动，将本期已实现利润转入未分配利润项目，从而使得本年利润项目结清为零

利润分配与分期假设等

C.通过E段资金运动，将本期已分配利润转入未分配利润项目，从而使得利润分配项目的余额结清为零

D.无论本年利润是否表现为亏损，D段资金运动的流量都应该为正数

2.【多项选择题】在考虑现行法律法规的情况下，对下图中资金运动发生时点的理解正确的有（　　）。

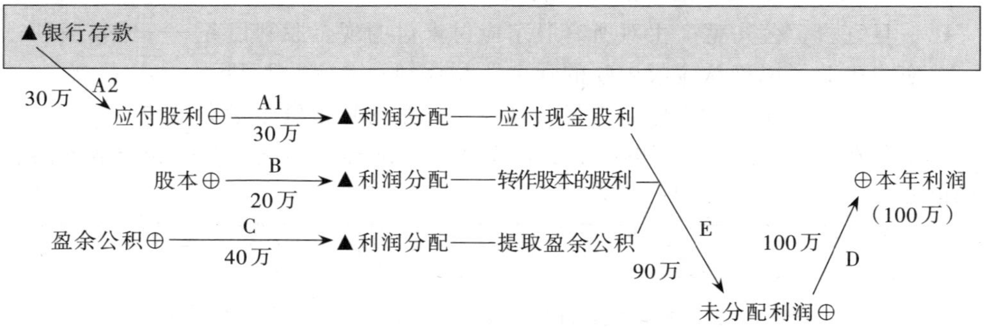

A.企业进行利润分配的法律依据应该是公司管理层所做的决定

B.在本会计期间结束时，企业只能确认D段资金运动

C.在下一会计期间股东大会召开并做出分配决定之后，企业才能确认A1段和C段资金运动

D.只有在下一会计期间企业在市场监督管理部门办理好增资手续之后，企业才能确认B段资金运动。在此之后，才能确认E段资金运动

3.【多项选择题】下列有关下图资金运动经济含义的表述正确的有（　　）。

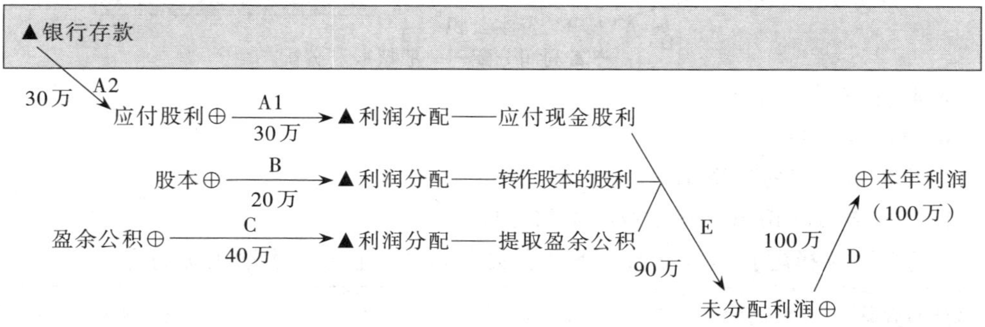

A.本期实现了利润100万元，本期分配了利润90万元

B.本期未分完的10万元利润以“未分配利润”的形式留存在企业，从而构成所有者权益的一部分

C.本期已分配的90万元利润中，有30万元最终以货币资金的形式流出企业

D.本期已分配的90万元利润中，有60万元虽然分配了，但依然留存在企业，由所有股东共同享有，从而构成所有者权益的一部分

4.【判断题】收入、费用和利润都是没有余额的。（　　）

二十六、知识点：利润分配环节相关项目分析

利润分配环节相关项目分析

1.【单项选择题】“利润分配”账户年末贷方余额表示（　　）。

A.已分配的利润额　　B.未分配的利润额

C.未弥补的亏损额　　D.已实现的净利润

2.【单项选择题】结合下图，下列账户中能与“本年利润”账户发生对应关系的是（　　）。

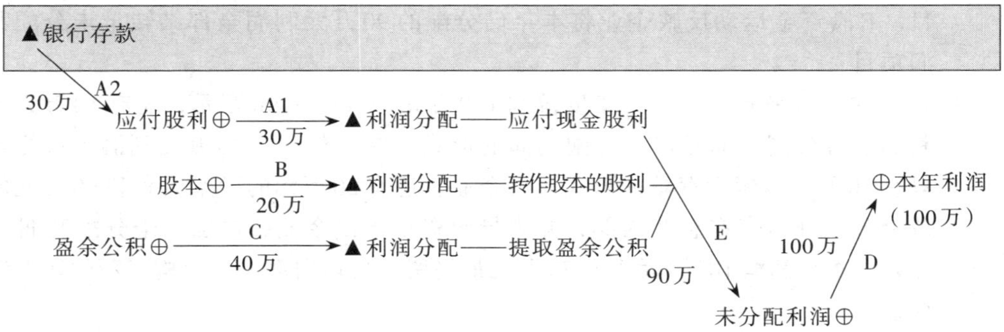

A.“应交税费”　　B.“盈余公积”

C.“应付利润”　　D.“利润分配（未分配利润）”

3.【多项选择题】结合下图，下列项目引起资产和所有者权益同时变化的业务

有（　　）。

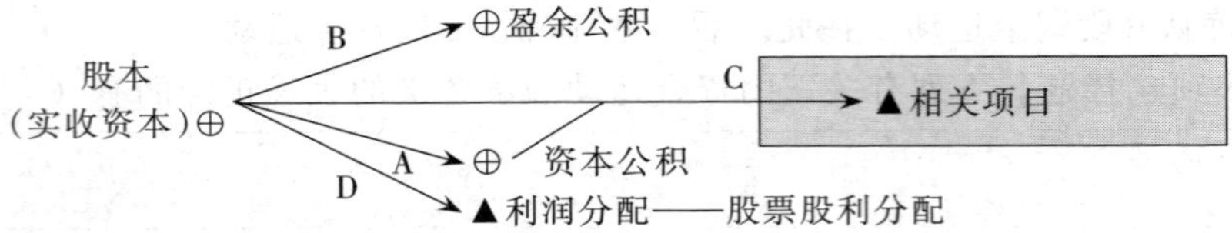

A.收到所有者的投资

B.提取盈余公积

C.将资本公积转增资本

D.所有者以货币形式从企业抽走部分投资

4.【多项选择题】结合下图，下列有关利润分配业务的表述正确的有（　　）。

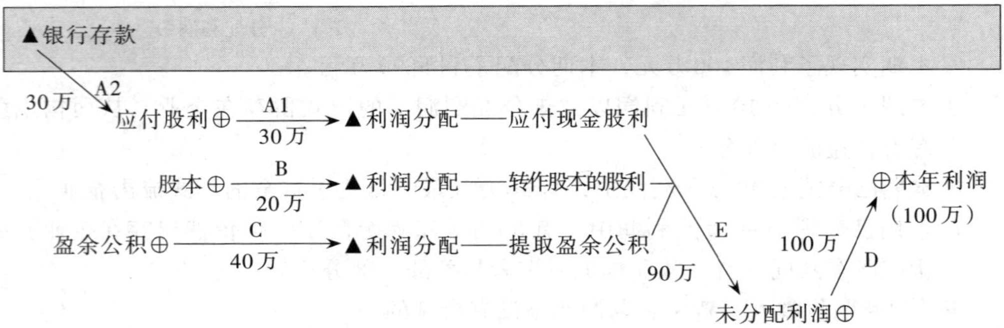

A.A段资金运动反映企业现金股利的分配。其中A1段资金运动反映在股利宣告日确认应付股利30万元，A2段资金运动反映企业在股利支付日以银行存款30万元支付现金股利

B.B段资金运动反映企业确认股票股利20万元，该段资金运动发生的时点应该是企业在市场监督管理部门办理好注册资本变更手续之后。C段资金运动反映企业在股利宣告日计提盈余公积40万元

C.D段资金运动反映企业将本年已实现的利润100万元全部转入未分配利润项目。E段资金运动反映企业将本年已分配的90万元利润全部结转至未分配利润项目

D.从总的结果来看，企业本年度盈利100万元，分配了90万元，还有10万元的利润没有分配，而是以未分配利润的形式存在。分配的90万元利润中最终也只有30万元以银行存款的形式流出企业，还有20万元的股票股利和40万元的盈余公积都留存在企业内部，并未导致资金流出企业，再加上未分配利润10万元，本年利润100万元中有70万元最终留在公司内部，从而构成新的所有者权益

5.【多项选择题】结合下图，下列有关“未分配利润”账户（或者“利润分配——未分配利润”账户）的表述正确的有（　　）。

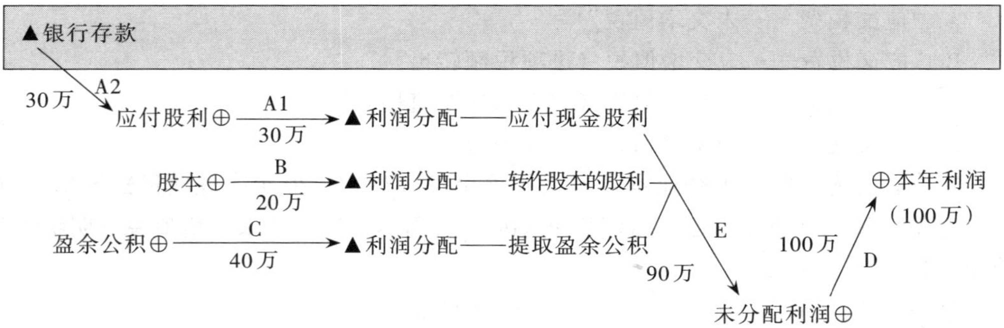

A.该账户属于所有者权益类账户。其借方记录企业提取的盈余公积、向投资者分配的利润，其贷方记录从“本年利润”账户中转入，可用于分配的全年实现的利润数额

B.该账户的期末贷方余额表示企业留待以后期间分配的累计利润数

C.该账户的借方还登记从本年利润中转入，留待以后弥补的经营成果的亏损额

D.该账户的期末借方余额表示企业留待以后弥补的经营成果的累计亏损额

6.【判断题】企业已决定但尚未支付给所有者的现金股利会形成一项流动负债。（　　）

7.【判断题】企业以当年实现的净利润弥补以前年度结转的未弥补亏损时，不需要进行专门的账务处理。（　　）

二十七、知识点：利润分配环节业务举例

1.【业务题】甲企业本期实现净利润1 000万元，有关利润分配的业务如下：

（1）按净利润1 000万元的10%计提法定盈余公积，按净利润的30%计提任意盈余公积。

（2）按净利润1 000万元的45%计提应付给投资者的现金股利。

（3）将已实现的利润1 000万元全部结转至未分配利润。

（4）将已分配利润850万元全部结转至未分配利润。

（5）以银行存款支付现金股利450万元。

要求：对上述经济交易与事项进行确认与计量，并编制会计分录。

利润分配环节业务举例

2.【业务题】乙企业本期利润分配业务如下：

企业本期发生净亏损1 000万元。期末将已发生的亏损记入“未分配利润”账户。

要求：对上述经济交易与事项进行确认与计量，并编制会计分录。

二十八、知识点：增值税业务

1.【单项选择题】月份终了，企业将本月应交未交增值税进行结转，应借记的会计科目是（　　）。

增值税业务1-4

A.“应交税费——未交增值税”

B.“应交税费——应交增值税（进项税额转出）”

C.“应交税费——应交增值税（转出未交增值税）”

D.“应交税费——应交增值税（已交税金）”

2.【单项选择题】甲企业本月发生销项税额合计86 720元，进项税额转出2 548元，进项税额33 300元，已交增值税40 000元，则本月转入“未交增值税”明细科目的金额为（　　）元。

A.56 692　　B.16 580

C.15 968　　D.49 128

3.【单项选择题】企业缴纳上月的增值税，应涉及的账户是（　　）。

A.“应交税费——应交增值税（转出未交增值税）”

B.“应交税费——未交增值税”

C.“应交税费——应交增值税（已交税金）”

D.“应交税费——应交增值税（转出多交增值税）”

4.【单项选择题】甲企业收到乙公司作价投入的原材料一批，该批原材料双方确认的价值为600 000元，经税务部门认定应交的增值税为78 000元，乙公司已向甲企业开具增值税专用发票，甲企业未支付增值税税款。甲企业应记入“实收资本”科目的金额为（　　）元。

A.600 000　　B.678 000

C.670 000　　D.680 000

5.【多项选择题】下列有关一般计税方法的表述正确的有（　　）。

A.一般计税方法的应纳税额，是指当期的销项税额抵扣当期的进项税额后的余额

B.一般计税方法同时适用于一般纳税人和小规模纳税人

C.在一般计税方法下，企业购进货物，需要预缴增值税，即进项税额

D.在一般计税方法下，企业销售货物，需要代收增值税，即销项税额

增值税
业务5-10

6.【多项选择题】下列有关简易计税方法的表述正确的有（　　）。

A.简易计税方法的应纳税额，是指按照销售额和增值税征收率计算的税额

B.简易计税方法一般适用于小规模纳税人

C.在简易计税方法下，企业购进货物，无论是否取得增值税专用发票，都需要价税合并计入所购货物的成本

D.一般纳税人在任何情况下都不得采用简易计税方法

7.【多项选择题】下列有关一般纳税人缴纳增值税业务的表述正确的有（　　）。

A.在购进环节，企业需要预缴增值税，该税款称为“进项税额”。该预缴的税款对于企业来说是一种可以抵扣未来税款的权利

B.在销售环节，企业需要代国家收取增值税，该税款称为“销项税额”。该代收但尚未代缴的税款对于企业而言是一种负债

C.企业实际缴纳的税款=销项税额-进项税额，即企业代收的增值税在扣除其预缴的税款后，就是企业实际应该缴纳的税款

D.企业预缴的增值税如果未来不能抵扣，就会形成企业的成本或费用

8.【多项选择题】关于下图有关税费缴纳资金运动所代表的经济含义的表述正确的有（　　）。

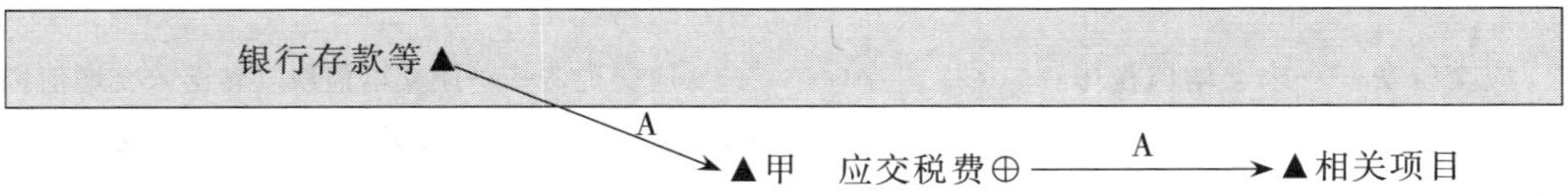

A.A段资金运动代表确认应缴纳的税费，B段资金运动代表实际以货币资金缴纳税费

B.一般情况下，先有A段资金运动，后有B段资金运动，即应缴模式。也就是说，先确认应该缴纳多少税费，然后才实际缴纳税费

C.如先有B段资金运动后才有A段资金运动，就属于预缴模式。也就是说，先预缴税费，然后才确认应该缴纳多少税费，多退少补

D.B段资金运动到底是反映应缴还是反映预缴，取决于A段资金运动是否已经发生

9.【多项选择题】关于下图有关增值税业务处理的表述准确的有（　　）。

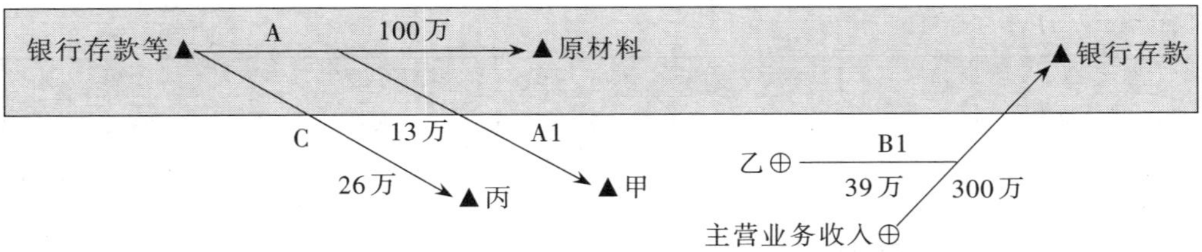

A.A段资金运动发生在B段之前，A1段款项的支付就代表预缴税款13万元，甲项目的名称为“应交税费——应交增值税（进项税额）”

B.B段资金运动发生在A段之后，B1段资金运动代表企业代国家收取但尚未支付给国家的税款39万元，乙项目的名称为“应交税费——应交增值税（销项税额）”

C.C段资金运动反映企业代国家收取的税款39万元在扣除其预缴的税款13万元之后再补缴税款26万元。丙项目的名称为“应交税费——应交增值税（已交税金）”

D.“甲”和“丙”两个项目都反映企业缴纳的税款。但是，甲项目反映的是预缴税款，丙项目反映的是企业在应缴税款的前提下实际缴纳的税款

10.【多项选择题】关于下图有关增值税进项税额转出的分析正确的有（　　）。

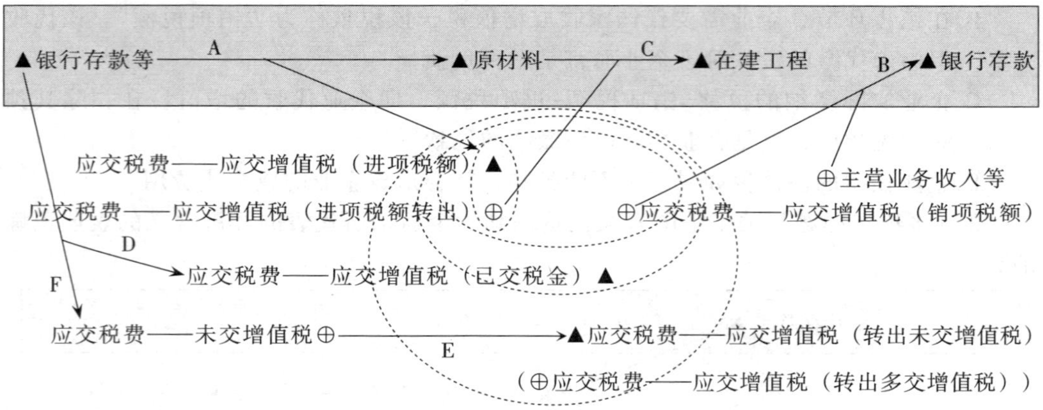

A. 进项税额转出反映的是本期不能抵扣销项税额而需要从进项税额中转出的部分

B. 进项税额转出的沙盘推演和累计折旧的推演完全一样，都是人为技术处理的结果

C. 在沙盘推演的过程中，如不将进项税额从“固化”的地方挪开，我们就根本看不到“进项税额转出”这个项目（即看不到对应的那个沙坑）

D. 进项税额和进项税额转出两个项目合在一起，即图中最小的圈，反映企业可以实际抵扣销项税额的进项税额

11.【多项选择题】关于下图小圈、中圈、大圈和特大圈的经济含义的表述正确的有（　　）。

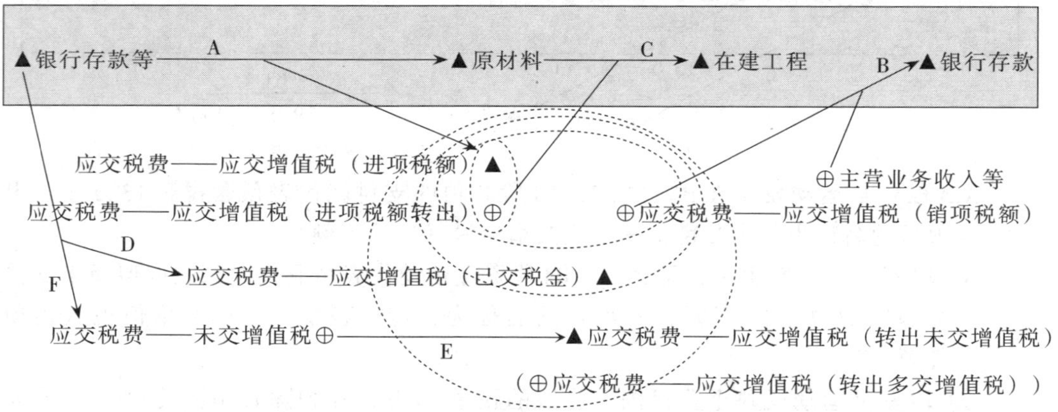

A. 小圈内的金额反映企业本期可以抵扣销项税额的进项税额实际金额

B. 中圈内的金额反映企业销项税额抵扣进项税额后，应补缴的增值税税额

C. 大圈内的金额反映企业应补缴的增值税税额扣除本期已经缴纳的增值税之后的余额

增值税
业务11-15

D.E段资金运动反映将大圈内的应交增值税余额转出到“未交增值税”项目之中，从而导致特大圈内的金额应该为零。通过E段资金运动的结转，本期增值税的余额全部转到了“应交税费——未交增值税”项目之中

12.【多项选择题】结合下图，有关应交增值税明细账户的期末余额的表述准确的有（　　）。

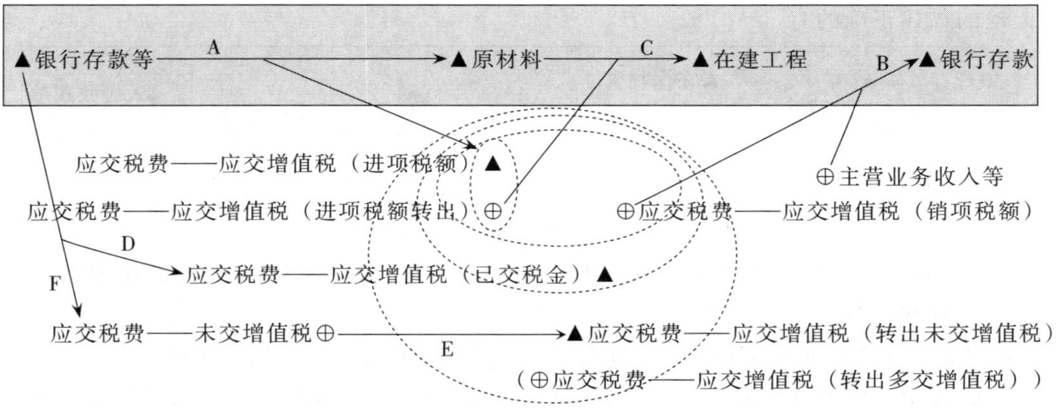

A.根据沙盘推演的约定，如某项目在模型上以沙堆的形式存在，其账户余额应该在借方；若以沙坑的形态存在，则其账户的余额在贷方。因此，“进项税额”“已交税金”“转出未交增值税”等明细账户余额在借方，而“销项税额”“进项税额转出”“转出多交增值税”等明细账户余额在贷方

B.“进项税额”和“已交税金”账户余额虽然在借方，但它们都是销项税额的抵减账户。如不进行人为主动干预，我们就不会看到这两个项目，而是看到销项税额的直接减少

C.“进项税额转出”账户余额虽然在贷方，但它却是进项税额的抵减账户。如不进行人为主动干预，我们就不会看到这个项目，而是看到进项税额的直接减少

D.“转出未交增值税”账户余额虽然在借方，但它却是期末应交未交增值税的抵减账户。如不进行人为干预，我们就不会看到这个项目，而是看到其他所有项目的余额被抹平。“转出多交增值税”账户余额虽然在贷方，但它却是期末多交增值税的抵减账户。如不进行人为干预，我们就不会看到这个项目，而是看到其他所有项目的余额被抹平

13.【多项选择题】下列有关小规模纳税人的表述正确的有（　　）。

A.小规模纳税人一般只能采用简易计税方法处理增值税业务

B.小规模纳税人一般不能对外开具增值税专用发票

C.小规模纳税企业购入商品，无论是否取得增值税专用发票，都需要价税合并计入所购物资成本

D.小规模纳税人期末需要根据销项税额抵扣进项税额后的余额缴纳增值税

14.【多项选择题】下列增值税应计入有关成本的有（　　）。

A.一般纳税人以产成品对外投资应交的增值税销项税额

B.一般纳税人购进非生产用不动产项目所支付的增值税进项税额

C.小规模纳税企业购入商品已交的增值税

D.一般纳税企业购入材料支付的增值税（取得增值税专用发票）

15.【多项选择题】这是小规模纳税人相关业务引起的资金运动。有关下图资金运动的描述正确的有（　　）。

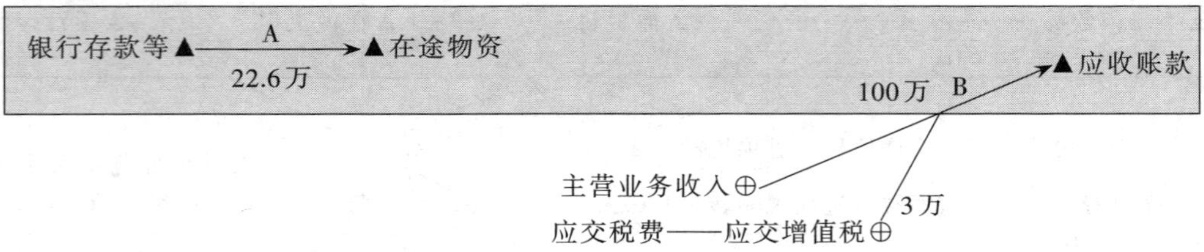

A.A段资金运动反映企业购买材料，价税合并在一起共22.6万元全部作为所购物资的成本

B.B段资金运动反映企业销售库存商品，售价100万元，增值税征收率为3%

C.在采用简易计税方法下，企业缴税的金额以“应交税费——应交增值税”项目的金额为准

D.一般纳税人发生某些特殊业务，也可以采用简易计税方法进行处理

16.【业务题】甲公司为增值税一般纳税人，适用的增值税税率为13%。20×9年3月初，“应交税费——未交增值税”账户余额为120万元。本月发生了下列业务：

增值税业务16

（1）3月10日，购进材料，价款120万元，增值税15.6万元，取得了增值税专用发票。该款项已以银行存款支付，材料尚未验收入库。

（2）3月15日，销售产品售价300万元，企业开出增值税专用发票，增值税税率为13%，货款尚未收到。该批产品的成本为110万元。

（3）3月17日，集体福利性质工程领用原材料20万元（不含税），该批材料的进项税额不能抵扣，应予转出。

（4）3月20日销售材料，成本为40万元，售价为50万元（不含税），企业开出增值税专用发票，增值税税率为13%。货款已收存银行。

（5）3月28日，以银行存款缴纳增值税140万元，其中120万元是上月未交的税金。

（6）3月31日，计算本月底应交增值税期末余额，并进行期末余额结转。

（7）假如3月份“应交税费——应交增值税”项目的期末为借方余额34万元。

要求：画出以上业务的资金运动流程图，并对上述业务进行相应的会计处理。

增值税业务17（1-3）

17.【业务题】某企业某月发生下列业务，请进行确认与计量，画出

资金运动流程图并编制会计分录。（运输费和装卸搬运费按材料重量比例分配，保险费按买价分配）

（1）企业向彩虹公司购进材料100 000元，增值税税率13%，材料已验收入库，货款及增值税进项税额尚未支付。

（2）企业向彩霞公司购进材料20 000元，增值税税率13%，材料尚未验收入库，货款及增值税进项税额已以银行存款支付。

（3）企业向红星公司采购材料，陆续发生了下列业务：

①向红星公司购进下列原材料，材料已运达企业，增值税税率为13%，货款及增值税进项税额尚未支付。

甲种材料	5 000千克	单价 10.00	50 000元
乙种材料	15 000千克	单价 20.00	300 000元
合　计			350 000元

②以银行存款支付上述材料的运费8 000元及其增值税进项税额720元（增值税税率为9%）。

③以现金支付上述材料运达仓库的装卸搬运费2 000元，不考虑增值税。

④以现金支票支付上述材料的保险费7 000元，不考虑增值税。

⑤以银行存款偿付拖欠红星公司的材料货款395 500元。

⑥上述所购材料均已验收入库，按其实际成本入账。

（4）向天虹公司购入机器一台，价值800 000元，增值税进项税额104 000元，货款尚未支付。

增值税业务17（4-7）

（5）企业向蓝天公司购入材料，陆续发生了下列业务：

① 向蓝天公司预付材料购货款20 000元，以转账支票支付。

② 向蓝天公司购买丙材料120 000元，冲销预付款20 000元，以存款支付70 000元。增值税税率为13%，余款（含增值税进项税额15 600元）尚未支付。

③ 该材料已验收入库，结转其实际采购成本。

④ 以转账支票45 600元偿还应付未付的蓝天公司购料款。

（6）该企业于设立时收到丙公司作为资本投入的原材料。该批原材料投资合同或协议约定的价值（不含可抵扣的增值税进项税额部分）为700 000元，增值税进项税额为91 000元（由投资方支付该税款，并提供或开具增值税专用发票）。合同约定的价值与其公允价值相等，不考虑其他因素。该批材料已验收入库。

（7）该企业于设立时收到丁公司作为资本投入的原材料，投资后丁公司占该企业注册资本6 000 000元的10%。该批原材料投资合同或协议约定的价值（不含可抵扣的增值税进项税额部分）为700 000元，增值税进项税额为91 000元（由投资方支付该税款，并提供或开具增值税专用发票）。合同约定的价值与其公允价值相等，不考虑其他因素。该批材料已验收入库。

18.【业务题】对下列业务进行确认与计量，画出资金运动流程图并编制会计分录。

增值税业务18

（1）彩虹公司向甲公司销售产品，售价500 000元，增值税税率13%，该产品成本为200 000元，货款及增值税销项税额尚未收到。

（2）彩霞公司向甲公司销售材料，售价30 000元，增值税税率13%，其采购成本为20 000元，货款及增值税销项税额已收存银行。

（3）天虹公司向甲公司销售产品，售价6万元，增值税税率13%，其成本为3万元，货款及增值税已收存银行。

（4）蓝天公司向甲公司销售一批产品，陆续发生了下列业务：

① 收到甲公司预付购货款50 000元，款项以转账支票形式收存银行。

② 向甲公司销售产品，售价300 000元，冲销预收款50 000元，收到银行存款230 000元。增值税税率为13%，余款（含增值税销项税额39 000元）尚未收到。该产品成本为180 000元。

③ 以转账支票的形式收到甲公司偿还的购货款59 000元。

（5）蓝天公司向甲公司出租设备，获得租金收入20 000元，增值税税率为13%，款项已存入银行。该出租业务应承担的折旧费为8 000元。

（6）大地公司发生下列业务：

① 大地公司是增值税小规模纳税人，购入材料一批，取得的增值税专用发票上注明的材料价款30万元，增值税为39 000元，发票等结算凭证已到，货款通过银行转账支付，材料尚未收到。

② 大地公司本期销售产品，取得销售收入（含增值税）206万元，其增值税征收率为3%，货款尚未收到。

第四章　会计确认与会计计量原理

一、知识点：会计确认概念、分类与标准

1.【单项选择题】确认是对经济交易与事项是否作为（　　）加以记录和报告所做的认定。

A.会计账户　　B.会计科目

C.会计要素　　D.会计目标

2.【多项选择题】下列属于会计确认基本标准的有（　　）。

A.可定义性　　B.可计量性

C.相关性　　D.可靠性

会计确认概念、分类与标准

3.【多项选择题】从会计对象确认的角度看，会计确认可以分为（　　）。

A.初始确认　　B.再确认　　C.后续确认　　D.终止确认

4.【多项选择题】企业的下列经济活动的原始数据能够纳入会计信息系统予以处理的有（　　）。

A.企业发行股票已筹集资金5 000万元

B.企业召开增产计划会议，拟于下年度将产品产量增至20万台

C.企业以500万元的固定资产对外投资

D.企业接受客户发来的商品订单，客户拟订货100万元

5.【多项选择题】下列有关初始确认与再确认的表述正确的有（　　）。

A.初始确认与再确认的划分是依据会计信息处理流程进行的

B.再确认是针对公司的账簿而言的，即应不应该进账簿，应该进哪一个项目

C.初始确认是针对公司的报表而言的，即应不应该进报表，应该进哪一个项目

D.确认实际上就是一个定性的问题，是一个应不应该的问题

6.【多项选择题】从会计信息处理流程的角度看，会计确认可以分为（　　）。

A.初始确认　　B.再确认　　C.后续确认　　D.终止确认

7.【判断题】只要严格符合某一会计要素定义的项目，就必须作为该要素加以确认。（　　）

二、知识点：会计假设

1.【单项选择题】下列哪个主体不能作为会计主体（　　）。

A.企业法人　　B.企业集团

C.独立核算的分厂　　D.非独立核算的车间

2.【单项选择题】我国规定企业的会计年度为（　　）。

A.公历年　　B.营业年　　C.半年　　D.季度

会计假设1–6

3.【多项选择题】下列属于会计基本假设的有（　　）。

A.会计主体　　B.会计分期　　C.货币计量　　D.历史成本

4.【多项选择题】下列可以作为会计主体的有（　　）。

A.有限责任公司　　B.子公司　　C.企业集团　　D.分厂

5.【多项选择题】下列有关会计持续经营假设的表述正确的有（　　）。

A.持续经营假设的含义是，如果没有证据证明企业将破产清算，企业将按照目前的状态继续经营下去

B.企业某设备可使用10年，按10年计提折旧。这种做法体现了持续经营假设

C.企业发生维修费6万元，该维修费将在未来2年内分期摊销。这种做法体现了持续经营假设

D.如果企业不能持续经营，那就需要采用破产会计、清算会计等特殊会计处理方法

6.【多项选择题】下列有关会计分期假设的表述正确的有（　　）。

A.会计分期假设是以持续经营假设为前提的，是持续经营假设的延伸

B.会计期间一般以月份作为基本标准

C.正是因为有会计分期假设，才有了“上期”、“本期”和“下期”这种划分

D.会计分期假设的目的之一就是要及时总结企业经营情况，及时发现问题，及时加以改进

7.【多项选择题】下列有关货币计量假设的表述正确的有（　　）。

A.货币计量假设要求货币的价值不能有任何的变动

B.货币计量假设假定货币的价值保持相对的稳定或者有轻微的波动可以忽略不计

会计假设7–12

C.没有货币计量假设，我们就不能把不同时点的财产物资进行金额加总

D.如果货币价值波动很大，企业就需要采用通货膨胀会计或物价变动会计等特殊会计处理方法进行会计处理

8.【多项选择题】会计期间分为（　　）。

A.年度　　B.半年度　　C.季度　　D.月度

9.【多项选择题】会计核算四大假设相互依存、相互联系。下列表述正确的有（　　）。

A.会计主体假设确立了会计核算的空间范围

B.持续经营假设与会计分期假设确立了会计核算的时间范围

C.货币计量假设为会计核算提供了必要手段

D.没有会计主体假设，就不会有持续经营假设

10.【判断题】法律主体与会计主体的含义是一样的。（　　）

11.【判断题】持续经营假设，是因为企业在可以预见的将来可能会倒闭进行清算。（　　）

12.【判断题】有限责任公司所有者可以将个人支出作为企业的费用。（　　）

三、知识点：权责发生制与收付实现制

1.【单项选择题】权责发生制的确立是以（　　）假设为直接依据的。

A.会计主体　　B.会计分期

C.货币计量　　D.持续经营

权责发生制与收付实现制1-5

2.【单项选择题】企业计划在年底购买一批机器设备，8月份与销售方达成购买意向，9月份签订了购买合同，但实际购买的行为发生在11月份，则企业应将该批设备确认为资产的时间为（　　）。

A.8月份　　B.11月份　　C.12月份　　D.9月份

3.【单项选择题】按照权责发生制原则，下列各项中属于本年费用的是（　　）。

A.本年度负担的借款利息2万元下年度支付

B.本年年末预付下年度的管理部门用房屋租金6万元

C.本年支付去年负担的设备租金4万元

D.本年年初支付上年度应交税费3万元

4.【单项选择题】某企业本月支付厂部管理人员工资40 000元，预支厂部半年（含本月）报刊费4 800元，生产车间财产保险费8 000元，根据权责发生制原则，该企业本月管理费用发生额为（　　）元。

A.40 000　　B.48 800　　C.44 800　　D.40 800

5.【单项选择题】以权责发生制为核算基础，下列不属于本期收入或费用的是（　　）。

A.本期支付的下期管理部门用房租

B.本期支付的本期管理部门用房租

C.上期支付的本期管理部门用房租

D.本期售出商品但尚未收到货款

6.【多项选择题】下列有关权责发生制的表述正确的有（　　）。

A.权责发生制又被称为应计基础，是以会计分期假设为基础的

B.对于收入而言，只要履行了履约义务就应该确认收入，而无论款项是否收到

C.对于费用而言，只要享受了权利就应该承担其相应的责任，并将其确认为费用，而无论款项是否已经支付

D.在权责发生制下，企业需要设置应收、预收、应付和预付等项目

权责发生制与收付实现制6-10

7.【多项选择题】下列有关收付实现制的表述正确的有（　　）。

A.收付实现制又被称为现金收付制

B.对于收入而言，只要收到了货币资金，就应确认为收入

C.对于费用而言，只要付出了货币资金，就应确认为费用

D.在收付实现制下，企业需要设置应收、预收、应付和预付等项目

8.【多项选择题】在权责发生制下，下列关于收入确认的表述正确的有（　　）。

A.本月销售产品一批，价值20 000元，货款尚未收到，已确认为收入

B.本月月初收到上月利息收入3 000元，确认为本月财务费用贷方3 000元

C.本月收到上月产品销售收入30 000元，已存入银行，确认为本月收入

D.本月签订一份销售合同，注明下月销售货物一批，价值50 000元，确认为本月收入

E.本月预收了下季度的闲置厂房租赁收入30 000元，未确认收入

9.【多项选择题】根据权责发生制原则，应计入本期的收入和费用的有（　　）。

A.前期提供劳务未收款，本期收款

B.本期销售商品一批，尚未收款

C.本期管理部门耗用的水电费，尚未支付

D.预付下一年度管理部门的报刊费

10.【多项选择题】下列会计处理符合权责发生制的有（　　）。

A.企业2月份签订了一份7月份销售的合同，并将这笔销售收入计入2月份的收入

B.年末，企业将全年的电费一次性计入12月份的费用

C.对固定资产计提折旧

D.预付房租摊销

11.【判断题】根据权责发生制原则，企业发生支出，必然引起当期利润的减少。（　　）

12.【判断题】在收付实现制下，会出现应收、应付、预收、预付等项目。（　　）

权责发生制与收付实现制
11-16

13.【判断题】在没有跨期项目的情况下，权责发生制和收付实现制对于收入与费用的确认与计量没有差异。（　　）

14.【判断题】与收付实现制相比，权责发生制更有利于计算和考核经营成果。（　　）

15.【判断题】收入会引起货币资金的流入，所以在权责发生制下，本期收到的货币资金一定是本期收入。（　　）

16.【判断题】在权责发生制下，当期支付一笔现金，表明此项现金流出归属于当期费用。（　　）

17.【计算题】华发公司20×9年7月发生下列经济业务：

（1）8日，销售产品，售价50 000元，冲销上月预售款；

（2）12日，销售产品200 000元，其中160 000元于本日收到存入银行，3万元已于6月28日预收，余下10 000元将于9月收回；

（3）16日，收到6月份提供劳务的收入款10 000元存入银行；

（4）19日，预收A公司购货款60 000元存入银行，下月交货；

（5）21日，用银行存款支付第二季度（4月至6月）管理部门的房租45 000元；

权责发生制与收付实现制17

（6）23日，公司管理部门修理设备，发生费用10 000元，8月3日支付给修理单位；

（7）25日，用银行存款支付上月份借款利息1 000元；

（8）28日，用银行存款支付下半年管理部门的房租60 000元（其中本月应分担10 000元）；

（9）30日，用银行存款支付管理部门当月水电费40 000元；

（10）31日，分摊年初已付款的管理部门保险费2 000元；

（11）31日，销售产品，售价130 000元，款已存入银行。

要求：分别按收付实现制和权责发生制计算华发公司7月份的收入、费用，并将计算结果填入下表。

收付实现制与权责发生制的比较表　　单位：元

交易序号	收付实现制		权责发生制	
	收入	费用	收入	费用
（1）				
（2）				
（3）				
（4）				
（5）				
（6）				
（7）				
（8）				
（9）				
（10）				
（11）				

四、知识点：会计要素的确认与运用

1.【多项选择题】下列属于资产特征的有（　　）。

A.由已经发生的交易或事项形成

B.企业拥有其法定所有权或能对其控制

C.能给企业带来预期的经济利益

D.具有实物形态

会计要素的确认与运用1-5

2.【多项选择题】下列需要计入当期损益的有（　　）。

A.支付本期的会议费10 000元　　B.支付本期的生产车间水电费5 000元

C.支付本期的广告费20 000元　　D.支付本期的环保罚款10 000元

3.【多项选择题】下列应该确认为企业收入要素的有（　　）。

A.销售产品收入　　B.销售材料收入

C.接受捐赠　　D.出租机器租金收入

4.【多项选择题】下列属于企业所有者权益的内容有（　　）。

A.股东投入的资本　　B.企业实现的盈利留存

C.企业当期实现的净利润　　D.企业以前各期形成的未分配利润

5.【多项选择题】下列项目中，不属于企业存货的有（　　）。

A.已经销售，购货方尚未提货的产品

B.企业购入自用的商品房

C.汽车经销商持有的用于日常运输的汽车

D.汽车经销商持有的待售的汽车

6.【判断题】即使已经出售，但尚未运离企业的商品仍然是企业的存货。（　　）

7.【判断题】与流动负债相比，一般来说，非流动负债的偿还期限较长，金额较大。（　　）

会计要素的确认与运用6-11

8.【判断题】根据销售合同，预收客户的购货定金应确认为收入。（　　）

9.【判断题】企业委托其他单位进一步加工的物资仍然属于本企业的资产。（　　）

10.【判断题】所有者投入的资本，应该与企业约定偿还期限，到期偿付。（　　）

11.【判断题】企业向灾区捐赠100 000元，应该确认为一项费用要素。（　　）

五、知识点：会计计量的概念与计量属性+会计计量单位与计量模式

1.【单项选择题】我国及国际会计惯例所公认的会计基本计量属性是（　　）。

A.重置成本　　B.现值

C.现行市价　　D.历史成本

会计计量的概念与计量属性等1-7

2.【单项选择题】甲公司在交易所购买了乙上市公司的股票，拟在近期进行交易以赚取差价，期末对该股票按照交易所公布的收盘价进行调整。对甲公司而言，购入股票后，它对所购买的股票所采用的计量属性是（　　）。

A.重置成本　　B.现值　　C.现行市价　　D.公允价值

3.【单项选择题】资产按照购买时所支付的现金或者现金等价物的金额计量的价值或者按照购置资产时所付出的对价的公允价值计量的价值，称为按（　　）计量。

A.重置成本　　B.现值　　C.公允价值　　D.历史成本

4.【单项选择题】对盘盈的固定资产进行计量，常用的会计计量属性是（　　）。

A.重置成本　　B.现值　　C.可变现净值　　D.历史成本

5.【单项选择题】资产按照其正常对外销售所能收到的现金或现金等价物的金额扣减该资产至完工时估计将要发生的成本、估计的销售费用及相关税费后的金额计量，所采用的会计计量属性是（　　）。

A.重置成本　　B.现值

C.可变现净值　　D.历史成本

6.【多项选择题】下列有关计量属性的表述正确的有（　　）。

A.重置成本又被称为现行成本，其主要适用于对企业盘盈财产物资的计量

B.可变现净值是指在正常生产经营活动下，某项资产的预计售价减去预计需要追加的加工成本、预计的销售费用和税金之后的余额

C.现值是指未来货币的现在价值，考虑了货币的时间价值

D.公允价值是指市场参与者在计量日发生的有序交易中，出售一项资产所收到的或转移一项负债需要支付的金额

7.【多项选择题】下列有关计量单位的表述正确的有（　　）。

A.计量单位主要是指以货币作为主要的、基本的计量单位

B.货币计量单位有名义货币计量单位和不变货币计量单位两种

C.名义货币计量单位又称面值货币计量单位，是指以面值表示的流通货币作为计量单位，不考虑货币时间价值的变化

D.不变货币计量单位又称一般购买力计量单位，是指以一般购买力表示的计量单位，其考虑了不同时点货币的不同购买力

8.【多项选择题】下列反映的是资产或者负债的现时成本或者现时价值的计量属性的有（　　）。

A.重置成本　　B.公允价值

C.可变现净值　　D.历史成本

会计计量的概念与计量属性等
8-14

9.【多项选择题】下列关于现值计量的表述中，正确的有（　　）。

A.资产按照其取得时支付的现金或现金等价物的金额计量

B.资产按照预计从其持续使用和最终处置中所产生的未来净现金流入量的折现金额计量

C.资产按照现在购买相同或相似资产所需要支付的现金或现金等价物的金额计量

D.负债按照预计期限内需要偿还的未来净现金流出量的折现金额计量

10.【判断题】历史成本又被称为实际成本，是企业取得或制造某项资产所实际支付的金额。（　　）

11.【判断题】历史成本计量，应当基于经济业务的实际交易成本，需要考虑随后市场价格变动的影响。（　　）

12.【判断题】重置成本是过去时点的成本，它强调站在企业主体的角度，以投

入到某项资产上的价值作为重置成本。 （ ）

13.【判断题】公允价值强调独立于企业主体之外，站在市场的角度以交易双方达成的市场价格作为公允价值，是对资产和负债以当前市场情况为依据进行价值计量的结果。 （ ）

14.【判断题】现值，是指对未来现金流量以恰当的折现率进行折现后的价值，是考虑了货币时间价值的一种计量属性。 （ ）

第五章　资产计价与收益确定

一、知识点：资产计价原理与债权计量

1.【单项选择题】某企业20×7年年末应收账款余额为100万元，当年赊销净额为50万元，该企业按应收账款余额百分比法估计坏账损失，估计的坏账损失率为5%。则20×7年年末估计的坏账损失金额为（　　）万元。

资产计价原理与债权计量

A.10　　B.5　　C.15　　D.0

2.【多项选择题】资产计价的基本原则有（　　）。

A.以历史成本作为基本的计量属性

B.以公允价值作为基本的计量属性

C.应保持资产计价方法的一致性

D.资产计价的方法可以随意变动

3.【多项选择题】下列各项中，属于企业估计坏账损失方法的有（　　）。

A.应收账款余额百分比法　　B.赊销净额百分比法

C.账龄分析法　　D.销售利润百分比法

4.【多项选择题】下列有关估计坏账损失的表述正确的有（　　）。

A.估计坏账损失的发生，符合会计的稳健性原则

B.赊销净额百分比法以当期的赊销净额作为估计坏账损失的基数

C.账龄分析法充分考虑不同拖欠时间的款项所可能面临的不同损失的概率；款项拖欠得越久，回收的可能性就越小，其损失的概率就越大

D.应收账款余额百分比法以期末应收账款的总额作为估计坏账损失的基数

二、知识点：存货概述与盘存制度

1.【单项选择题】B公司购入甲、乙材料各1 000千克，总价款10 000元（甲材料6 000元，乙材料4 000元）以银行存款付讫，另用现金支付两种材料的运费3 000元（运费按重量分摊）以及乙材料的途中保险费1 000元，材料已经验收入库，则计入乙材料采购成本的金额应为（　　）元。

存货概述与盘存制度

A.6 000　　B.6 500　　C.4 000　　D.5 000

2.【单项选择题】下列项目在发生时应直接计入产品生产成本的是（　　）。

A.产品生产工人的工资　　B.生产车间的机器折旧费

C.生产车间主任的工资　　D.公司财务人员的工资

3.【单项选择题】某公司只有一个生产车间，生产A、B两种产品，20×7年6月为生产产品投入材料20 000元（A产品耗费12 000元，B产品耗费8 000元），耗费人工费用10 000元（A产品耗费2 000元，B产品耗费5 000元，其余为车间管理人员工资），车间水电费1 000元，车间机器折旧费2 000元，车间厂房折旧费6 000元，期初、期末均无在产品，产品全部完工，制造费用按照耗用材料的金额比例进行分配。则20×7年6月该公司生产的A产品的生产成本为（　　）元。

A.16 600　　B.21 200　　C.14 000　　D.11 000

4.【多项选择题】企业购入原材料的实际成本应包括（　　）。

A.买价　　B.运输装卸费

C.入库前的挑选整理费　　D.运输途中的保险费

5.【多项选择题】下列有关永续盘存制的表述正确的有（　　）。

A.永续盘存制又被称为定期盘存制

B.在永续盘存制下，对收、发、存随时进行记录，随时从账上可知余额，因此其管控体系非常完善

C.在永续盘存制下，为确保账实相符而进行的实地盘点还是不可缺少的

D.现在绝大多数企业都使用永续盘存制

6.【多项选择题】下列有关实地盘存制的表述正确的有（　　）。

A.实地盘存制又被称为定期盘存制

B.在实地盘存制下，对于发出的存货是不进行记录的，因此不能随时从账上得知余额，因此其管控体系不完善

C.在实地盘存制下，通过实地盘点得出余额数，倒推本期的发出数

D.现在企业很少使用这种盘存制度

7.【判断题】由于永续盘存制能够有效实现对财产的管理和控制，因此，大多数企业都采用这种存货盘存方法，而放弃了定期盘存制。（　　）

8.【判断题】为保证会计信息的可比性，所有企业均应按买价计量外购固定资产的成本。（　　）

三、知识点：存货耗用的计价方法+存货耗用计价方法选择对会计信息的影响

1.【单项选择题】在物价持续上涨的情况下，采用先进先出法计算出来的结果是（　　）。

存货计价方法及其影响1-6

A.期末资产低，当期利润高　　B.期末资产低，当期利润低

C.期末资产高，当期利润低　　D.期末资产高，当期利润高

2.【单项选择题】在物价持续下跌的情况下，采用先进先出法计算出来的结果是（　　）。

A.期末资产低，当期利润高　　B.期末资产低，当期利润低

C.期末资产高，当期利润低　　D.期末资产高，当期利润高

3.【单项选择题】在物价持续上涨的情况下，采用后进先出法计算出来的结果是（　　）。

A.期末资产低，当期利润高　　B.期末资产低，当期利润低

C.期末资产高，当期利润低　　D.期末资产高，当期利润高

4.【单项选择题】在物价持续下跌的情况下，采用后进先出法计算出来的结果是（　　）。

A.期末资产低，当期利润高　　B.期末资产低，当期利润低

C.期末资产高，当期利润低　　D.期末资产高，当期利润高

5.【单项选择题】采用全月一次加权平均法，月末一次加权平均单位成本计算公式中的分子是（　　）。

A.月初结存存货的实际成本+本月购入存货的实际成本

B.月初结存存货的实际成本+本月购入存货的计划成本

C.月初结存存货的计划成本+本月购入存货的实际成本

D.月初结存存货的计划成本+本月购入存货的计划成本

6.【单项选择题】采用移动加权平均法，每次进货后移动加权平均单位成本计算公式中的分子是（　　）。

A.库存存货的实际成本+本批购入存货的实际成本

B.库存存货的计划成本+本批购入存货的计划成本

C.库存存货的计划成本+本批购入存货的实际成本

D.库存存货的实际成本+本批购入存货的计划成本

7.【多项选择题】发出存货采用先进先出法计价，其特点有（　　）。

A.发出存货的成本比较接近市价

B.物价上涨时发出存货避免虚增利润

C.发出存货的成本与市价相差较大

D.期末结存存货成本比较接近市价

存货计价方法及其影响7-12

8.【多项选择题】下列属于存货发出计价方法的有（　　）。

A.实际成本法　　B.先进先出法

C.加权平均法　　D.个别计价法

9.【判断题】先进先出法、后进先出法中的“先”“后”都是针对实物而言的。（　　）

10.【判断题】相对于全月一次加权平均法而言，移动加权平均法能确保会计核算工作的及时进行。（　　）

11.【判断题】在物价上涨时，相对于先进先出法，采用月末一次加权平均法可能会使发出存货成本偏低。（　　）

12.【判断题】个别计价法适用于对容易识别、存货品种数量不多、单位成本较高的存货，如房产、船舶、飞机、重型设备、珠宝、名画等贵重物品计价。（　　）

13.【计算题】甲公司20×9年6月初结存A商品1 000件，单位成本8元。甲公司对该商品采用永续盘存制进行核算，6月份A商品的购入和发出情况如下：

存货计价方法及其影响13

5日购入1 000件，单位成本9元；10日发出500件；

15日购入3 500件，单位成本11元；20日发出4 000件；

25日购入500件，单位成本12元；30日结存1 500件。

要求：

（1）按先进先出法和后进先出法计算A商品20×9年6月的发出成本和6月末的结存成本；

（2）根据计算结果，分析、评价不同的资产计价方法对会计信息产生的影响。

14.【计算题】光明公司对原材料采用永续盘存制进行核算。12月份发生B材料收发业务如下：

存货计价方法及其影响14

12月1日，结存200件，单价10元；

12月5日，购入500件，单价10.2元；

12月6日，领用250件；

12月8日，领用350件；

12月10日，购入600件，单价10.3元；

12月16日，领用400件；

12月24日，购入500件，单价10.35元；

12月26日，领用600件。

要求：分别按照先进先出法、后进先出法、全月一次加权平均法和移动加权平均法计算本期发出B材料成本和期末结存B材料成本。

四、知识点：固定资产概述与折旧+折旧方法的一般性分析

1.【单项选择题】下列关于固定资产折旧的说法正确的是（　　）。

固定资产概述与折旧等1-6

A.固定资产折旧总额等于固定资产原值

B.固定资产折旧总额等于固定资产原值减去预计净残值后的金额

C.某年的固定资产折旧额必然等于固定资产原值除以预计使用年限

D.某年的固定资产折旧额必然等于固定资产可折旧总额除以预计使用年限

2.【单项选择题】A公司进口机器一台，买价78 000元，运费9 000元，保险费1 500元，关税4 000元，试车费1 800元。该机器的取得成本为（　　）元。

A.78 000　　B.90 300　　C.96 800　　D.94 300

3.【单项选择题】甲公司有1辆货车，采用工作量法计提折旧。原值为200 000元，预计使用10年，每年行驶里程为60 000千米，净残值率为5%，当月行驶里程为4 000千米，则该货车的当月折旧额为（　　）元。

A.1 266.67　　B.12 666.67　　C.1 333.33　　D.3 000

4.【单项选择题】假设某设备原值为1 000 000元，预计净残值为20 000元，预计总工作量为200 000小时，本月工作500小时。该设备单位小时的折旧额为（　　）元。

A.2 500　　B.5　　C.4.9　　D.2 450

5.【单项选择题】某企业固定资产的原值为100 000元，预计使用年限为5年，预计净残值为2 000元。该企业采用年限平均法计提固定资产的折旧，则该项固定资产的年折旧额为（　　）元。

A.19 600　　B.20 000　　C.21 560　　D.21 600

6.【单项选择题】下列关于本月新购入的固定资产计提折旧的表述中，正确的是（　　）。

A.当月开始计提折旧　　B.下月开始计提折旧

C.下年开始计提折旧　　D.不计提折旧

7.【多项选择题】影响固定资产某年折旧额的因素有（　　）。

A.固定资产原值　　B.预计净残值

C.预计使用年限　　D.折旧方法

8.【多项选择题】下列有关固定资产折旧方法的表述正确的有（　　）。

固定资产概述与折旧等7-13

A.年限平均法强调的是每年折旧额相同

B.工作量法强调的是单位工作量的折旧额是相等的

C.双倍余额递减法和年数总和法都属于加速折旧法

D.年限平均法和工作量法都属于直线法

9.【多项选择题】下列关于年限平均法的表述中，正确的有（　　）。

A.年限平均法又称直线法，是将固定资产的折旧额均衡地分摊到各期的折旧计提方法

B.年折旧率=（1-预计净残值率）÷预计使用寿命×100%

C.月折旧率=年折旧率÷12

D.月折旧额=固定资产原价×月折旧率

10.【多项选择题】固定资产由于磨损或损耗而逐渐转移的价值以折旧费的形式可以计入的项目有（　　）。

A.成本　　B.损失　　C.费用　　D.收入

11.【判断题】一般情况下，尽管不同的折旧方法所计算出来的各年折旧额不同，但在固定资产寿命期内所计算出来的折旧总额是一样的。（　　）

12.【判断题】工作量法弥补了年限平均法只考虑使用时间而不考虑使用强度的缺点。（　　）

13.【判断题】固定资产折旧也就是固定资产的损耗，此损耗属于企业的正常损失，不能得到补偿。（　　）

五、知识点：加速折旧法举例

加速折旧法举例1–7

1.【单项选择题】C公司某设备的原值为128 000元，预计净残值为10 000元，预计清理费用为2 000元，可使用5年。如果按双倍余额递减法计算各年折旧额，第一年应计提的折旧额为（　　）元。

A.48 000　　B.46 400　　C.51 200　　D.56 000

2.【单项选择题】A公司某机器的原值为215 000元，预计残值为6 000元，预计清理费用为1 000元，可使用5年。在年数总和法下，第一年应计提的折旧额为（　　）元。

A.42 000　　B.86 000　　C.70 000　　D.84 000

3.【单项选择题】企业对固定资产采用加速折旧法计提折旧将使（　　）。

A.资产投入使用的前期费用加大，利润减少

B.简化折旧计算方法

C.资产投入使用的前期费用减少，利润增加

D.缩短资产实际可使用寿命

4.【单项选择题】若一项固定资产可使用4年，按照年数总和法计提折旧，第二年的年折旧率是（　　）。

A.1/10　　B.2/10　　C.3/10　　D.4/10

5.【单项选择题】下列固定资产折旧方法中，属于加速折旧方法的是（　　）。

A.年数总和法　　B.年限平均法　　C.直线法　　D.工作量法

6.【单项选择题】下列固定资产折旧方法中，期初不需要考虑固定资产净残值的方法是（　　）。

A.工作量法　　B.年限平均法

C.双倍余额递减法　　D.年数总和法

7.【单项选择题】一台设备原值350万元，预计使用年限5年，预计净残值率为5%，采用双倍余额递减法计提折旧，则5年内计提折旧总额为（　　）万元。

A.350　　B.332.5　　C.140　　D.287

加速折旧法举例8–12

8.【多项选择题】下列属于加速折旧法的特点的有（　　）。

A.加快固定资产投资收回速度，减少风险

B.均衡固定资产使用成本

C.一定会获得纳税方面的好处

D.考虑固定资产的无形损耗

9.【多项选择题】下列固定资产折旧方法中，属于加速折旧方法的有（　　）。

A.年数总和法　　B.年限平均法

C.工作量法　　D.双倍余额递减法

10.【判断题】加速折旧法的使用，体现了会计的稳健性原则。（　　）

11.【判断题】加速折旧法与年限平均法相比，并非缩短使用寿命，只是前期计

提的折旧多，后期计提的折旧少，体现了会计的谨慎性原则。（　　）

12.【判断题】采用年数总和法计提折旧的特点是计提的折旧额逐年递增。（　　）

13.【计算题】A公司管理部门用的设备，原值120 000元，预计净残值4 800元，预计使用年限为5年。

加速折旧法举例13

要求：

（1）A公司采用年限平均法计提折旧，则该设备第三年应计提的折旧费用是多少？

（2）若A公司改用双倍余额递减法计提折旧，则该设备第一、三、五年应计提的折旧费用是多少？

14.【计算题】B公司某设备原值200 000元，预计残值为5 000元，预计清理费用3 000元，预计可使用5年。

加速折旧法举例14

要求：分别按年限平均法和双倍余额递减法计算B公司该设备使用年限内各年应计提的折旧费用。

15.【计算题】C公司取得一台设备，其原值为1 000 000元，预计可使用5年，预计净残值为10 000元。

加速折旧法举例15

要求：分别采用年数总和法和双倍余额递减法计算该设备各年的应提折旧额。

六、知识点：收益确定

收益的确定1–5

1.【单项选择题】某公司20×7年10月相关业务及账户资料如下：预收客户购货定金10 000元（尚未发货），现销货物20 000元，赊销货物50 000元，期末结账前“主营业务成本”余额40 000元，发生销售费用10 000元、财务费用2 000元、管理费用5 000元、营业外收入3 000元。则该公司20×7年10月份的营业利润是（　　）元。

A.16 000　　B.17 000　　C.26 000　　D.13 000

2.【多项选择题】下列有关资本保全的表述正确的有（　　）。

A.企业只有在原资本得到保全或者成本费用已经得到补偿后，才能确认所实现的收益

B.企业收益的确定应当以“资本保全”为基础

C.资本保全是指企业在特定会计期间通过其经济活动而使得其期末资本与期初资本保持一致的状况

D.如果企业期末资本数超出期初资本数，则超出部分的金额即为利润；反之，就是亏损

3.【多项选择题】下列有关资本保全两种类型的表述正确的有（　　）。

A.资本保全有财务资本保全和实物资本保全两种类型

B.财务资本保全是指将资本视同投资者投入的货币。其认为，企业期末的资本只

要等于期初资本的货币数额，即为资本保全

C.实物资本保全将生产视为企业的“营运能力”或“实物生产能力”。其认为，企业营运能力或实物生产能力的期末数等于期初数时方为资本保全

D.企业的实物生产能力，实际上就是指实物资本形态的“重置能力”，即恢复原有实物生产能力所需的资金或资源

4.【多项选择题】下列有关收益计量模式的表述正确的有（　　）。

A.收益计量模式有交易法计量模式和净资产法计量模式两种

B.交易法是根据特定期间企业实现的收入与其相关的费用来计算当期损益的方法。其核心是收入与费用的确认、计量及配比

C.净资产法实际上把净收益看作企业在一定期间的资本增值。其核心是对期初、期末净资产及负债的计量

D.这两种收益计量模式所得出的净利润可能存在差额

5.【判断题】交易法下利润计算的公式为：利润（收益）= 期末净资产 - 期初净资产。（　　）

6.【计算题】企业本期有关损益项目的资料如下：主营业务成本99万元，其他业务成本4万元，税金及附加8.5万元，销售费用4.17万元，管理费用10.13万元，财务费用4万元，营业外支出1.8万元，所得税费用15万元；主营业务收入175万元，其他业务收入6.2万元，投资收益10万元，营业外收入0.4万元。

要求：计算营业收入、营业利润、利润总额和净利润。

7.【计算题】某企业期初资产120万元，负债40万元；期末资产350万元。本期发生的与负债、所有者权益相关的业务有：（1）接受投资者投资22万元；（2）某股东退出企业，企业减少资本8万元；（3）期间分配股东利润5万元；（4）本期偿还负债19万元；（5）本期新增负债168万元。

收益的确定6-7

要求：计算本期净利润。

第六章 会计凭证

一、知识点：记录的基本程序与原始凭证

记录的基本程序与原始凭证
1-7

1.【单项选择题】下列凭证属于外来原始凭证的是（　　）。

A.领料单　　B.发料汇总表

C.上缴税金的凭据　　D.产品交库单

2.【单项选择题】下列凭证中属于自制原始凭证的是（　　）。

A.银行收款通知

B.付款凭证

C.从购买方获得的销售发票

D.销售商品所开具的销售发票

3.【单项选择题】按填制程序和功能不同，会计凭证分为（　　）。

A.收款凭证、付款凭证和转账凭证

B.一次凭证和累计凭证

C.原始凭证和记账凭证

D.外来凭证和自制凭证

4.【单项选择题】原始凭证的基本内容不包括（　　）。

A.日期及编号　　B.内容摘要

C.实物数量及金额　　D.会计科目

5.【单项选择题】领料汇总表属于会计凭证中的（　　）。

A.一次凭证　　B.累计凭证　　C.记账凭证　　D.汇总原始凭证

6.【多项选择题】下列原始凭证中，属于一次凭证的是（　　）。

A.发票　　B.现金支票与转账支票

C.限额领料单　　D.本企业开出的收款收据

7.【多项选择题】原始凭证按使用方式和填制手续不同，可分为（　　）。

A.一次凭证　　B.累计凭证　　C.汇总凭证　　D.限额领料单

8.【多项选择题】下列属于外来凭证的有（　　）。

A.购入材料的发票　　B.出差住宿费发票

C.银行结算凭证　　D.租车收到的租车费发票

9.【多项选择题】下列有关原始凭证的说法正确的有（　　）。

A.原始凭证必须记录真实、内容完整

B.原始凭证金额有错误的，应该由出具单位重开，不得在原始凭证上更正

C.购买货物的原始凭证，必须有验收证明

D.一式几联的原始凭证，必须注明各联的不同用途

记录的基本程序与原始凭证 8-14

10.【多项选择题】下列凭证中，属于自制原始凭证的有（　　）。

A.购货发票　　B.销货发票

C.发出材料汇总表　　D.差旅费报销单

11.【判断题】企业取得原始凭证后不经审核就可直接编制记账凭证。（　　）

12.【判断题】填制和审核会计凭证是会计信息系统运行的第一环节。（　　）

13.【判断题】自制原始凭证是由企业财会部门自行填制的原始凭证。（　　）

14.【判断题】一般来说，外来原始凭证都是一次凭证。（　　）

二、知识点：记账凭证

1.【单项选择题】在使用收款凭证、付款凭证、转账凭证的单位，与货币资金无关的业务，填制的凭证是（　　）。

记账凭证 1-7

A.收款凭证　　B.付款凭证

C.转账凭证　　D.通用凭证

2.【单项选择题】用来作为登记账户依据的是（　　）。

A.原始凭证　　B.一次凭证　　C.记账凭证　　D.累计凭证

3.【单项选择题】下列有关记账凭证的说法不正确的是（　　）。

A.记账凭证的填制与审核的作用主要在于：一方面防止不该登入账簿的业务登入会计账簿，另一方面确保该登入的都正确地登入会计账簿

B.在课堂上讲的会计分录在我国会计实际工作中是没有的，其对应的是记账凭证

C.在会计电算化的情况下，记账凭证分为收款凭证、付款凭证和转账凭证的意义已经不大了

D.记账凭证登记的依据全部是原始凭证

4.【单项选择题】付款凭证表头列示的会计科目是（　　）。

A.借方科目

B.贷方科目

C.有时为借方科目，有时为贷方科目

D.不能肯定

5.【单项选择题】原始凭证是（　　）。

A.登记日记账的依据　　B.编制记账凭证的依据

C.编制会计报表的依据　　D.编制汇总记账凭证的依据

6.【单项选择题】企业将现金存入银行应编制（　　）。

A.银行存款付款凭证　　B.现金收款凭证

C.银行存款收款凭证　　D.现金付款凭证

7.【单项选择题】企业记账凭证的编制人员是（　　）。

A.出纳人员　　B.主管人员　　C.经办人员　　D.会计人员

8.【多项选择题】下列属于记账凭证的是（　　）。

A.收款凭证　　B.付款凭证

C.转账凭证　　D.通用记账凭证

记账凭证8-16

9.【多项选择题】记账凭证的审核内容是（　　）。

A.是否与原始凭证内容相符

B.应借应贷科目和金额是否正确

C.凭证格式中有关项目的填列是否完备

D.有关负责人是否都已签名或盖章

10.【多项选择题】现金与银行存款之间的划转应编制（　　）。

A.现金收款凭证　　B.银行存款付款凭证

C.现金付款凭证　　D.银行存款收款凭证

11.【多项选择题】收款凭证和付款凭证是（　　）。

A.登记库存现金日记账、银行存款日记账的依据

B.编制报表的直接依据

C.成本计算的依据

D.出纳人员办理收、付款项的依据

12.【多项选择题】在编制记账凭证时，错误的做法有（　　）。

A.编制复合会计分录

B.一年内的记账凭证连续编号

C.将不同类型业务的原始凭证合并编制一张记账凭证

D.从银行提取现金时只填现金收款凭证

13.【多项选择题】下列交易与事项中，应填制付款凭证的有（　　）。

A.从银行提取备用金

B.购买材料预付定金

C.将现金存入银行

D.以银行存款支付前欠某单位货款

14.【判断题】在编制记账凭证时，原始凭证就是记账凭证的附件。（　　）

15.【判断题】企业用转账支票购买货物时，应通过“应付票据”来进行核算。（　　）

16.【判断题】将记账凭证分为收款凭证、付款凭证和转账凭证的依据是凭证填制的手续和凭证的来源。（　　）

17.【业务题】甲公司在20×9年8月份发生了以下三笔业务：

（1）8月1日，从银行提取现金5 000元备用。

（2）8月2日，从银行取得短期借款100 000元。

（3）8月3日，购买原材料价值50 000元，货款尚未支付。

要求：根据原始凭证（即上述经济业务）填制记账凭证（收、付、转）。

记账凭证17

第七章　会计账簿

一、知识点：账簿体系与登记方法

1.【单项选择题】按照会计信息提供的详略程度的不同，会计账簿可以分为（　　）。

A.总账和明细账　　B.活页账和订本账

C.总账和日记账　　D.三栏式账簿和多栏式账簿

账簿体系与登记方法1–8

2.【单项选择题】库存现金日记账和银行存款日记账应根据有关凭证（　　）。

A.逐日汇总登记　　B.逐日逐笔登记

C.定期汇总登记　　D.一次汇总登记

3.【单项选择题】下列（　　）不能作为银行存款日记账的登账依据。

A.收款凭证　　B.付款凭证　　C.转账凭证　　D.通用凭证

4.【单项选择题】“制造费用”明细账一般采用的账页格式是（　　）。

A.三栏式　　B.多栏式　　C.数量金额式　　D.订本式

5.【单项选择题】“库存商品”明细账应采用的账页格式是（　　）。

A.三栏式　　B.数量金额式　　C.多栏式　　D.订本式

6.【单项选择题】“应收账款”明细账应采用的账页格式是（　　）。

A.三栏式　　B.数量金额式　　C.多栏式　　D.活页式

7.【多项选择题】库存现金日记账可以根据（　　）记账凭证登记。

A.现金收款凭证　　B.现金付款凭证

C.银行存款收款凭证　　D.银行存款付款凭证

8.【多项选择题】银行存款日记账可以根据（　　）记账凭证登记。

A.现金收款凭证　　B.现金付款凭证

C.银行存款收款凭证　　D.银行存款付款凭证

9.【多项选择题】下列说法正确的有（　　）。

A.在我国，会计凭证的填制和会计账簿的登记是会计记录的两个基本步骤

B.在会计账簿体系中，总账是企业最重要的账簿，居于账簿体系的核心地位

账簿体系与登记方法9–17

C.财务报表的编制主要是解决会计报告的问题

D.“证—账—表”的过程实质上是将会计数据按使用者要求不断汇总和浓缩的过程

10.【多项选择题】企业从银行提取现金2 500元，此项业务应登记（　　）。

A.库存现金日记账　　B.银行存款日记账

C.总分类账　　D.明细分类账

11.【多项选择题】下列有关总账与明细账之间的关系表述正确的有（　　）。

A.登记的原始依据是相同的

B.登记的账户借贷方向是相同的

C.登记的总账金额和所属明细账的金额之和是相等的

D.登记的会计人员和登记的时点应该都是相同的

12.【多项选择题】登记会计账簿时应该做到（　　）。

A.一律使用蓝黑墨水钢笔书写

B.不得使用铅笔或圆珠笔书写

C.在某些特殊情况下可以使用铅笔书写

D.在规定范围内可以使用红色墨水笔书写

13.【多项选择题】以下情况中可以用红色墨水笔记账的有（　　）。

A.按照红字冲账的记账凭证，冲销错误记录

B.在不设借贷等栏的三栏式账页中，登记负数

C.在未印明余额方向的三栏式账户的余额栏内登记负数余额

D.在不设借贷等栏的多栏式账页中，登记减少数

14.【判断题】在整个账簿体系中，日记账和分类账是主要账簿，备查账为辅助账簿。（　　）

15.【判断题】总分类账、库存现金日记账和银行存款日记账一般采用活页式账簿。（　　）

16.【判断题】平行登记是指经济业务发生后，根据会计凭证，一方面要登记有关的总分类账户，另一方面要登记该总分类账户所属的各明细分类账户。（　　）

17.【判断题】总分类账一般采用三栏式账页格式，而明细分类账则应根据其经济业务的特点采用不同格式的账页。（　　）

二、知识点：账簿记录的核对

账簿记录的核对

1.【单项选择题】通过试算平衡能够发现的错误是（　　）。

A.漏账错误　　B.重复记账错误

C.借贷方向相反的错账　　D.借贷金额不等的错账

2.【单项选择题】下列各项中，不属于账账核对的是（　　）。

A.账簿记录与会计凭证的核对

B.总分类账与日记账的核对

C.总分类账之间的核对

D.总分类账与所属明细分类账之间的核对

3.【多项选择题】对账主要包括（　　）。

A.账证核对　　　　B.账账核对

C.账实核对　　　　D.原始凭证与记账凭证的核对

三、知识点：财产清查分析+财产清查举例

1.【单项选择题】“待处理财产损溢”账户的期末（　　）。

A.余额在借方

B.余额在贷方

C.一般没有余额

D.可能在借方，也可能在贷方

财产清查分析+财产清查举例
1-5

2.【多项选择题】结合下图，下列有关待处理财产损溢项目设置的表述正确的有（　　）。

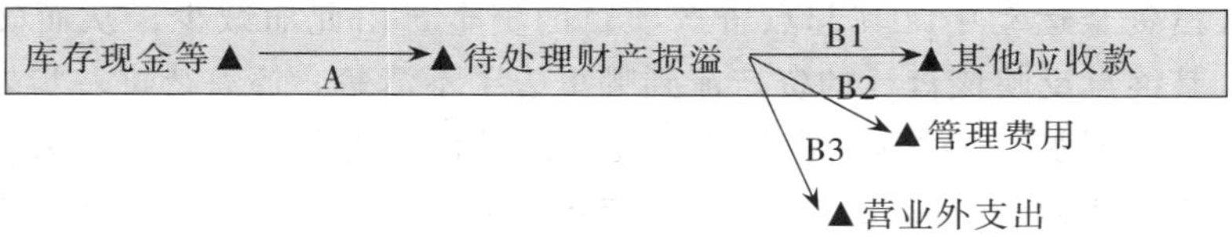

A.在财产清查过程中，无论是盘盈还是盘亏，整个业务过程包括两部分：发现问题和解决问题

B.一般来说，从发现问题到解决问题都有一个时间差

C.需要设立一个项目对这些已经发现，但还在等待处理的问题进行反映、控制和监督。待处理财产损溢项目由此而产生

D.待处理财产损溢项目是一个过渡性项目。一旦处理结束，该项目的余额应该为零

3.【多项选择题】结合下图，下列有关资产盘盈处理的表述正确的有（　　）。

A.A段资金运动反映企业发现问题，即资产盘盈了。B段资金运动反映企业处理问题，即该盘盈的资产是从哪里来的，该如何处理

B.在A段资金运动中，其终点资产项目的资金量因此而增加，从而确保该资产项

目账实相符。其起点反映该增加的资金量是从哪里流过来的不清楚，还有待进一步处理

C.B段资金运动反映对盘盈业务的处理。如果是存货盘盈，按照惯例，一般都冲减公司的管理费用。如果是现金盘盈，若查明是应付未付的，应确认为其他应付款；实在无法查明原因的，冲减公司的管理费用

D.一旦处理结束，待处理财产损溢项目的余额为0

4.【多项选择题】结合下图，下列有关资产盘亏处理的表述正确的有（　　）。

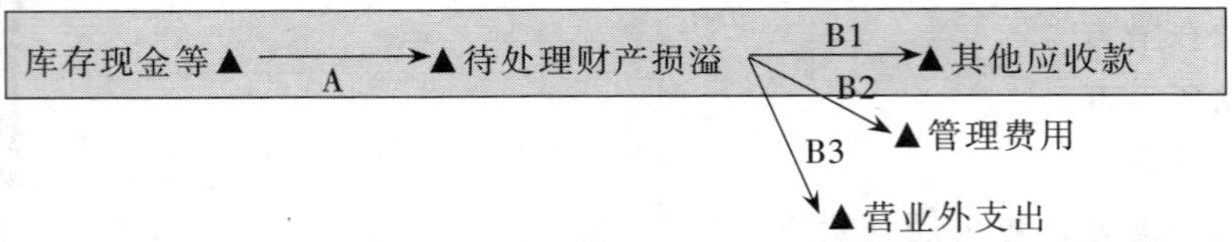

A.A段资金运动反映发现问题，即资产盘亏了。B段资金运动反映处理问题，即盘亏的财产物资到底怎么处理

B.在A段资金运动中，其起点资产项目的资金量由此而减少，从而确保账实相符。其终点反映该盘亏的资产流到哪里去了不清楚，还有待进一步处理

C.B段资金运动反映对盘亏业务的处理。如果是存货盘亏，应由相关责任人赔偿的，应确认为其他应收款；如果是非正常原因造成的损失，一般应确认为营业外支出；其他原因造成的，一般确认为管理费用。如果是现金盘亏，一般应由相关责任人（如出纳等）赔偿

D.一旦处理结束，待处理财产损溢项目的余额为0

5.【多项选择题】结合下图，下列有关待处理财产损溢账户的贷方反映的问题表述正确的有（　　）。

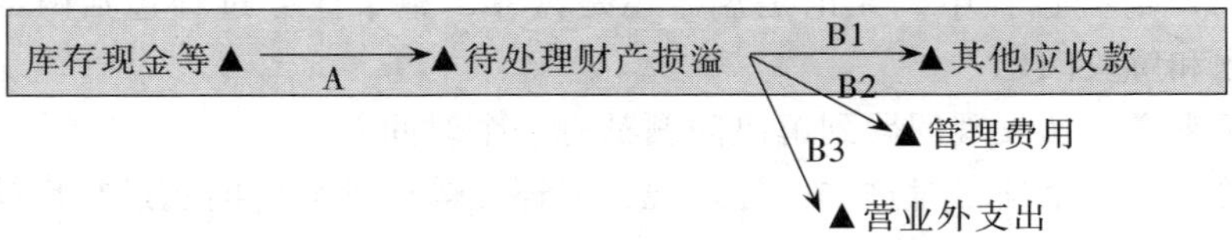

A.在盘盈的情况下，待处理财产损溢账户的贷方反映发现问题，即反映资产盘盈的发现

B.在盘盈的情况下，待处理财产损溢账户的贷方反映处理问题，即反映资产盘盈的处理

C.在盘亏的情况下，待处理财产损溢账户的贷方反映发现问题，即反映资产盘亏的发现

D. 在盘亏的情况下，待处理财产损溢账户的贷方反映处理问题，即反映资产盘亏的处理

6.【多项选择题】结合下图，下列有关待处理财产损溢账户的借方反映表述正确的有（　　）。

财产清查分析+财产清查举例 6-10

A. 在盘盈的情况下，待处理财产损溢账户的借方反映发现问题，即反映资产盘盈的发现

B. 在盘盈的情况下，待处理财产损溢账户的借方反映处理问题，即反映资产盘盈的处理

C. 在盘亏的情况下，待处理财产损溢账户的借方反映发现问题，即反映资产盘亏的发现

D. 在盘亏的情况下，待处理财产损溢账户的借方反映处理问题，即反映资产盘亏的处理

7.【多项选择题】结合下图，有关固定资产盘亏相关业务的说法正确的有（　　）。

A. 在发现问题时，A段资金流量反映该盘亏的固定资产的净值，其中A2段资金流量为负数

B. 通过A1段资金运动可知，固定资产账户的贷方（即对应项目的流出量）反映固定资产因实物减少所导致的固定资产原始价值的减少

C. 固定资产盘亏处理时，如果有关责任人需要赔偿，应确认为其他应收款

D. 固定资产盘亏处理时，其盘亏的净损失应确认为企业的管理费用

8.【多项选择题】结合下图，下列有关资金运动的表述正确的有（　　）。

A.A段资金运动反映企业发现问题，即反映企业盘亏原材料2 000元

B.A段资金运动可以反映两层含义：一是原材料减少2 000元，从而确保原材料

账实相符；二是减少的2 000元原材料流到哪里去了，暂时不清楚，还要等待处理

C.B段资金运动反映对原材料盘亏的处理。盘亏的2 000元中有200元应由相关责任人赔偿，剩下的1 800元由企业承担

D.将A、B两段结合起来看，盘亏的2 000元原材料最终由相关责任人赔偿200元，公司承担1 800元

9.【多项选择题】结合下图，下列有关资金运动的表述正确的有（　　）。

A.A段资金运动反映企业发现问题，即反映企业盘盈库存现金800元

B.A段资金运动可以反映两层含义：一是库存现金增加800元，从而确保库存现金账实相符；二是这增加的800元库存现金是从哪里流过来的，暂时不清楚，还要等待处理

C.B段资金运动反映对现金盘盈的处理。盘盈的800元现金属于应付未付的款项，应作为其他应付款处理。如实在无法查明原因，也可直接计入公司的管理费用

D.将A、B两段结合起来看，盘盈的800元库存现金最终应该支付给其他相关人员

10.【判断题】“待处理财产损溢”账户不会出现在企业年末的资产负债表上。（　　）

11.【业务题】甲企业期末进行财产清查，发生以下相关业务：

（1）发现库存现金盘盈500元，原因待查。

（2）发现原材料盘亏2 000元，原因待查。

（3）经查，上述现金盘盈500元，系应付未付给员工张天所致。

（4）企业决定，上述材料盘亏2 000元应由仓库保管人张雪赔偿400元，余额1 600元作为企业的管理费用处理。

要求：画出资金运动流程图，并编制会计分录。

财产清查分析+财产清查举例 11

12.【业务题】乙企业期末进行财产清查，发生以下相关业务：

（1）发现库存现金盘亏1 500元，原因待查。

（2）发现原材料盘盈1 800元，原因待查。

（3）发现盘亏机器设备一台，原值1 000 000元，已提折旧980 000元，原因待查。

财产清查分析+财产清查举例 12

（4）企业决定，上述现金盘亏1 500元应由企业出纳王伟全额赔偿。

（5）企业决定，上述材料盘盈1 800元无法查明原因，全部冲减企业的管理费用。

（6）企业决定，上述盘亏固定资产所造成的损失2万元作为营业外支出处理。

要求：画出资金运动流程图，并编制会计分录。

四、知识点：错账的更正方法与结账

1.【单项选择题】晓泽公司以银行存款30万元采购行政管理部门用汽车一台，针对该业务在记账凭证上编制的会计分录为："借记管理费用，贷记银行存款"，并据以登记入账。针对该错账，应采用的错账更正方法是（　　）。

错账的更正方法与结账 1-7

A.红字更正法　　B.补充登记法

C.划线更正法　　D.使用涂改液修改

2.【单项选择题】记账后，如果发现记账错误是由于记账凭证所列示的会计科目和金额错误引起的，应采用的错账更正方法是（　　）。

A.红字更正法　　B.补充登记法

C.划线更正法　　D.使用涂改液修改

3.【单项选择题】期末根据账簿记录，计算并记录各账户的发生额和期末余额，在会计上称为（　　）。

A.对账　　B.结账　　C.调账　　D.查账

4.【多项选择题】下列（　　）属于结账工作的基本内容。

A.按照权责发生制调整有关账项

B.将各损益类账户的本期发生额结转至"本年利润"账户

C.计算各个账户的本期发生额和期末余额

D.做出结账标志

5.【多项选择题】下列有关错账更正的表述正确的有（　　）。

A.若账簿金额登错了，可以采用划线更正法

B.若记账凭证和账簿都错了，但只是金额记多了，可以采用红字更正法更正

C.若记账凭证和账簿都错了，但只是金额记少了，可以采用蓝字补充法更正

D.若记账凭证和账簿都错了，而且会计科目也错了，可以采用红字更正法更正

6.【多项选择题】红字更正法的方法要点包括（　　）。

A.先用红字填写一张与错误记账凭证完全相同的记账凭证并用红字记账

B.先用红字填写一张与错误原始凭证完全相同的记账凭证并用红字记账

C.再用红字重新填写一张正确的记账凭证，登记入账

D.再用蓝字重新填写一张正确的记账凭证，登记入账

7.【多项选择题】记账后发现记账凭证中应借、应贷会计科目正确，只是金额发生错误，可以采用的错账更正方法有（　　）。

A.红字更正法　　B.补充登记法

C.划线更正法　　D.使用涂改液修改

8.【业务题】甲公司是一家生产性企业，其会计人员张明在对账的过程中发现了如下几项错误：

(1) 甲公司领用材料18 300元生产产品，针对该经济业务编制的会计分录如下(已过账)：

借：库存商品　　18 300

　贷：原材料　　18 300

(2) 甲公司以银行存款10 000元购买了一批原材料，并已验收入库。根据该项购货交易编制的记账凭证是正确的，但在登记“原材料”账户的时候，却将金额错写为100 000元。

错账的更正方法与结账8

(3) 甲公司赊销商品，售价为680 000元，针对该经济业务编制的会计分录如下(已过账)：

借：应收账款　　68 000

　贷：主营业务收入　　68 000

(4) 甲公司以银行存款支付本月电台广告费1 000元，针对该业务编制的会计分录如下（已过账)：

借：销售费用　　10 000

　贷：银行存款　　10 000

针对上述错账，应如何更正？

五、知识点：递延项目的调整+应计项目的调整

1.【单项选择题】根据权责发生制原则，下列可以作为费用计入当期损益的是（　　)。

A.支付的下年度财产保险费　　B.预付的货款

C.采购材料时支付的运杂费　　D.当期的银行借款利息费用

递延项目的调整+应计项目的调整1-5

2.【单项选择题】期末账项调整应遵守的原则是（　　)。

A.会计分期假设　　B.权责发生制

C.会计主体假设　　D.收付实现制

3.【单项选择题】期末企业进行账项调整的前提条件是（　　)。

A.会计分期假设　　B.权责发生制

C.会计主体假设　　D.收付实现制

4.【多项选择题】下列有关递延项目的说法正确的有（　　)。

A.递延项目包括预付费用项目和递延收益项目两大类

B.预付费用项目是指在费用的受益期之前预先支付而形成的跨期项目

C.递延收益项目是指在收入权利形成之前收取货币资金而形成的跨期项目

D.预付费用项目主要包括：预付的房租费、预付的保险费、预付的报刊费、预付的维修费。递延收益项目主要包括：预收的销售款、预收的租金等

5.【多项选择题】下列有关应计项目的说法正确的有（　　)。

A.应计项目包括应计收入项目和应计费用项目

B.应计收入项目是指取得收入的权利已经形成，但在以后的会计期间才收到货币

资金的跨期项目

C.应计费用项目是指费用的责任已经产生，但在以后的会计期间才实际支付货币资金的跨期项目

D.应计收入项目主要是赊销所产生的应收账款。应计费用项目包括：应付的业务招待费、应付的维修费、应付的借款利息、应付的房租费、应付的保险费、应付的税金等

递延项目的调整+应计项目的调整6

6.【计算分析题】甲公司20×9年1月1日相关账户的期初余额及其描述如下：

会计账户	金额（元）	描　述
预付账款	36 000	20×8年12月16日，甲公司以银行存款支付20×9年第一季度的行政办公楼房屋租金36 000元
固定资产	180 000	20×8年12月30日，以银行存款180 000元买入生产设备，预计使用寿命15年，预计净残值为0，按直线法计提折旧
短期借款	480 000	20×9年1月1日，甲公司向银行借入6个月期的短期银行借款480 000元，年利率5%；根据借款协议，该借款到期一次还本付息

根据上述资料分析，甲公司在20×9年1月31日应对哪些账户记录进行期末调整（此处假定以一个月作为一个会计期间）？如何调整？

递延项目的调整+应计项目的调整7（1–7）

7.【综合题】根据晓泽公司10月份发生的下列经济交易与事项，画出资金运动流程图，并编制会计分录：

（1）月初接受投资者追加投资500 000元，款项存入银行。

（2）赊购B材料40 000元，以银行存款支付B材料的采购运杂费1 500元，材料已验收入库。

（3）以银行存款200 000元购买管理部门用客车一台。

（4）企业生产甲产品耗用B材料3 000元，生产乙产品耗用B材料26 000元，生产车间一般性消耗B材料1 000元，管理部门消耗B材料2 000元。

（5）本月发生甲产品的生产工人工资30 000元，乙产品的生产工人工资20 000元，车间管理人员工资8 000元，厂部管理人员工资5 000元。

（6）计提本月固定资产折旧，其中：生产车间的固定资产折旧16 000元，行政管理部门固定资产折旧3 000元。

（7）本月发生制造费用合计为20 000元，按甲、乙两种产品的直接工资费用比例分配制造费用。

（8）本月完工入库乙产品200件，单位生产成本100元，结转产品实际生产成本。

递延项目的调整+应计项目的调整7（8–15）

（9）本期销售乙产品一批，售价为11 000元，货款已存入银行。

（10）按5%的税率计算本期销售乙产品应负担的税金费用（以上述销售收入为计税基础）。

（11）结转上述所售乙产品的成本8 000元。

（12）以现金支付商品展览费500元。

（13）对外销售B材料，售价5 000元，货款尚未收到。

（14）结转上述所售材料的购置成本4 200元。

（15）25日，企业进行财产清查，发现B材料短缺2 700元。月末，经批准转作“管理费用”处理。

8.【综合题】晓泽公司10月1日相关账户的期初余额如下：

会计账户	金额（元）	描述
预收账款	24 000	10月1日，晓泽公司将其一闲置房屋租给Y公司使用，并预收了8个月的租金24 000元（该租金包含本月）
预付账款	24 000	上年年末，晓泽公司以银行存款支付本年报刊订阅费24 000元
短期借款	120 000	9月1日，晓泽公司向银行借入3个月期的短期银行借款120 000元，年利率5%；根据借款协议，该借款到期一次还本付息

此处假定以一个月作为一个会计期间，根据上述资料分析，晓泽公司在10月31日应进行哪些期末账项调整（以会计分录的形式表示）？

9.【综合题】晓泽公司在期末对账的过程中，发现会计人员刘丽针对10月份购置客车的业务，在相关记账凭证上编制的会计分录为“借记管理费用200 000，贷记银行存款200 000”，并据以登记入账。针对这一错误，应如何更正（请指出错账更正方法的名称、具体方法以及必要的会计分录）？如果上述记账错误没有被发现，将会对晓泽公司10月份的资产负债表和利润表造成怎样的影响（假定所得税税率为25%）？

递延项目的调整+应计项目的调整
8-9

第八章　会计报告

一、知识点：会计报表概述

会计报表概述

1.【单项选择题】资产负债表和利润表同属于（　　）。

A.财务状况报表　　B.经营成果报表

C.成本费用报表　　D.对外报表

2.【多项选择题】在我国的会计体系中，企业财务报表体系由（　　）组成的。

A.基本财务报表　　B.附表

C.财务报表附注　　D.财务情况说明书

3.【判断题】企业的财务会计报告分为年度、半年度、季度和月度财务会计报告。（　　）

二、知识点：资产负债表

资产负债表1-5

1.【单项选择题】资产负债表中资产项目的排列次序的依据是（　　）。

A.金额的大小　　B.重要性的大小

C.损耗程度的大小　　D.流动性的大小

2.【单项选择题】资产负债表的“期末余额”栏应根据有关账户的（　　）来编制。

A.本期增加额　　B.本期减少额　　C.期末余额　　D.期初余额

3.【单项选择题】我国资产负债表采用的格式为（　　）。

A.单步报告式　　B.多步报告式　　C.账户式　　D.混合式

4.【单项选择题】资产负债表反映企业（　　）财务状况的会计报表。

A.某一特定时刻　　B.一定时期内

C.某一年份内　　D.某一月份内

5.【单项选择题】不能通过资产负债表了解的会计信息是（　　）。

A.企业流动资产的总额及其构成

B.企业资金的来源渠道和构成

C.企业所掌握的经济资源及其分布情况

D.企业在一定时期内现金的流入和流出信息及现金增减变动的原因

6.【多项选择题】资产负债表本期数据的来源有（　　）。

A.本期资产账户的期末余额

B.本期负债账户的期末余额

C.本期所有者权益账户的期末余额

D.上年年末资产负债表

资产负债表6-12

7.【多项选择题】下列项目中，属于资产负债表中“流动资产”项目的有（　　）。

A.货币资金　　B.预付款项　　C.应收账款　　D.预收款项

8【多项选择题】下列项目中，属于资产负债表中“非流动资产”项目的有（　　）。

A.应收账款　　B.固定资产　　C.存货　　D.无形资产

9.【多项选择题】能够通过资产负债表了解的会计信息有（　　）。

A.企业流动资产的总额及其构成

B.企业资金的来源渠道及其构成

C.企业所掌握的经济资源及其分布

D.企业在一定时期内现金的流入和流出的信息及现金增减变动的原因

10.【判断题】资产负债表是反映企业在一定时期的资产、负债和所有者权益情况的报表。（　　）

11.【判断题】资产负债表中的资产按其流动性的大小可以分为流动资产和长期资产。（　　）

12.【判断题】资产负债表中的负债按其流动性的大小可以分为流动负债和长期负债。（　　）

13.【计算题】目的：练习资产负债表项目的填制。

资料：某企业3月末有关总账科目余额如下：

资产负债表13

（1）“库存现金”科目借方余额980元；

（2）“银行存款”科目借方余额10 258元；

（3）“原材料”科目借方余额18 695元；

（4）“生产成本”科目借方余额489元；

（5）“库存商品”科目借方余额6 589元；

（6）“长期借款”科目贷方余额153 000元，其中，将在一年内到期的为35 000元；

（7）“本年利润”科目贷方余额30 015元；

（8）“利润分配”科目借方余额4 856元。

要求：计算填列资产负债表中“货币资金”、“存货”、“长期借款”和“未分配利润”四个项目的金额。

三、知识点：利润表和现金流量表

1.【单项选择题】现金流量表的编制基础是（　　）。

A.现金　　B.现金及其等价物

C.经营资本　　D.流动资产

利润表和现金流量表1-5

2.【单项选择题】我国利润表采用的格式为（　　）。

A.单步式　　B.多步式

C.账户式　　D.混合式

3.【单项选择题】下列项目中不会影响企业利润总额的是（　　）。

A.税金及附加　　B.营业外支出　　C.管理费用　　D.所得税费用

4.【单项选择题】下列项目中期末余额不一定为零的是（　　）。

A.销售费用　　B.主营业务成本　　C.制造费用　　D.财务费用

5.【多项选择题】利润表提供的信息包括（　　）。

A.实现的营业收入　　B.应交的所得税

C.企业的财务状况　　D.利润或亏损总额

6.【多项选择题】构成营业利润的项目主要有（　　）。

A.营业收入　　B.投资收益

C.税金及附加　　D.营业外收入

利润表和现金流量表6-11

7.【多项选择题】构成净利润的项目主要有（　　）。

A.营业利润　　B.所得税费用

C.预付账款　　D.营业外收入和支出

8.【多项选择题】现金及现金等价物主要包括的内容有（　　）。

A.库存现金　　B.银行存款　　C.其他货币资金　　D.现金等价物

9.【多项选择题】下列项目中期末余额一定为零的有（　　）。

A.其他业务成本　　B.生产成本　　C.主营业务成本　　D.本年利润

10.【判断题】利润表是反映企业月末、季末或年末取得的利润或发生的亏损情况的报表。（　　）

11.【判断题】目前国际上比较普遍的利润表的格式主要有多步式和单步式两种。为简便起见，我国企业利润表采用的是单步式。（　　）

12.【计算题】某企业20×9年10月有关账户的发生额如下：

主营业务收入4 000 000元，其他业务收入300 000元，主营业务成本2 400 000元，其他业务成本120 000元，税金及附加20 000元，管理费用240 000元，销售费用400 000元，财务费用30 000元，投资收益80 000元，营业外收入70 000元，营业外支出40 000元，所得税费用300 000元。

利润表和现金流量表12

要求：编制该企业20×9年10月的利润表

13.【综合分析题】资料：某企业本年度发生以下错误：

（1）将本应该计入制造费用的10万元计入了企业的管理费用，本期所生产的产品尚未完工；

（2）将本应该计入销售费用的5万元计入了企业的制造费用，本期

利润表和现金流量表13（1-4）

所生产的产品已完工，但尚未销售；

（3）将本应该计入制造费用的10万元计入了企业的管理费用，本期所生产的产品全部完工，并已全部对外销售；

（4）将本应该计入生产成本的10万元计入了制造费用；

（5）将本应该计入管理费用的10万元计入了企业的销售费用；

（6）将本应该计入管理费用的10万元计入了企业的营业外支出；

（7）本期生产车间折旧费多提了3万元，该产品已生产完工，但尚未销售；

（8）本期生产车间折旧费多提了3万元，该产品已生产完工，并已对外销售。

利润表和现金流量表13（5-8）

要求：分别分析以上各项错误对企业期末的资产负债表相关项目和本期利润表相关项目的影响，并将分析结果填入下表。企业适用的所得税税率为25%，假设利润不需要调整。（如果增加10万元，就在空格中填+10；如果减少10万元，就在空格中填写-10；如果没有影响则填写0）

题号	资产负债表			利润表		
	流动资产	非流动资产	资产合计	营业利润	利润总额	净利润
（1）						
（2）						
（3）						
（4）						
（5）						
（6）						
（7）						
（8）						

第九章　会计业务循环

知识点：会计循环

1.【单项选择题】账户记录的基础是（　　）。

A.原始凭证　　B.分录记录

C.经济交易　　D.账项调整

会计循环1–5

2.【单项选择题】财务报表编制的主要依据是（　　）的有关信息。

A.账簿记录　　B.原始凭证

C.记账凭证　　D.调整记录

3.【单项选择题】期末进行账项调整主要是为了（　　）。

A.保证会计信息的可比性　　B.正确计算期间损益

C.保证会计信息的可靠性　　D.正确计算应缴纳的所得税

4.【单项选择题】会计循环最重要的产出是（　　）。

A.财务报表　　B.记账凭证　　C.总分类账　　D.明细分类账

5.【单项选择题】在期末编制的试算平衡表中的账户类型是（　　）。

A.总分类账　　B.明细分类账

C.日记账　　D.总分类账和明细分类账

6.【多项选择题】期末应当调整的收入项目包括（　　）。

A.应计未计收入　　B.预付费用摊销

C.递延收入分配　　D.应计未付费用

7.【多项选择题】期末应当调整的费用项目包括（　　）。

A.应计未计收入　　B.预付费用摊销

C.递延收入分配　　D.应计未付费用

会计循环6–12

8.【多项选择题】结账时，应逐一计算各个账户的（　　）。

A.期初余额　　B.本期减少额

C.期末余额　　D.本期增加额

9.【多项选择题】在我国会计实务中，会计信息处理过程包括（　　）。

A.填制记账凭证　　B.编制财务报表

C.登记日记账　　D.登记会计账簿

10.【判断题】在会计循环中，分析完经济交易后，下一步就应该是进行账户记录。（　　）

11.【判断题】期末账项调整时编制的记账凭证没有所附的原始凭证。（　　）

12.【判断题】在我国，记账凭证过入总分类账的方式在所有企业都是一样的。（　　）

13.【简答题】请简述我国企业会计循环的过程。

14.【综合题】

资料：鸿丰有限责任公司内部设置“财务部”负责企业的会计与财务管理工作，熊毅为财务部经理。会计工作岗位设置及分工情况如下：出纳员刘海（负责库存现金、银行存款管理和登记库存现金、银行存款日记账）、记账员王莹（主要负责编制记账凭证等）、记账员李渊（主要负责登记总分类账等）、稽核陈炎（主要负责账目稽核等）。本月（20×9年11月）新分配来一名记账员孙莉，分担了王莹的一部分工作。下列是孙莉于本月编制的记账凭证，尚未根据这些记账凭证登记明细分类账簿。

要求：请指出这些记账凭证中可能存在的问题。

（1）

付款凭证

贷方科目：库存现金　　　　20×9年11月3日　　　　付字第4号

摘　要	借方科目		记账符号	金　额	附件
	总账科目	明细账科目			
发放应付职工工资	应付职工薪酬		√	1 000 000	
合计				1 000 000	张

会计主管：________记账：________出纳：刘海________审核：________制证：王莹

（2）

收款凭证

借方科目：库存现金　　　　20×9年11月3日　　　　收字第5号

摘　要	贷方科目		记账符号	金　额	附件
	总账科目	明细账科目			
从银行提现	银行存款		√	4 000	
合计				4 000	张

会计主管：________记账：________出纳：刘海________审核：________制证：王莹

（3）

付款凭证

贷方科目：银行存款　　　　20×9年12月1日　　　　付字第40号

摘　要	借方科目		记账符号	金　额	附件
	总账科目	明细账科目			
计提生产设备折旧	制造费用		√	5 000	
合计				5 000	张

会计主管：________记账：________出纳：________审核：________制证：王莹

（4）

转 账 凭 证

20×9年12月1日　　　　　　　　　　　　　　转字第36号

摘 要	总账科目	明细账科目	记账符号	借方金额	贷方金额
结转本月已售	生产成本		√	280 000	
产品生产成本	库存商品	A产品	√		120 000
	库存商品	B产品	√		160 000
合计					

附件1张

会计主管：＿＿＿＿　记账：＿＿＿＿　审核：＿＿＿＿　制证：王莹

第十章　会计规范

一、知识点：会计规范体系与会计法

会计规范体系与会计法

1.【单项选择题】我国会计基本法律中对于会计工作最重要的是（　　）。

A.《中华人民共和国公司法》　　B.《中华人民共和国会计法》

C.《中华人民共和国证券法》　　D.《中华人民共和国审计法》

2.【单项选择题】我国企业会计准则是由（　　）所发布。

A.全国人民代表大会常务委员会　　B.国务院

C.财政部　　D.证监会

3.【单项选择题】经济组织或单位的会计责任承担者是（　　）。

A.单位会计人员　　B.财务总监

C.单位负责人或法定代表人　　D.总会计师

4.【单项选择题】第一部《中华人民共和国会计法》是在（　　）年由全国人大常委会通过的。

A.1993　　B.1992　　C.1985　　D.1999

5.【判断题】从事会计工作的人员，必须取得会计从业资格证书。（　　）

6.【判断题】企业会计人员对本企业财务报告的真实性、完整性负责。（　　）

二、知识点：会计准则与会计制度

会计准则与会计制度1-5

1.【单项选择题】我国发布的第一份会计准则《企业会计准则》是在（　　）年发布的。

A.1993　　B.1998　　C.1997　　D.1992

2.【单项选择题】在美国，制定统一会计标准的法定机构是（　　）。

A.证券交易委员会（SEC）　　B.会计师协会（AIA）

C.财务会计准则委员会（FASB）　　D.会计原则委员会（APB）

3.【多项选择题】我国企业会计准则的层次包括（　　）。

A.会计基本准则　　B.会计准则指南

C.会计具体准则　　D.会计准则解释

4.【判断题】会计准则与会计制度的目的都在于规范企业会计行为，但会计制度主要是针对企业的会计确认、计量和报告的行为规范（　　）

5.【简答题】请简述当前我国会计准则和会计制度的关系。

6.【综合题】

资料：法国林特公司总裁率领公司高层代表团到武汉进行考察，参观你所在的公司时对你公司的业务很感兴趣，有意向进行合作。你所在的公司为一家在深圳证券交易所上市的公司。公司领导派你撰写一份中文草稿向林特公司代表团解释我国的会计法规体系。

要求：撰写一份符合公司领导要求的草稿。

综合模拟测试　A卷

一、单项选择题（从备选答案中选出一个正确答案，并将答案写在题前括号内。共10小题，每小题2分，共计20分）

（　　）1.下列各项中，不属于资产要素的是________。

单项选择题1–5

A.预付账款　　　　B.应收账款

C.固定资产　　　　D.预收账款

（　　）2.“累计折旧”账户期初余额10万元，本期借方发生额3万元，本期贷方发生额2万元，则该账户的期末余额为________万元。

A.5　　B.9　　C.11　　D.15

（　　）3.同类企业确认收入应采用相同的标准，所体现的会计信息质量特征是________。

A.可比性　　B.如实反映　　C.相关性　　D.及时性

（　　）4.企业于2024年10月9日预付2025年度财产保险费，按权责发生制核算，该项费用应计入当期损益的会计期间是________。

A.2024年10月　　B.2024年11月　　C.2024年12月　　D.2025年1月至12月

（　　）5.期末“利润分配”账户若有借方余额，则该余额表示________。

A.未分配利润　　　　B.未弥补亏损

C.已分配利润　　　　D.本期实现的净利润

（　　）6.将现金存入银行，一般应编制________。

单项选择题6–10

A.现金付款凭证　　　　B.现金收款凭证

C.银行存款付款凭证　　　　D.银行存款收款凭证

（　　）7.下列账户的明细分类核算，应采用三栏式账页格式的是________。

A.“原材料”　　B.“在途物资”　　C.“库存商品”　　D.“应收账款”

（　　）8.“长期借款”账户期末余额800万元，其中一年内到期应予以偿还的有200万元。则本期期末资产负债表中，“长期借款”项目期末余额应填列的金额是________万元。

A.200　　B.600　　C.800　　D.1 000

（　　）9.借记“在途物资”账户、贷记“应付账款”账户，该账户对应关系所反映的经济业务内容是________。

A.赊购材料未入库　　B.赊购材料已入库

C.购入材料款已付、未入库　　D.购入材料款已付、已入库

（　　）10.某企业本月发生如下业务：收回上月应收账款20万元存入银行；销售产品一批，价款80万元尚未收到；预收货款5万元存入银行。该企业采用权责发生制核算，则该企业本月应确认收入________万元。

A.25　　B.80　　C.100　　D.105

二、多项选择题（从备选答案中选出两个或两个以上的正确答案，并将答案写在题前括号内。共10小题，每小题2分，共计20分）

（　　）1.所有者权益要素的特征有________。

多项选择题1–5

A.通常不需要偿还

B.会导致企业收入增加

C.是所有者对企业资产的剩余权益

D.所有者凭借所有者权益可以参与企业利润的分配

（　　）2.下列应计入“固定资产”价值总额的项目包括________。

A.买价　　B.采购运杂费

C.设备故障修理费　　D.设备改良支出

（　　）3.下列属于会计“初始确认”的有________。

A.将所购小汽车作为“固定资产”确认

B.将一年内到期的长期借款归类于资产负债表的流动负债

C.将“应收账款”明细账的贷方余额列示于资产负债表的“预收款项”中

D.未对收取客户采购订单（尚未发货收款）的经济事项进行会计处理

（　　）4.会计主体可以是________。

A.股份有限公司　　B.分公司

C.个人独资企业　　D.企业生产部门

（　　）5.下列各项中，符合“稳健性”会计信息质量特征的有________。

A.因企业已实现的利润超过预期，而对厂房大幅计提减值准备

B.对无形资产计提减值准备

C.对交易性金融资产采用公允价值计量

D.将应收账款减去坏账准备之后的净额列示于资产负债表中

（　　）6.下列项目中，适用发函询证进行财产清查的有________。

A.库存现金　　B.固定资产

C.应付账款　　D.应收账款

（　　）7.财产物资账面结存的方法采用“定期盘存制”时，平时在账簿中________。

多项选择题6–10

A.登记财产物资的增加数　　B.登记财产物资的减少数

C.不登记财产物资的增加数　　D.不登记财产物资的减少数

(　　) 8.账簿记录的核对包括________。

A.账证核对　　B.账表核对

C.账账核对　　D.账实核对

(　　) 9.关于借贷记账法的表述正确的有________。

A.以“借”和“贷”作为记账符号

B.账户的基本结构为左借右贷，借方登记增加数，贷方登记减少数

C.按“有借必有贷，借贷必相等”的记账规则记账，其结果是每个账户的借、贷方发生额相等

D.在借贷记账法下，即使存在“发生额平衡”和“余额平衡”，账户记录仍可能有错误

(　　) 10.下列错账，应采用红字更正法进行更正的有________。

A.针对计提车间管理人员本月工资10万元的经济业务，在记账凭证上编制的会计分录为“借记管理费用10万元，贷记应付职工薪酬10万元”，并据以登账

B.针对收回前期赊销款298万元的经济业务，在记账凭证上编制的会计分录为“借记银行存款298万元，贷记应收账款298万元”，登记银行存款账户时，将金额记为“289万元”

C.针对确认产品现销收入200万元的经济业务，在记账凭证上编制的会计分录为“借记银行存款2 000万元，贷记主营业务收入2 000万元”，并据以登账

D.针对确认产品销售成本160万元的经济业务，在记账凭证上编制的会计分录为“借记主营业务成本16万元，贷记库存商品16万元”，并据以登账

三、判断题（用“√”表示正确，“×”表示错误，请将答案符号写在题前括号内。共5小题，每小题2分，共计10分）

(　　) 1.现值是指对未来现金流量以恰当的折现率进行折现后的价值，是不考虑货币时间价值的一种计量属性。

(　　) 2.一般来讲，企业出售固定资产的净收益属于其他业务收入。

判断题

(　　) 3.根据财务报表列报的有关规定，重要的会计信息应在财务报表中单独列报，不重要的会计信息不需在财务报表中列报，只需要在附注中披露即可。

(　　) 4.根据及时性原则，上市公司的年度财务报告可以在年度终了后6个月内对外披露。

(　　) 5.现金流量表是反映一定时点现金及现金等价物所产生影响的财务报表，用来揭示企业经营活动、投资活动和筹资活动所引起的各种现金流入、现金流出与现金净流量情况。

四、计算题（要求列示计算过程，共2小题，每小题10分，共计20分）

1.蓝天公司对某库存商品采用永续盘存制进行核算。20×7年4月1日，该商品的结存数量为100件，单位成本5元。当月该商品的收入、发出和结存情况如下：

计算题1

5日购进100件，单位成本6元。

9日销售50件。

15日购进250件，单位成本7元。

20日销售200件。

22日购进100件，单位成本8元。

25日销售50件。

要求：分别按照后进先出法、全月一次加权平均法计算当月该商品的发货成本和月末存货成本。（计算加权平均单位成本时，请四舍五入保留小数点后2位）（10分）

2.南湖公司一台设备原值152 000元，预计残值为3 000元，预计清理费用为1 000元，预计可使用5年。

要求：

（1）按双倍余额递减法计算该设备各年的折旧额。（7分）

计算题2

（2）如果南湖公司在第3年年末（计提3年折旧后）以50 000元的价格将该设备出售，则由于出售该设备实现的损益是多少？（不考虑相关税费）（3分）

五、综合题（共计30分）

1.阳光股份有限公司会计主管让来该单位实习的小王试编的20×7年10月末的月度资产负债表如下：

综合题1

资产负债表

编制单位：阳光股份有限公司　　20×7年10月31日　　单位：人民币万元

资产	金额	负债及所有者权益	金额
银行存款	1 100	负债：	
其他货币资金	20	应收账款	100
库存商品	800	预付账款	85
销售费用	100	营业收入	60
机器设备	1 600	应付职工薪酬	200
9个月期银行贷款	70	投资收益	50
厂房	9 000	所有者权益：	
原材料	200	股本	12 395
资产总计	12 890	负债及所有者权益总计	12 890

上表中除了所有者权益项目的金额、合计栏金额错误外，其他项目金额均正确。此外，也无其他所有者权益项目。请对上述资产负债表进行修正，并将相关报表项目和金额列示于下表中。（4分）

资产负债表

编制单位：阳光股份有限公司　　20×7年10月31日　　单位：人民币万元

资产	金额	负债及所有者权益	金额
		负债：	
		所有者权益：	
资产总计		负债及所有者权益总计	

2. 阳光股份有限公司20×7年12月发生如下经济业务，请分别编制会计分录。（26分）

综合题2（1-7）

（1）1日，以3.8元/股的价格发行A股股票2 000万股，该股票面值为1元/股。根据协议，阳光公司向代理发行股票的券商支付100万元手续费。所筹资金已存入银行。（2分）

（2）6日，从东方公司购买A、B两种材料。其中，A材料50千克，单价0.48万元，B材料80千克，单价0.1万元。在采购过程中，发生两种材料的运输费共计0.64万元（按买价总额的比例在两种材料之间分配），B材料的运输保险费为0.03万元。上述款项，阳光公司均已开出转账支票支付，材料于当日验收入库。（2分）

（3）12日，生产车间一般性消耗B材料20万元。（2分）

（4）预付下一年度生产设备的租金12万元。（2分）

（5）20日，因拖延纳税时间被税务部门罚款0.3万元，该罚款已于当日用现金支付。（2分）

（6）摊销本月应负担的厂部财产保险费1万元。（2分）

（7）31日，结算本月职工薪酬。其中，甲产品和乙产品生产工人职工薪酬分别为56万元和18万元，车间管理人员职工薪酬为4万元。（2分）

综合题2（8-13）

（8）31日，归集和分配结转制造费用。本月发生的制造费用总额为68万元，按照甲、乙产品机器工时比例3∶1分配。（2分）

（9）31日，向硕丰公司销售乙产品120件，销售单价为0.8万元。其中32万元货款已于上月收取，余款待收。所售乙产品的成本为70万元。（2分）

（10）31日，收到市政府的专项补贴款30万元。（2分）

（11）31日，计提本月应缴纳的消费税3万元。（2分）

（12）31日，计提本月固定资产折旧10万元，其中，生产车间固定资产折旧6万元，行政管理部门固定资产折旧4万元。（2分）

（13）31日，根据利润分配方案，提取法定盈余公积36万元，提取任意盈余公积72万元，宣告分配现金股利100万元。（2分）

综合模拟测试　B卷

一、单项选择题（从备选答案中选出一个正确答案，并将答案写在题前括号内。共10小题，每小题2分，共计20分）

（　　）1.下列各项中，不属于负债要素的是________。

A.应付账款　　B.预付账款

C.应付利息　　D.应付债券

单项选择题1-5

（　　）2.下列关于收入类账户表述正确的是________。

A.借方表示增加　　B.贷方表示增加

C.期初余额在借方　　D.期末余额在贷方

（　　）3.财务报表必须在规定期限内对外报送，体现的会计信息质量特征是________。

A.重要性　　B.及时性　　C.相关性　　D.可理解性

（　　）4.根据权责发生制原则，下列可作为费用计入当期损益的是________。

A.支付下一年度财产保险费

B.预付的货款

C.采购材料时支付的运杂费

D.当期应付而未付的银行借款利息费用

（　　）5.下列账户中，期末余额在贷方的是________。

A.生产成本　　B.库存商品

C.管理费用　　D.短期借款

（　　）6.下列各项中，不属于原始凭证审核内容的是________。

A.会计科目使用是否正确

B.凭证反映的内容是否真实

C.凭证基本要素的填写是否齐全

D.凭证中金额的计算和填写是否正确

单项选择题6-10

（　　）7.下列账户的明细核算，适宜采用数量金额式账页格式的是________。

A.应付账款　　B.财务费用　　C.库存商品　　D.其他业务收入

（　　）8.资产负债表中“货币资金”项目填列的依据是________。

A.“库存现金”账户期末余额

B.“银行存款”账户期末余额

C.“其他货币资金”账户期末余额

D.“库存现金”“银行存款”“其他货币资金”账户期末余额之和

（　　）9.下列与采购材料相关的各项支出中，不应计入材料采购成本的是________。

A.材料买价　　B.采购员的差旅费

C.材料运输途中的保险费　　D.材料运输途中的包装费

（　　）10.本月预收货款20万元；另出售产品一批，售价80万元，其中35万元已收到现款。若采用收付实现制，本月应确认收入________万元。

A.20　　B.45　　C.55　　D.80

二、多项选择题（从备选答案中选出两个或两个以上的正确答案，并将答案写在题前括号内。共10小题，每小题2分，共计20分）

多项选择题1–5

（　　）1.下列关于费用要素的表述正确的有________。

A.费用是企业经济利益的总流出，而不是净流出

B.企业发生费用的同时，必定减少相应的资产

C.费用必须源于企业的日常活动

D.企业在当期发生的费用必然会小于其当期实现的收入

（　　）2.通过试算平衡不能发现的错账有________。

A.漏记某笔交易的错误　　B.重复记账的错误

C.借贷方向相反的错账　　D.记账方向正确，但会计科目使用错误

（　　）3.下列属于会计“再确认”的有________。

A.针对赊销业务确认主营业务收入

B.以“库存现金”、“银行存款”和“其他货币资金”总账的合计数作为资产负债表的“货币资金”项目列示

C.将“应付账款”明细账的借方余额列示于资产负债表的“预付款项”中

D.在会计期末确认应由本期承担的房租费用

（　　）4.下列做法中，不违背“可比性”会计信息质量特征的有________。

A.为调节利润，将发出存货计价方法由后进先出法改为先进先出法

B.因客户的财务状况好转，将其坏账准备的认定由该项应收账款余额的30%降为15%

C.因执行新企业会计准则，对短期股票投资由成本计量改为公允价值计量

D.为体现设备技术更新速度快的特征，将其折旧方法由年限平均法改为年数总和法

（　　）5.应记入“待处理财产损溢”账户借方的是________。

A.盘亏的财产物资数额

B.盘盈财产物资的转销数额

C.盘盈的财产物资数额

D.盘亏财产物资的转销数额

（　　）6.下列关于永续盘存制的表述中，正确的有________。

多项选择题6-10

A.可以简化日常核算工作

B.存货核算的工作量大

C.便于随时掌握存货的占用情况

D.有利于加强对存货的管理和控制

（　　）7.下列关于结账的表述，正确的有________。

A.结账工作在会计期末进行

B.一般采用划线结账法

C.结账可分为月结、季结和年结

D.结账前应将本期发生的经济业务全部登记入账

（　　）8.下列关于负债的表述正确的有________。

A.负债可以是短期的，也可以是长期的

B.负债可能产生于企业内部事项，也可能源于企业和外部的交易

C.企业负债的形成原因是企业获得了资产

D.企业的负债都会有明确的偿还期限要求

（　　）9.在借贷记账法下，账户的借方登记________。

A.所有者权益的增加数　　B.费用的增加数

C.收入、利润的减少或结转数　　D.费用的减少或结转数

（　　）10.错账更正时，红字更正法的适用范围有________。

A.记账凭证中会计科目或借贷方向错误，导致账簿记录错误

B.记账凭证正确，登记账簿时发生文字或数字错误

C.记账凭证中会计科目或借贷方向正确，所记金额大于应记金额，导致账簿记录错误

D.记账凭证中会计科目或借贷方向正确，所记金额小于应记金额，导致账簿记录错误

三、判断题（用“√”表示正确，“×”表示错误，请将答案符号写在题前括号内。共5小题，每小题2分，共计10分）

（　　）1.可变现净值通常应用于固定资产减值情况下的后续计量。

（　　）2.利润是企业在日常活动中取得的经营成果，因此它不应包括企业在偶发事件中产生的利得和损失。

（　　）3.资产负债表是总括反映企业在一定时期内财务状况的动态报表。

判断题

（　　）4.任何经济业务的发生，均不会破坏会计方程式的平衡关系。

（　　）5.财务会计主要是为企业内部的信息使用者提供决策有用信息。

四、计算题（要求列示计算过程，共2小题，每小题10分，共计20分）

1.白云公司对某库存商品采用永续盘存制进行核算。2024年4月1日，该商品的结存数量为100件，单位成本5元。当月该商品的收入、发出和结存情况如下：

计算题1

5日购进100件，单位成本7元。

9日销售50件。

15日购进250件，单位成本6元。

20日销售200件。

22日购进100件，单位成本8元。

25日销售50件。

要求：根据上述资料，请分别采用先进先出法、全月一次加权平均法计算4月份该商品的销货成本和期末结存成本。（计算加权平均单位成本时，四舍五入，保留小数点后2位）（10分）

2.西湖公司拥有一台设备，原值为152 000元，预计残值为3 000元，预计清理费用为1 000元，预计可使用5年。

要求：

（1）按年数总和法计算该设备各年的折旧额。（8分）

计算题2

（2）如果西湖公司在第3年年末（计提3年折旧后）以50 000元的价格将该设备出售，则由于出售该设备实现的损益是多少？（不考虑相关税费）（2分）

五、综合题（共计30分）

1.天使股份有限公司2024年5月初的资产余额为10 000万元，负债余额为3 000万元。该公司5月份发生如下经济业务：

（1）收到汉口公司上月末支付的购货款50万元。

（2）购买生产设备一台，总价款30万元，以银行存款付清。

综合题1

（3）大洋公司以专利权追加投资，专利权评估价1 300万元。

（4）预付第三季度生产设备租金30万元。

（5）购入长阳公司股票10万股，共计80万元。

（6）向股东分派2020年度现金股利500万元。

要求：假设该公司5月末所有者权益总额为8 500万元，请推算公司5月份实现的利润为多少？（不考虑其他因素）（4分）

2.天使股份有限公司2024年12月发生如下经济业务，请分别编制会计分录。（26分）

综合题2（1–7）

（1）向建设银行借入一年期借款50万元，款项已存入银行。（2分）

（2）向大众公司购买原材料，总价款30万元，签发无息银行承兑汇票，原材料

尚在采购途中。此外，向银行交纳承兑手续费12元。（2分）

（3）预付下一年度生产设备的租金24万元。（2分）

（4）摊销应由本期负担的行政管理部门的财产保险费3万元。（2分）

（5）生产车间为生产A产品，领用甲材料10万元。（2分）

（6）计提本月固定资产折旧10万元，其中，生产车间固定资产折旧6万元，公司管理部门固定资产折旧2万元，专设销售机构固定资产折旧2万元。（2分）

（7）以银行存款支付本年度厂部办公用房屋租金24万元，其中，前11个月已预提22万元。（2分）

（8）销售B产品一批，价款20万元，款项尚未收到。该批产品的生产成本为8万元。（2分）

（9）接开户银行通知，签发的银行承兑汇票到期，总价款30万元已经支付给大众公司。（2分）

综合题2（8-13）

（10）接到仓库通知，向大众公司所购原材料已经验收入库，价款30万元。（2分）

（11）预提本月应负担的短期借款利息3万元。（2分）

（12）月末，归集和分配本月制造费用10万元。制造费用按照A、B产品的生产工时分配，A产品生产工时200个，B产品生产工时300个。（2分）

（13）月末，对各损益类账户进行结转。（2分）

综合模拟测试　C卷

一、单项选择题（共10题，每题2分，共计20分）

1.收入是指企业在销售商品、提供劳务以及让渡资产使用权等日常活动中所形成的（　　）的总流入。

A.货币资金　　　　B.经济利益

C.财产　　　　D.资产或劳务

2.下列项目中不属于会计确认的是（　　）。

A.稳健性　　　　B.可计量性

C.相关性　　　　D.符合某一个要素的定义

3.下列表述没有反映“重要型”质量特征的是（　　）。

A.重要性的判断标准是漏报或错报是否会影响使用者的决策

B.对重要性的判断需要发挥职业判断能力

C.需要从项目性质和数量金额两个方面考虑，在很多情况下，数量比性质更重要

D.重要性意味着某些不重要的事项可以简化处理

4.与货币资金无关的业务，应填制的记账凭证是（　　）。

A.收款凭证　　　　B.付款凭证

C.转账凭证　　　　D.原始凭证

5.“管理费用”明细账一般采用的账页格式是（　　）。

A.三栏式　　　　B.多栏式

C.数量金额式　　　　D.订本式

6.记账后，如果发现记账错误是由于记账凭证所列示的会计科目和金额错误引起的，则应采用的错账更正方法是（　　）。

A.红字更正法　　　　B.补充登记法

C.划线更正法　　　　D.使用涂改液修改

7.下列项目中，不属于会计假设的是（　　）。

A.会计主体假设　　　　B.持续经营假设

C.历史成本假设　　　　D.会计分期假设

8.下列项目中，不属于会计账簿核对的是（　　）。

A.账证核对　　　　B.账表核对

C.账账核对　　　　D.账实核对

9.资产负债表反映企业（　　）财务状况的会计报表。

A.某一特定时刻　　　　B.一定时期内

C.某一年度内　　　　D.某一月份内

10.《中华人民共和国会计法》是由（　　）颁布的。

A.国务院　　　　B.证监会

C.全国人大常务委员会　　　　D.财政部

二、计算题（共2题，第1题12分，第2题6分，共计18分）

1.明德公司20×8年7月发生下列经济业务：

（1）12日，销售产品200 000元，其中160 000元于本日收存银行，3万元已于6月28日预收，余下10 000元将于9月收回；

（2）19日，预收A公司购货款60 000元，款项已存入银行，下月交货；

（3）21日，用银行存款支付第二季度（4月至6月）管理部门房租45 000元；

（4）25日，用银行存款支付上月份借款利息30 000元；

（5）28日，用银行存款支付下半年的管理部门用房租60 000元（本月应分担10 000元）；

（6）30日，用银行存款支付当月管理部门水电费40 000元。

要求：按收付实现制和权责发生制计算该公司7月份收入、费用，并将结果填入下表。（每小题2分，共计12分）

收付实现制与权责发生制的比较　　　　单位：元

交易序号	收付实现制		权责发生制	
	收入	费用	收入	费用
（1）				
（2）				
（3）				
（4）				
（5）				
（6）				

2.公司某设备原值100 000元，预计净残值为4 000元，预计可使用5年。

要求：按年数总和法计算各年应计提的折旧费用。（应计折旧总额1分，各年折旧费各1分，共计6分）

三、业务题（共5小题。第1、2小题各10分；第3、4小题各11分，第5小题6分，共计48分）

1. 下图是甲企业购买某一笔材料的资金流程图。

要求：

（1）结合图中的资金流量，解释A段、B段、C段、D段资金运动所反映的经济业务；（8分）

（2）针对B段运动所反映的经济业务，编制相应的会计分录。（2分）

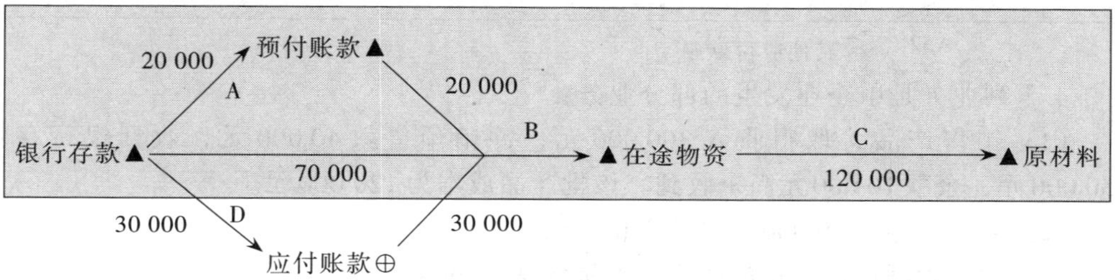

2. 下图是甲企业短期借款业务所引起的资金运动。

要求：

（1）结合图中的资金流量，解释A段、B段、C段资金运动所反映的经济业务；（6分）

（2）如果本期的利息费用在本期支付的话，画出该资金运动流程图，并编制相应的会计分录。（4分）

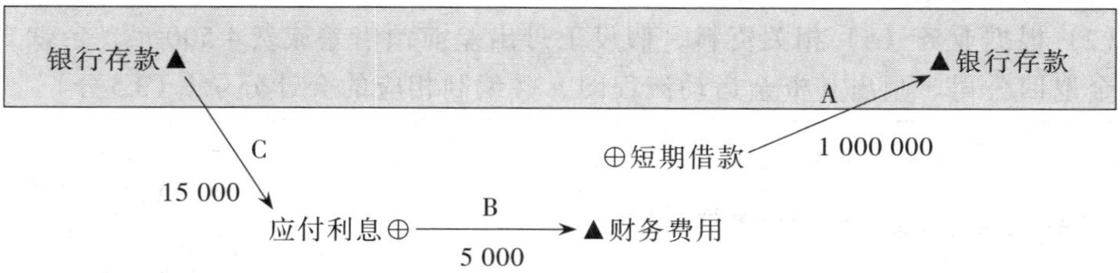

3. 下列业务是甲企业本月生产车间发生的部分业务：

（1）领用材料300 000元，产品耗用299 000元，车间一般耗费1 000元。

（2）计提本月生产车间固定资产折旧120 000元。

（3）以银行存款支付生产车间人员工资400 000元。

（4）产品生产完工入库，其成本为1 000 000元。

（5）以银行存款支付车间设备维修费12 000元，该维修费已预提。

要求：

（1）将上述业务所发生的资金量填入相应的资金运动流程中；（7.5分）

（2）根据业务（5）相关资料，假设维修费的支出分别是原材料耗用8 000元，以银行存款直接从市场上购买修理材料3 000元，本单位人工费1 000元（未支付）。画出其资金运动流程图，并编制相应的会计分录。（3.5分）

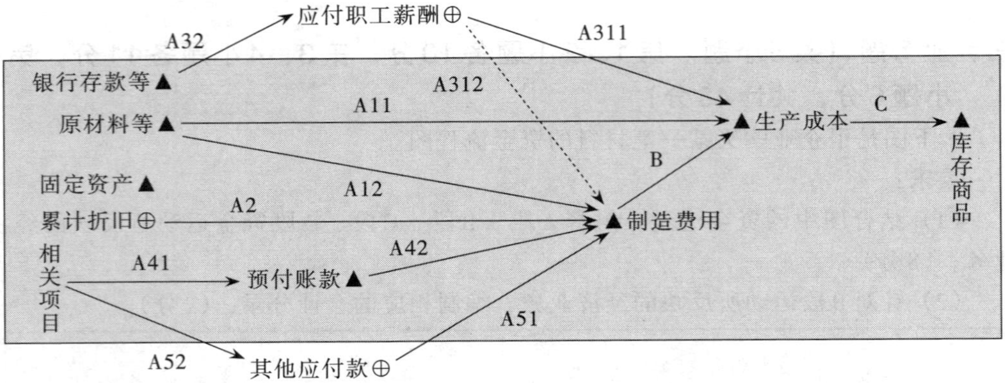

4.下列业务是甲企业发生的部分业务：

（1）销售产品，取得收入300 000元，冲销预售款40 000元，收到银行存款250 000元，余款10 000元尚未收到。该批产品成本为120 000元。

（2）以银行存款50 000元对外无偿捐赠。

（3）预提管理部门使用的固定资产维修费10 000元。

（4）企业本月税前利润2 000 000元，假设与税务利润一致。计提本月应交所得税，所得税税率为25%

（5）销售部门工作人员王丹报销差旅费4 000元，其未借支差旅费，出纳以现金支票支付。

要求：

（1）将上述业务所发生的资金量填入相应的资金运动流程中；（7.5分）

（2）根据业务（5）相关资料，假设王丹出差前预借差旅费4 500元，余款500元以现金退回公司。画出其资金运动流程图，并编制相应的会计分录。（3.5分）

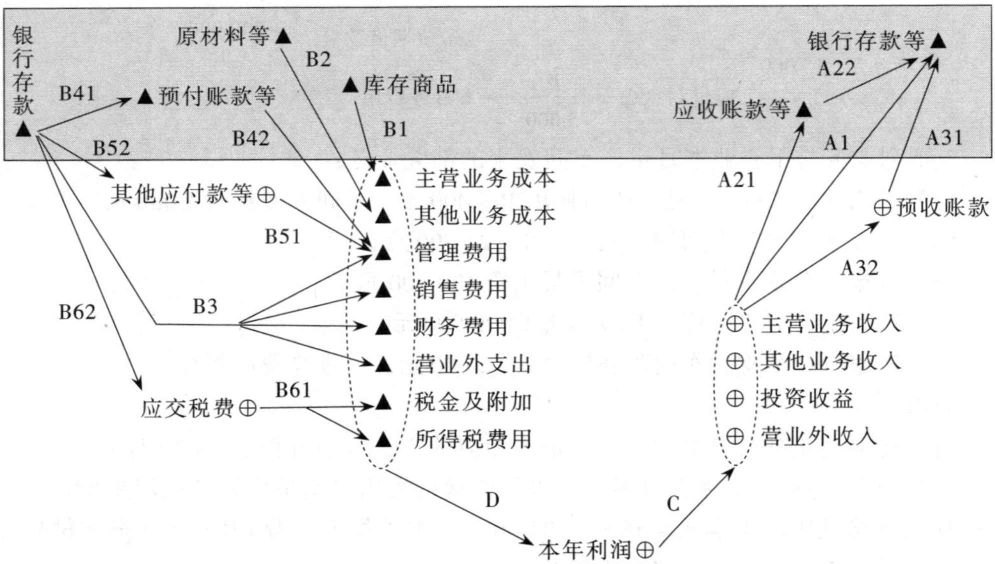

5.甲企业发生下列业务，要求画出资金运动流程图，并编制会计分录。(每小题3分，画图2分，会计分录1分，共计6分)

(1) 甲企业接受乙企业以银行存款投资1 200 000元，占甲企业注册资本的10 000 000元的10%。

(2) 甲企业进行财产清查，发现盘亏原材料3 000元，原因待查。

四、简答题（共1题，计6分）

在借贷记账法下，为什么“有借必有贷、借贷必相等”？

五、案例分析题（共1题，计8分）

某企业本年度发生以下账务处理错误：

(1) 将本应该计入制造费用的30 000元计入了企业的管理费用，本期所生产的产品尚未完工；

(2) 将本应该计入制造费用的10 000元计入了企业的管理费用，本期所生产的产品全部完工，并已全部对外销售；

(3) 将本应该计入管理费用的50 000元计入了企业的营业外支出；

(4) 本期生产车间折旧费多提了60 000元，该产品已完工，但尚未销售。

要求：

结合生产环节和销售环节资金运动流程图，分别分析以上各项错误对企业年末的资产负债表相关项目和本年利润表相关项目的影响，并将分析结果填入下面的“账务处理错误影响分析表”。企业所得税税率为25%，假设利润不需要调整。如金额增加10万元，则用“+10”反映；如金额减少10万元，则用“-10”反映；如没有影响，则填写0。(每小题2分)

生产环节资金流程图如下：

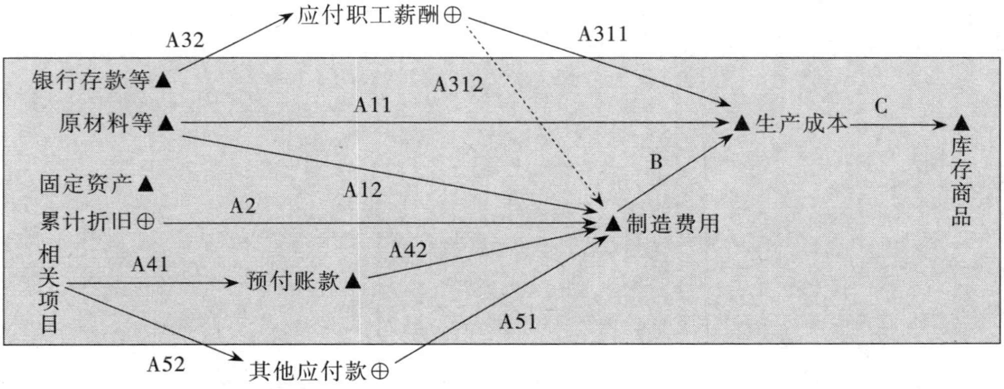

销售环节资金流程图如下：

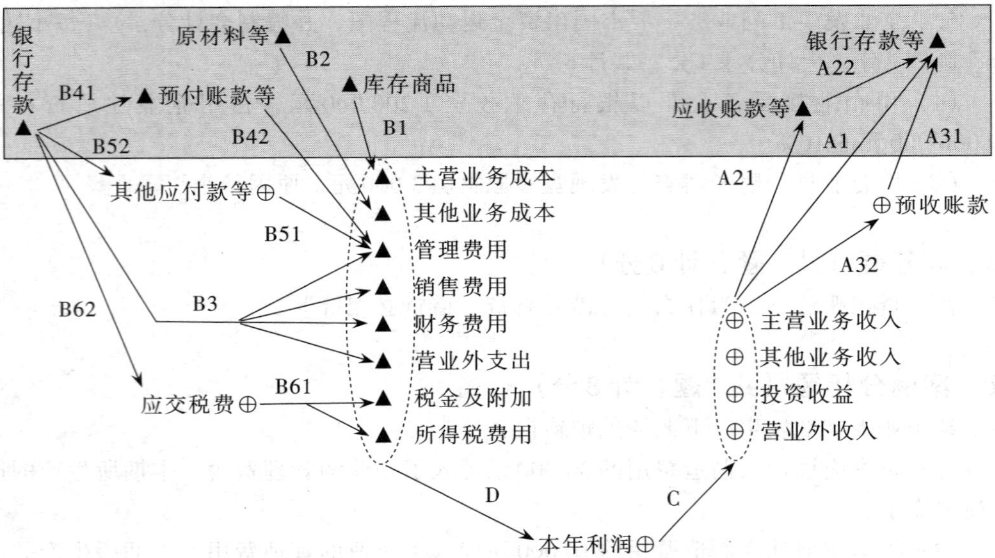

账务处理错误影响分析表 （单位：万元）

题号	资产负债表			利润表		
	流动资产	非流动资产	资产合计	营业利润	利润总额	净利润
（1）						
（2）						
（3）						
（4）						

综合模拟测试　D卷

一、单项选择题（共10题，每题2分，共计20分）

1. 下列有关信息质量特征的表述正确的是（　　）。

A. 稳健性原则允许企业设立秘密准备金

B. 实质重于形式要求企业只看经济实质，不看交易或事项的法律形式

C. 可靠性原则要求企业所提供的会计信息应真实地表述客观存在的经济事实，不偏不倚

D. 相关性原则主要包括可核性、反映真实性和中立性等三个方面

2. 费用是指企业为销售商品、提供劳务等（　　）所发生的经济利益流出。

A. 经营活动　　B. 日常活动

C. 偶发活动　　D. 正常活动

3. 下列有关所有者权益表述不正确的是（　　）。

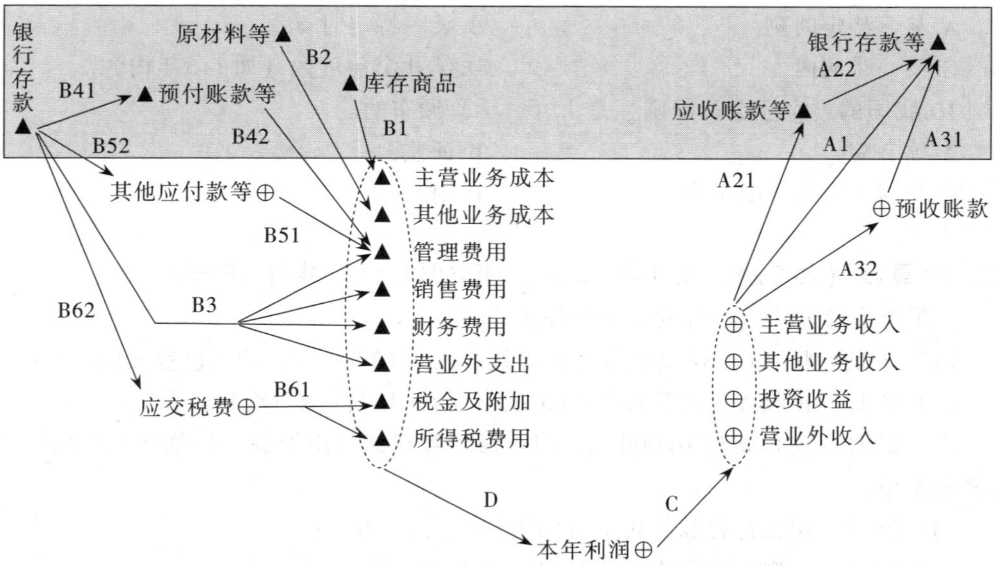

A. 所有者权益是所有者对公司净资产的要求权

B. 在本金归还上，所有者权益优先于负债

C. 有时候，所有者权益与净资产是可以混合使用的

D.所有者权益代表一种剩余权益

4.与货币资金无关的业务，应填制的记账凭证是（　　）。

A.收款凭证　　B.付款凭证

C.转账凭证　　D.原始凭证

5.“库存商品”明细账一般采用的账页格式是（　　）。

A.三栏式　　B.多栏式

C.数量金额式　　D.订本式

6.明德公司以银行存款20万元采购销售部门用汽车一台，针对该业务在记账凭证上编制的会计分录为：“借记销售费用，贷记银行存款”，公司据以登记入账。针对该错账，应采用的错账更正方法是（　　）。

A.红字更正法　　B.补充登记法

C.划线更正法　　D.使用涂改液修改

7.下列项目中，属于动态会计要素的是（　　）。

A.资产　　B.负债

C.所有者权益　　D.收入

8.下列项目中，不属于会计账簿核对的是（　　）。

A.账证核对　　B.账表核对

C.账账核对　　D.账实核对

9.利润表反映企业（　　）财务状况的会计报表。

A.某一特定时刻　　B.某一特定时点

C.某一时期内　　D.某几个年度内（如3~5年内）

10.我国的《企业会计准则》是由（　　）颁布的。

A.国务院　　B.证监会

C.全国人大常务委员会　　D.财政部

二、计算题（共2题，第1题12分，第2题6分，共计18分）

1.明德公司20×8年7月发生下列经济业务：

（1）16日，收到6月份提供劳务所确认的收入10 000元，款项已存入银行；

（2）19日，预收A公司购货款60 000元，存入银行，8月交货；

（3）23日，支付费用10 000元，用于修理管理部门用设备，该款项8月3日支付给修理单位；

（4）25日，用银行存款支付上月的借款利息1 000元；

（5）30日，用银行存款支付当月水电费40 000元；

（6）31日，分摊年初已预付的保险费2 000元。

要求：按收付实现制和权责发生制计算该公司7月份的收入、费用，并将结果填入下表。(每小题2分，共计12分)

收付实现制与权责发生制的比较　　单位：元

交易序号	收付实现制		权责发生制	
	收入	费用	收入	费用
（1）				
（2）				
（3）				
（4）				
（5）				
（6）				

2.甲公司20×8年8月初结存A商品1 000件，单位成本8元。甲公司对该商品采用永续盘存制进行核算，8月A商品的购入和发出情况如下：（1）5日购入3 000件，单位成本9元；（2）10日发出3 500件；（3）20日购入2 000件，单位成本10元；（4）25日发出2 000件。

要求：按先进先出法计算A商品20×8年8月的发出成本（4分）和8月末的结存成本（2分）。

三、业务题（共5小题。第1、2小题各10分；第3、4小题各11分，第5小题6分，共计48分）

1.下图是甲企业购买一批材料的资金流程图。

要求：

（1）结合图中的资金流量，解释A段、B段、C段、D段资金运动所反映的经济业务；（8分）

（2）针对D段运动所反映的经济业务，编制相应的会计分录。（2分）

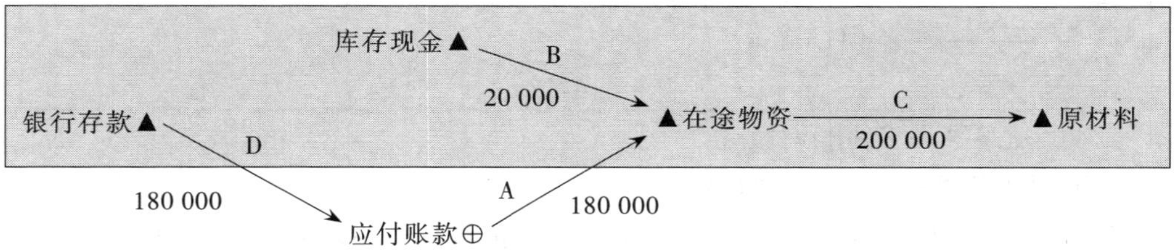

2.下图是甲企业某年利润分配业务所引起的资金运动。

要求：

（1）结合图中的资金流量，解释A段、B段、C段、D段资金运动所反映的经济业务；（8分）

（2）针对D段运动所反映的经济业务，编制相应的会计分录。（2分）

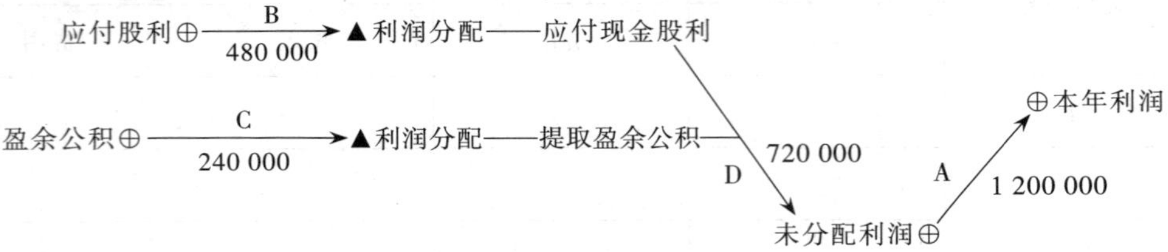

3.下列业务是甲企业本月生产车间发生的部分业务：

（1）领用材料200 000元，产品耗用198 000元，车间一般耗费2 000元。

（2）计提本月生产车间固定资产折旧100 000元。

（3）计提本月生产车间薪酬250 000元，其中生产工人薪酬230 000元，车间管理人员薪酬20 000元。

（4）预提本月生产车间固定资产维修费13 000元。

（5）产品生产完工入库，其成本为800 000元。

要求：

（1）将上述业务所发生的资金量填入相应的资金运动流程中；（7.5分）

（2）假设本月再无其他与材料投入、人工投入相关的业务，而且生产成本、制造费用项目期初没有余额，期末也没有余额。请计算本月制造费用项目的发生额，并将该制造费用进行结转，将结转金额填入相应的资金运动的流程中，同时编制结转的会计分录。（3.5分）

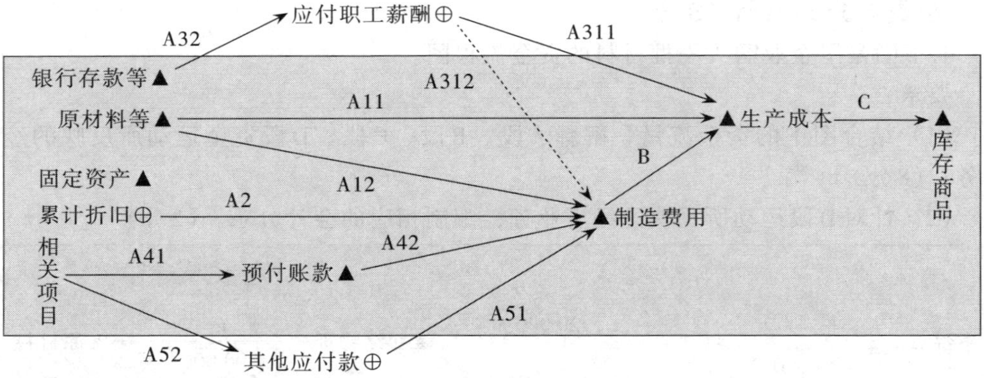

4.下列业务是甲企业发生的部分业务：

（1）销售产品，取得收入200 000元，冲销预售款40 000元，货款尚未收到。该批产品成本为110 000元。

（2）销售材料，取得收入30 000元，款项已存入银行，其成本为20 000元。

（3）以银行存款预付下一季度管理部门租用的固定资产租金60 000元。

（4）计提本月应承担的产品消费税20 000元。

（5）以现金支票支付本月管理部门的业务招待费3 000元。

（6）将本月所实现的收入全部结转本年利润，其中主营业务收入3 000 000元，其他业务收入300 000元，营业外收入60 000元，投资收益100 000元。

要求：

（1）将上述业务所发生的资金量填入相应的资金运动流程中；（9分）

（2）针对上面的第（6）题，编制相应的会计分录。（2分）

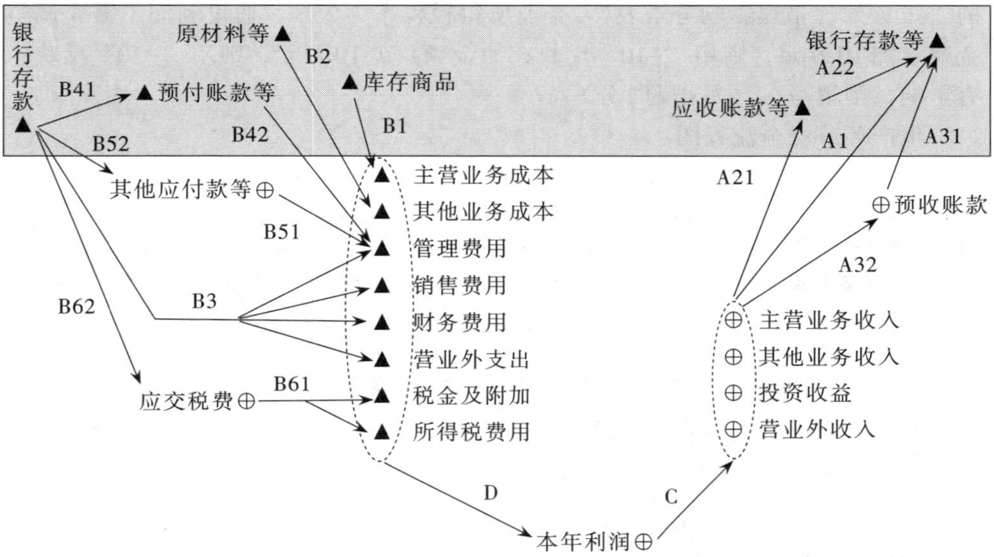

5.企业发生下列业务，要求画出资金运动流程图，并编制会计分录。（每小题3分，画图2分，写会计分录1分，共计6分）

（1）甲企业接受乙企业投资1 200 000元，其中货币资金700 000元，机器设备价值500 000元。

（2）甲企业对已发现的盘亏进行处理，其中责任人张正应赔偿2 000元，剩下的18 000元由公司承担，计入公司管理费用。

四、简答题（共1题，计6分）

在复式记账法下，为什么必须在两个或两个以上的账户进行记录？

五、案例分析题（共1题，计8分）

某企业本年度发生以下账务处理错误：

（1）将本应该计入管理费用的60 000元计入了企业的制造费用，本期所生产的产品尚未完工；

（2）将本应该计入管理费用的30 000元计入了企业的制造费用，本期所生产的产品全部完工，并已全部对外销售；

（3）将本应该计入销售费用的80 000元计入了企业的管理费用；

（4）本期生产车间折旧费多提了40 000元，该产品已生产完工，并已对外销售。

要求：

结合生产环节和销售环节资金运动流程图，分别分析以上各项账务处理错误对企业年末的资产负债表相关项目和本年利润表相关项目的影响，并将分析结果填入下面的“账务处理错误影响分析表”。企业所得税税率为25%，假设利润不需要调整。如金额增加10万元，则用“+10”反映；如金额减少10万元，则用“-10”反映；如没有影响，则填写0。（每小题2分）

生产环节资金流程图：

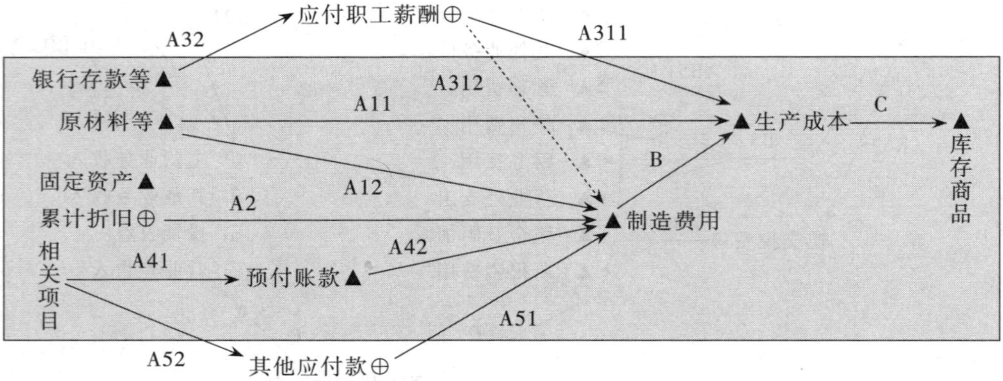

销售环节资金流程图：

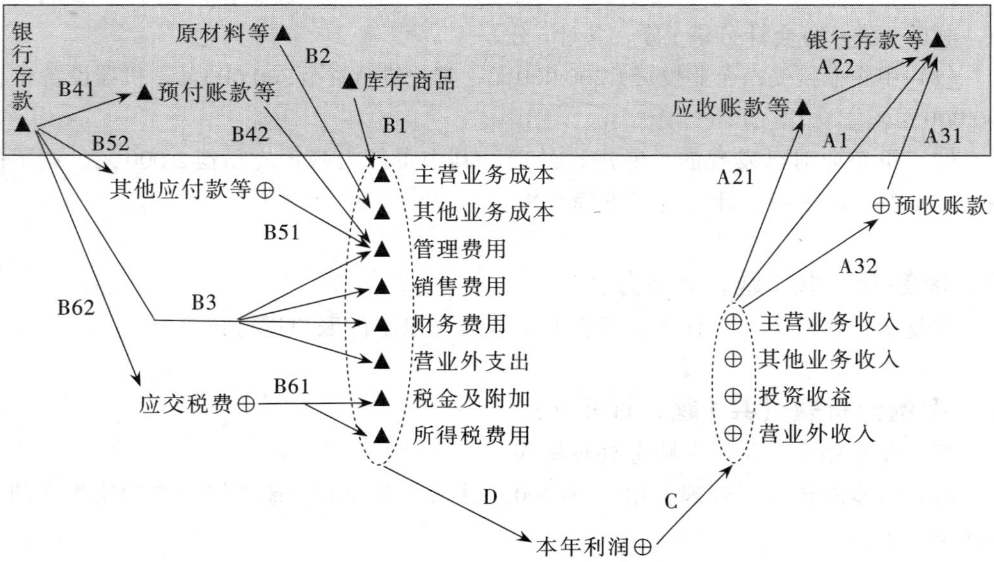

账务处理错误影响分析表　　单位：万元

题号	资产负债表			利润表		
	流动资产	非流动资产	资产合计	营业利润	利润总额	净利润
(1)						
(2)						
(3)						
(4)						

习题答案与解析

第一章　概述

一、知识点：会计的产生与发展

1.【单项选择题】答案：D

解析："计算与记录详论"只是《算术、几何、比及比例概要》的一部分。

2.【判断题】答案：对

解析：会计就是因为人类对生产活动管理与控制的需要而产生的。

3.【判断题】答案：对

解析：会计作为一种商业语言，它服务于其所处的经济环境。

4.【判断题】答案：对

解析：作为一种商业语言，如果能尽可能一致，就可以大大提高信息在各个国家的可比性。

二、知识点：会计与组织

1.【单项选择题】答案：C

解析：法人也包括非营利性组织，如学校、医院等，它们属于事业性法人。

2.【多项选择题】答案：ABCD

解析：政府及其职能部门、学校、医院和红十字会都属于非营利性组织。

3.【多项选择题】答案：ABC

解析：公司制企业的股东之间没有连带责任，合伙企业的合伙人之间具有连带责任。

4.【多项选择题】答案：BC

解析：非法人企业不是一个法人单位，因此也不需要缴纳企业所得税，企业所得税是专门针对法人而言的。

5.【判断题】答案：错

解析：经济组织既有以营利为目的的，也有不以营利为目的的。

6.【判断题】答案：错

解析：发行股票的公司被称为股份有限公司，不发行股票的公司被称为有限责任公司。

三、知识点：公司制企业中的会计与会计目标

1.【单项选择题】答案：B

解析：股份有限公司的权力机构是股东大会，有限责任公司的权力机构可能是股东大会或董事会。

2.【多项选择题】答案：ABC

解析：负责财务与会计的公司高管，民营企业一般称之为财务总监，国有企业一般称之为总会计师。

3.【多项选择题】答案：ABD

解析：按现行的主流思想，会计的本质是决策有用性，主要为企业资金的提供者服务，即目前的和潜在的股东和债权人。

4.【判断题】答案：错

解析：企业提供的信息首先应当满足股东和债权人的需要。

5.【判断题】答案：错

解析：直接目标是决策有用性，而终极目标是优化资源配置，实现企业价值最大化。

6.【判断题】答案：对

解析：一般情况下，会计目标都是指直接目标，即决策有用性。

四、知识点：会计信息与会计信息使用者

1.【单项选择题】答案：D

解析：企业提供的信息可为投资者提供决策支持。能否做出正确决策是一个综合考量的结果。

2.【多项选择题】答案：BC

解析：会计信息主要是以货币进行计量，以反映企业综合的经济活动情况。

3.【多项选择题】答案：ABCD

解析：企业的利益相关者都是其信息的使用者。

4.【判断题】答案：对

解析：虽然债权人关注企业的偿债能力，但也关心企业的获利能力，其获利能力可以在一定程度上为偿债能力提供支持。

5.【判断题】答案：错

解析：会计信息最主要的使用者是投资者，包括现有的和潜在的。

五、知识点：会计信息质量特征

1.【单项选择题】答案：C

解析：及时性原则要求年度报告应该在下一年度的前四个月内公布。

2.【单项选择题】答案：B

解析：该表述是对相关性信息质量特征的恰当描述。

3.【单项选择题】答案：C

解析：谨慎性原则并不意味着企业可以设立秘密准备金。实质重于形式原则并不是要求企业只看经济实质不看交易或事项的法律形式，而是要求企业不能仅以发生的交易或事项的法律形式为依据，而应认真分析交易或事项的经济实质并以此为依据进行会计核算。相关性原则主要包括预测价值、反馈价值和及时性三个方面。

4.【多项选择题】答案：ABCD

解析：这四个例子都反映了"实质重于形式"质量特征。

5.【多项选择题】答案：ABCD

解析：这四个选项都是对"可比性"原则的详细解释。

6.【多项选择题】答案：ABD

解析：在很多情况下，性质比数量更重要。

7.【多项选择题】答案：ABCD

解析：这四个项目都是对"稳健性"原则的正确描述。

8.【判断题】答案：对

解析：质量特征就是衡量会计信息质量的基本标准。

9.【判断题】答案：错

解析：重要性原则对金额和性质都关注。在很多情况下，性质比金额更重要。

10.【判断题】答案：错

解析：一致性是针对同一企业而言的。

11.【判断题】答案：对

解析：我们需要在相关与可靠之间选择一个平衡点。

六、知识点：会计的基本内容与规范

1.【单项选择题】答案：C

解析：会计确认、计量与报告是会计工作的主要内容，而不是主要标准。

2.【单项选择题】答案：B

解析：控制经济资源的配置，夸大了会计的作用。

3.【多项选择题】答案：ABCD

解析：这是对会计信息处理流程的完整描述。

4.【多项选择题】答案：AB

解析：选项C、D把初始确认与再确认的含义弄反了。初始确认反映的是该交易或事项应不应该在会计账簿中记录的问题；如果应该，应在会计账簿的哪一个项目中记录。再确认反映的是已经记录在会计账簿中的交易或事项应不应该在报表中披露的问题；如果应该，应通过报表的哪一个项目来披露。

5.【多项选择题】答案：ACD

解析：选项B是错的。在实务中，会计确认与计量是不可分离的。

6.【多项选择题】答案：ABCD

解析：这四个选项都是对会计记录的恰当描述。

7.【多项选择题】答案：ABC

解析：选项D是错的。公司管理层属于会计信息的内部使用者。

8.【判断题】答案：对

解析：这是对会计信息系统的完整描述。

第二章　会计要素与复式记账

一、知识点：会计对象与“会计沙盘模型”的提出+资金运动在“会计沙盘模型”上的模拟

1.【单项选择题】答案：D

解析：会计的对象就是企业的资金运动。

2.【单项选择题】答案：B

解析：资金在企业内部周转，并不影响沙堆的总体积。

3.【多项选择题】答案：ABCD

解析：这四个选项完整地定义了企业资金的运动过程。

4.【多项选择题】答案：ABD

解析：在整个游戏中，沙堆的总体积与沙坑的总容积一定相等。

5.【多项选择题】答案：ABCD

解析：这四个选项都是对“会计沙盘模型”正确的描述。

6.【判断题】答案：对

解析：会计的对象就是能够用货币表现的经济活动，即资金运动。

7.【判断题】答案：对

解析：资金来源渠道的相互转化，是对“资金进入企业”和“资金退出企业”同时发生的一种简化处理。

二、知识点：企业综合资金运动分析

1.【单项选择题】答案：B

解析：供应环节的阶段所得是储备资产。

2.【单项选择题】答案：C

解析：生产环节的阶段所得是库存商品。

3.【单项选择题】答案：A

解析：销售环节的阶段所得是货币资产。

4.【单项选择题】答案：D

解析：企业对内投资的阶段所得是各种长期性资产。

5.【单项选择题】答案：A

解析：企业对外投资的阶段所得是货币资产。企业希望投出一定量的货币资产，从而回收更多的货币资产。

6.【多项选择题】答案：ABCD

解析：这四个选项都是对阶段所得和所失的正确描述。

7.【多项选择题】答案：ABC

解析：筹资环节资金来源渠道在“会计沙盘模型”上是用沙坑来模拟的。

8.【多项选择题】答案：ACD

解析：企业的经济活动主要包括经营活动、投资活动和筹资活动。

9.【多项选择题】答案：ABCD

解析：这四个选项都是对企业经济活动的正确描述。

三、知识点：会计要素概述+资产

1.【单项选择题】答案：D

解析：资产的本质是预期能够带来经济利益的流入。

2.【多项选择题】答案：ACD

解析：会计要素是对会计对象的进一步细化，是对会计对象的基本分类。

3.【多项选择题】答案：ABCD

解析：这四个选项正确地界定了会计要素与“会计沙盘模型”之间存在的关系。

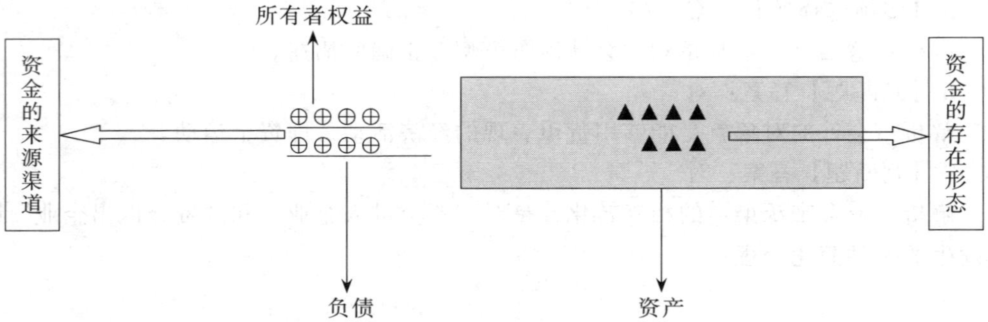

4.【多项选择题】答案：ABC

解析：资产可以是有形的，也可以是无形的，其关键是能够给企业带来预期的经济利益。

5.【判断题】答案：对

解析：资产的存在形态可以多种多样，但其本质是能给企业带来预期经济利益的流入。

6.【判断题】答案：错

解析：资产按流动性一般分为流动资产和非流动资产。

7.【判断题】答案：对

解析：资产定义中的“控制”反映的是，即使所有权不是企业自己的，但只要可以控制，也可视同企业自己的资产，这就是实质重于形式的重要体现。

四、知识点：负债+所有者权益

1.【单项选择题】答案：D

解析：负债的本质是一种经济义务，履行该义务会引起经济利益流出企业。

2.【单项选择题】答案：B

解析：本期发生的两笔业务都不影响所有者权益，所以期末的所有者权益等于期初的所有者权益。

3.【多项选择题】答案：BCD

解析：负债不是一种预期负债，而是一种现时的经济义务。

4.【多项选择题】答案：ABC

解析：公司制企业有的是有限责任公司，所有者对公司的最大责任以其投资额为限。因此其所有者权益的数额是以0为限的。

5.【多项选择题】答案：ABC

解析：从数学上看，两个等式没有差异，但从经济含义上看，两个等式反映了不同经济主体经济利益保护的先后顺序。前者优先保护债权人利益，后者优先保护所有者利益。

6.【判断题】答案：错

解析：负债按流动性分为流动负债和非流动负债。

7.【判断题】答案：错

解析：企业在某一时点的所有者权益由其原始投入和留存收益两部分构成。

8.【计算题】答案：

某企业资产、负债和所有者权益分析计算表 单位：元

资料序号	属于会计要素类别及金额			模型形态判断（√）	
	资产	负债	所有者权益	沙堆▲	沙坑⊕
1	800 000			√	
2	50 000			√	
3	19 000			√	
4	80 000			√	
5		120 000			√
6			75 000		√
7	150 000			√	
8	1 000			√	
9	300 000			√	
10	900 000			√	
11			1 755 000		√
12		350 000			√
合计	2 300 000	470 000	1 830 000	—	—
		2 300 000		—	—

五、知识点：经济交易与事项的定义与类型+经济交易与事项和会计方程式

1.【多项选择题】答案：ABC

解析：选项D是错的。该段资金运动同时影响会计方程式“资产=负债+所有者权益”的左右两边，导致左边的资产增加和右边的负债增加，最终导致企业的资金总量增加。选项A、B、C都是对业务的恰当描述。

2.【多项选择题】答案：ABC

解析：选项D是错的。该段资金运动只影响会计方程式“资产=负债+所有者权益”的左边，从而导致等式左边的资产内部一增一减，也就是说只影响企业资产内部结构，导致其结构发生变化，并没有影响企业资金总量。选项A、B、C都是对业务的恰当描述。

3.【多项选择题】答案：ABCD

解析：选项A、B、C、D都是对业务的恰当描述。

4.【多项选择题】答案：BD

解析：该段资金运动反映企业资金来源渠道的相互转化，所有者权益增加了50万元，负债减少了50万元，因此选项A是错的。乙负债项目位于资金运动的终点，资金流入到本项目，从而导致“会计沙盘模型”上沙坑容积减少50万元，即其所代表的乙项目资金量减少50万元，因此选项C是错的。选项B、D是对业务的恰当描述。

5.【多项选择题】答案：BCE

解析：选项A、D所指的业务是不可能存在的。没有哪笔业务发生的时候，会使资产增加的同时所有者权益减少；也没有哪笔业务发生的时候，会使负债和所有者权益同时增加。

6.【多项选择题】答案：AC

解析：向银行借款，一方面负债会增加，另一方面资产会增加。

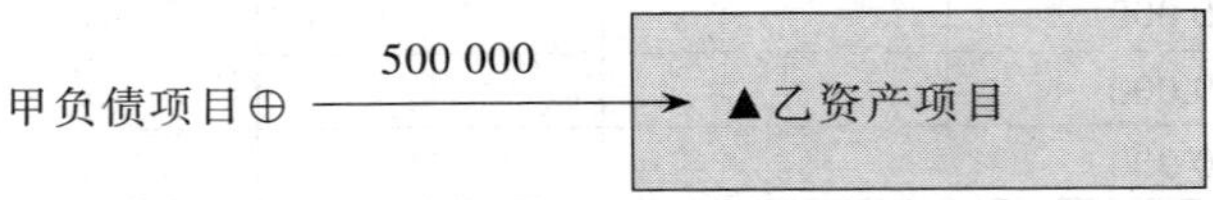

7.【多项选择题】答案：CD

解析：经济业务的发生至少影响两个会计项目，它们既可能是一个要素，也可能是两个或两个以上要素。

8.【多项选择题】答案：ABC

解析：选项D是错的。不可能存在这种业务。

9.【判断题】答案：错

解析：经济业务的发生，既可能同时影响等式两边，也可能只影响等式的某一边。

10.【判断题】答案：对

解析：如企业现金股利分配的提取。

11.【判断题】答案：错

解析：这种业务是不存在的。

12.【判断题】答案：错

解析：转账经济业务是指这笔业务不涉及货币资金的收支，如赊购或赊销。

13.【业务题】答案：

（1）4月4日，以银行存款购买原材料10万元。

该经济业务所引起的资金运动为：资金在企业内部周转。

该经济业务所引起的资金运动流程如下：

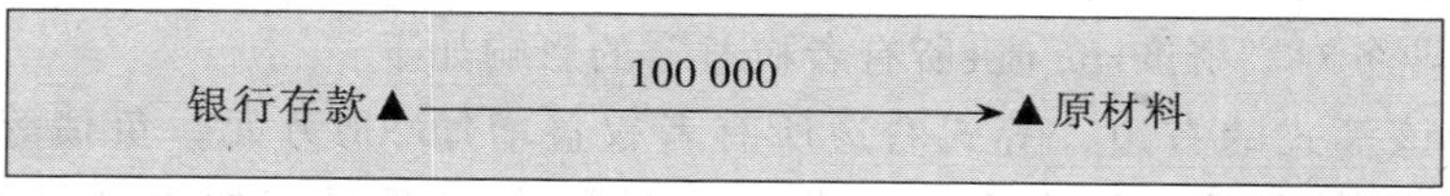

该经济业务引起一项资产（银行存款）减少10万元，另一项资产（原材料）增加10万元。

该经济业务对“资产=负债+所有者权益”的影响是：

只影响该等式的左边，只影响左边资产的结构，即一项资产增加10万元，另一项资产等量减少10万元，企业的资金总量没有发生变化。

（2）4月5日，以银行存款偿还向银行借入的短期借款100万元。

该经济业务所引起的资金运动为：资金退出企业。

该经济业务所引起的资金运动流程如下：

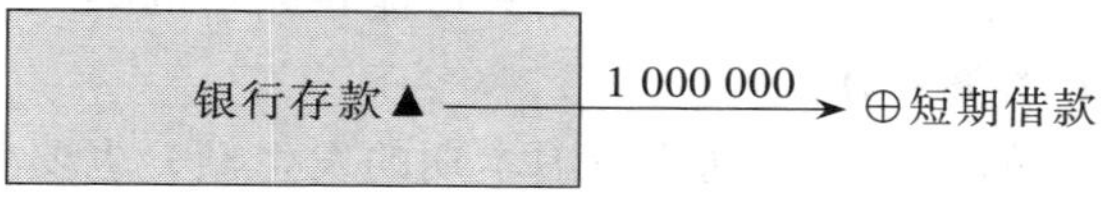

该经济业务引起资产（银行存款）减少100万元，负债（短期借款）也减少100万元。

该经济业务对“资产=负债+所有者权益”的影响是：

同时影响该等式的左右两边，等式左右两边同时减少100万元，即左边的资产减少100万元，右边的负债也等量减少100万元。企业的资金总量发生变化，即减少了100万元。

（3）4月7日，企业收到乙公司以设备进行的投资，价值20万元。

该经济业务所引起的资金运动为：资金进入企业。

该经济业务所引起的资金运动流程如下：

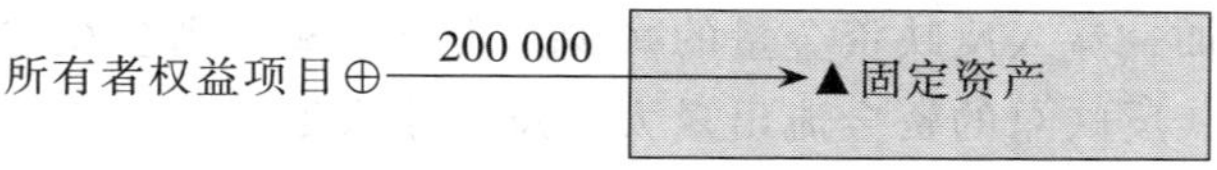

该经济业务引起资产（固定资产）增加20万元，所有者权益也增加20万元。

该经济业务对“资产=负债+所有者权益”的影响如下：

同时影响该等式的左右两边，等式左右两边同时增加20万元，即左边的资产增加20万元，右边的所有者权益也等量增加20万元。企业的资金总量发生变化，即增加了20万元。

（4）4月9日，企业实行债转股，将200万元的长期借款转为公司的所有者权益。

该经济业务所引起的资金运动为：资金来源渠道的相互转化。

该经济业务所引起的资金运动流程如下：

甲所有者权益项目⊕——2 000 000——→⊕乙负债项目

该经济业务引起所有者权益增加200万元，负债减少200万元。

该经济业务对“资产=负债+所有者权益”的影响如下：

只影响该等式的右边，等式右边所有者权益增加200万元，负债等量减少200万元。企业的资金总量没有发生变化，只是资金来源渠道的内部结构发生变化而已。

（5）资产=625+（10-10）-100+20=545（万元）

负债=325-100-200=25（万元）

所有者权益=（625-325）+20+200=520（万元）

六、知识点：会计科目+账户概念、结构及功能+账户与资金运动

1.【单项选择题】答案：B

解析：余额是一个时点数，在某一时刻只可能在账户的某一方。

2.【单项选择题】答案：D

解析：每一个账户的期末余额既要考虑本期的发生额，也要考虑其期初余额。

3.【多项选择题】答案：ABC

解析：账户登记的数额，只是反映其对应项目资金的流入与流出，到底是反映增加还是减少，需要考虑其属于什么要素。

4.【多项选择题】答案：AC

解析：资产在“会计沙盘模型”上是一个沙堆，其流入反映资金量的增加，流出反映资金量的减少。若有余额，则会在“会计沙盘模型”上形成一个小沙堆，反映资金总的流入量大于总的流出量。

5.【多项选择题】答案：BC

解析：负债和所有者权益要素在“会计沙盘模型”上通过沙坑表现出来。其流出反映资金量的增加，流入反映资金量的减少。若有余额，则会在“会计沙盘模型”上形成一个小沙坑，反映总的资金流出量大于总的流入量。

6.【判断题】答案：错

解析：账户借方登记对应项目的资金流入量，贷方登记对应项目的资金流出量。其流入和流出到底是反映增加还是减少，取决于其属于哪一个会计要素。

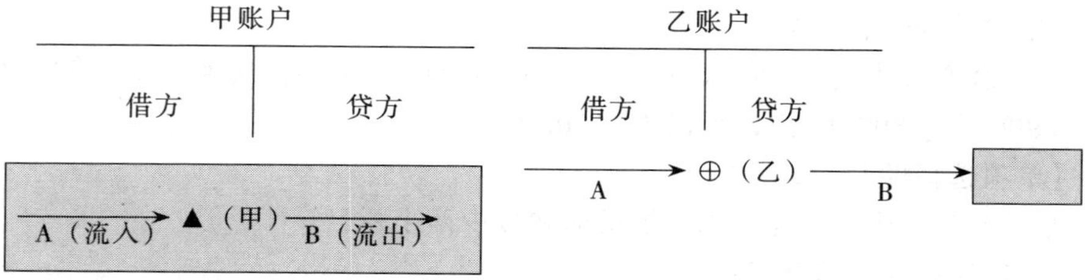

7.【判断题】答案：错

解析：所有账户借方登记对应项目的资金流入量，贷方登记对应项目的资金流出量。

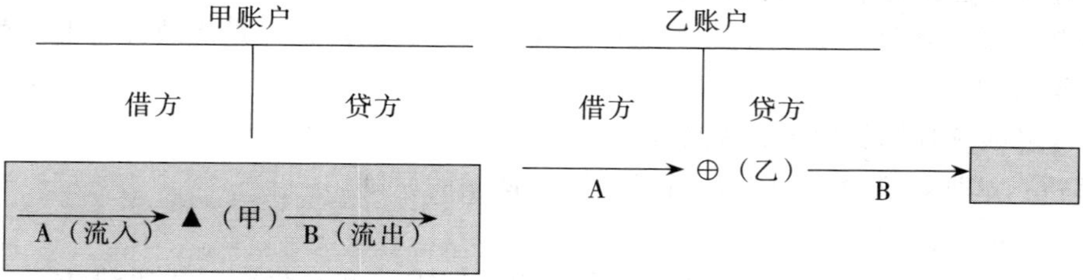

8.【判断题】答案：错

解析：账户结构设置借方和贷方。借方登记对应项目的资金流入量，贷方登记对应项目的资金流出量。其流入流出到底反映资金增加或减少，取决于对应项目属于哪一个会计要素。

9.【判断题】答案：对

解析：如资金流入对其而言反映增加，则流出就反映减少，反之亦然。

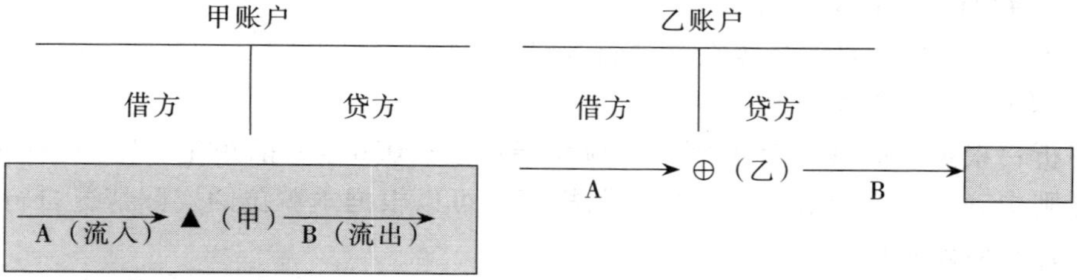

10.【判断题】答案：对

解析：一般情况下，账户之所以产生余额是因为增加的发生额大于减少的发生额。

七、知识点：会计账户与会计科目、账户体系

1.【单项选择题】答案：B

解析：会计科目是对会计对象（资金运动）的具体内容（会计要素）进行的进一步细化。

2.【单项选择题】答案：C

解析：在这四个选项中，只有银行存款是符合会计科目规范的。

3.【单项选择题】答案：B

解析：核算就涉及记录或反映的问题，需要反映资金的增减变化，即账户。

4.【单项选择题】答案：B

解析：借方发生额3 200元=700元+2 100元+丙，得出丙为400元；贷方发生额3 000元=900元+1 800元+丙，得出丙为300元。

5.【单项选择题】答案：D

解析：账户的基本结构主要包括增加和减少两个栏目。

6.【单项选择题】答案：C

解析：期末贷方余额=期初贷方余额+本期贷方发生额-本期借方发生额

7.【多项选择题】答案：BCD

解析：总分类账户、明细分类账户是性质相同的账户，只是反映经济业务的详略程度不同而已。

8.【多项选择题】答案：ABCD

解析：这四个选项都是会计科目设置应遵循的原则。

9.【多项选择题】答案：ABCD

解析：每一个账户都应提供余额（期初、期末）和发生额（本期借方、本期贷方）指标。

10.【多项选择题】答案：AB

解析：账户期末余额=期初余额+本期增加发生额-本期减少发生额

11.【判断题】答案：错

解析：会计科目是账户的名称。

12.【判断题】答案：对

解析：所有账户都是依据会计科目开设的。

13.【判断题】答案：错

解析：根据《企业会计准则——应用指南》（2006年）的规定："企业在不违反会计准则中确认、计量和报告规定的前提下，可以根据本单位的实际情况自行增设、分拆、合并会计科目。"

14.【计算分析题】答案：

业务序号	会计要素	模型模拟		位于资金运动的终点或起点	账户登记方向
		表现形态	形态变化		
1	资产	▲	体积增加	终点	借方
2	负债	⊕	容积增加	起点	贷方
3	所有者权益	⊕	容积增加	起点	贷方
4	资产	▲	体积减小	起点	贷方
5	负债	⊕	容积减少	终点	借方
6	所有者权益	⊕	容积减少	终点	借方

八、知识点：记账方法

1.【单项选择题】答案：D

解析：现在普遍采用的是借贷记账法。

2.【单项选择题】答案：B

解析：采用复式记账法是为了全面地、相互联系地反映资金运动的来龙去脉。

3.【多项选择题】答案：ABCD

解析：这四个选项都属于复式记账法的特点。

4.【多项选择题】答案：ABD

解析：复式记账法不是为了简化账簿的登记工作。

5.【多项选择题】答案：ABD

解析：选项C是错的。单式记账法对于某些特殊的业务，也是和复式记账法一样的，记录的非正常性不是对所有业务或者所有业务的所有方面都这样。

6.【判断题】答案：对

解析：借贷记账法的基本结构从方向上看，左边为借方，右边为贷方。

九、知识点：记账规则（含复式记账法概念）

1.【单项选择题】答案：C

解析：因为资金运动，至少有一个终点项目和一个起点项目。为了管控这些项目，账户也是两个或两个以上。

2.【多项选择题】答案：ABCD

解析：这四个选项都是对借贷记账法记账思路与记账规则的完整表述。

3.【多项选择题】答案：ABCD

解析：这四个选项从各个方面诠释了记账思路与记账规则。

4.【多项选择题】答案：AC

解析：选项B、D是错的。在这段资金运动中，短期借款项目位于资金运动的起点，所以应打开其对应的账户，在其账户的贷方登记35万元。从“会计沙盘模型”上看，资金从短期借款项目流出35万元，其对应的沙坑容积因此而增加35万元。即记在短期借款账户贷方的数字35万元反映其对应的短期借款项目资金量增加了35万元。因为该段资金运动最终导致企业的资金总量发生变化，即增加了35万元，因此选项D也是错的。选项A、C都是对业务的恰当描述。

5.【多项选择题】答案：AB

解析：选项C、D是错的。在这段资金运动中，银行存款项目位于资金运动的终点，所以应打开其对应的账户，在其账户的借方登记0.5万元。从“会计沙盘模型”上看，资金0.5万元流入到银行存款项目之中，其对应的沙堆体积因此而增加0.5万元。即记在银行存款账户借方的数字0.5万元反映其对应的银行存款项目资金量增加了0.5万元。因此选项C是错的。该段资金运动只影响会计方程式“资产=负债+所有者权益”的左边，从而导致等式左边一个资产项目增加0.5万元，另一个资产项目减少0.5万元，最终导致企业的资金总量没有发生变化。因此选项D是错的。选项A、B是对业务的恰当描述。

6.【多项选择题】答案：ABD

解析：在这段资金运动中，长期借款项目位于资金运动的终点，所以应打开其对应的账户，在其账户的借方登记80万元。从“会计沙盘模型”上看，资金80万元流入到长期借款项目之中，其对应的沙坑容积因此而减少80万元。即记在长期借款账户借方的数字80万元反映其对应的长期借款项目资金量减少了80万元。因此选项C是错的。选项A、B、D是对业务的恰当描述。

7.【多项选择题】答案：AD

解析：在这段资金运动中，实收资本项目位于资金运动的起点，所以应打开其对应的账户，在其账户的贷方登记1 000万元。从“会计沙盘模型”上看，资金从实收资本项目流出1 000万元，其对应的沙坑容积因此而增加1 000万元。即记在实收资本账户贷方的数字1 000万元反映其对应的项目资金量增加了1 000万元。因此选项B是错的。

在这段资金运动中，长期借款项目位于资金运动的终点，所以应打开其对应的账户，在其账户的借方登记1 000万元。从“会计沙盘模型”上看，资金1 000万元流入到长期借款项目之中，其对应的沙坑容积因此而减少1 000万元。即记在长期借款账户借方的数字1 000万元反映其对应的长期借款项目资金量减少了1 000万元。因此选项C是错的。选项A、D是对业务的恰当描述。

8.【判断题】答案：对

解析：资金运动是会计学习的核心。懂了业务、懂了资金运动，就可以进行会计处理了。

十、知识点：记账符号与账户分类

1.【单项选择题】答案：C

解析：在“会计沙盘模型”上，负债是一个沙坑，贷方反映资金流出，导致负债资金量的增加。

2.【单项选择题】答案：B

解析：负债类账户在“会计沙盘模型”上是一个沙坑，借方反映资金流入，导致负债资金量的减少。

3.【单项选择题】答案：C

解析：资金流入反映减少，那在“会计沙盘模型”上就只能是一个沙坑，即负债或所有者权益。

4.【单项选择题】答案：A

解析：期初余额+5 000-（3 500-200）=2 000，则期初余额=300。

5.【单项选择题】答案：D

解析：账户的哪一方反映增加，哪一方反映减少，即资金运动与增减的关系，取决于该项目属于哪一个会计要素。

6.【多项选择题】答案：ABD

解析：借方反映对应项目的资金流入，其资金量的变化与其对应的项目性质（即属于哪一个会计要素，在“会计沙盘模型”上是沙堆还是沙坑）有关。

7.【多项选择题】答案：ACD

解析：贷方反映对应项目的资金流出，其资金量的变化与其对应的项目性质（即属于哪一个会计要素，在“会计沙盘模型”上是沙坑还是沙堆）有关。

8.【多项选择题】答案：ABD

解析：任何一个账户，就某一时刻来说，其余额一定只能在账户的某一方。

9.【判断题】答案：错

解析：账户余额在贷方，“会计沙盘模型”上对应的项目是一个沙坑，反映的是负债或所有者权益项目。

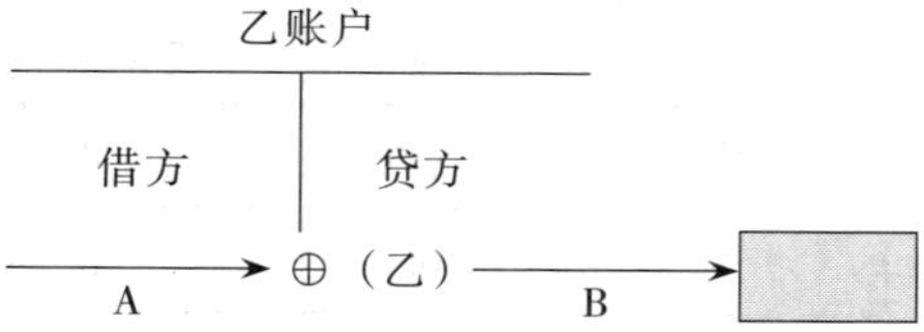

10.【判断题】答案：错

解析：账户余额在借方，“会计沙盘模型”上对应的项目是一个沙堆，反映的是资产项目。

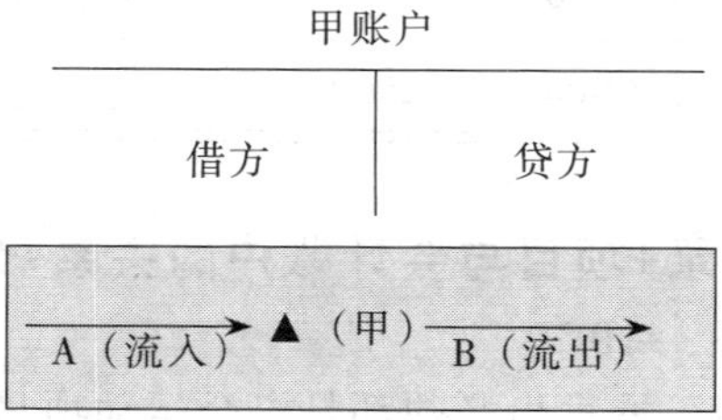

十一、知识点：试算平衡方法

1.【单项选择题】答案：A

解析：正是因为“有借必有贷、借贷必相等”的记账规则才引发了账户发生额的平衡。

2.【多项选择题】答案：BC

解析：发生额平衡对账户的借方和贷方进行分别汇总，所以是直接平衡；而余额平衡要先计算各个账户的余额，余额的计算本身就是一个差额，所以是差额平衡。

3.【多项选择题】答案：ABCD

解析：这四种错误的发生都不影响试算平衡。

4.【多项选择题】答案：ABD

解析：选项C是可以通过试算平衡发现的。

5.【多项选择题】答案：BC

解析：所谓试算平衡，一定是针对所有账户而言的。只针对某一类或某一个账户都是不正确的。

6.【判断题】答案：错。

解析：即使试算平衡，也可能存在错误。

7.【判断题】答案：对。

解析：余额平衡实际上就是“资产=负债+所有者权益”的另外一种表述方式。

8.【计算题】答案：

账户名称	期初余额		本期发生额		期末余额	
	借方	贷方	借方	贷方	借方	贷方
银行存款	100 000		42 300	133 800	8 500	
库存现金	3 500		800	2 300	2 000	
固定资产	37 000		135 000	0	172 000	
无形资产	0		68 000	0	68 000	
库存商品	25 000		0	0	25 000	
应付账款		40 500	10 000	20 000		50 500
实收资本		125 000	0	100 000		225 000
合计	165 500	165 500	256 100	256 100	275 500	275 500

十二、知识点：会计分录+项目与会计账户的关系+借贷记账法运用举例

1.【多项选择题】答案：ABCD

解析：“会计沙盘模型”展示出来的都是资金运动项目。而“账户”是为了反映这些“项目”资金变化的。

2.【多项选择题】答案：ABCD

解析：这四个选项完整地界定了账户与项目之间存在的关系。

3.【多项选择题】答案：BCD

解析：除一借一贷外，其他的都是复合会计分录。

4.【多项选择题】答案：BCD

解析：会计分录在实际工作中不是真实存在的，它是一种技术处理。

5.【多项选择题】答案：ABCD

解析：这四个选项对会计处理流程都进行了非常恰当的描述。

6.【判断题】答案：对

解析：这是对会计分录定义的完整表述。

7.【判断题】答案：错

解析：项目是对资金运动所引发的结果的描述，而会计账户是对其对应的资金项目进行反映、控制和监督的一种手段。

8.【业务题】答案：

（1）画出每笔业务的资金运动流程图，并编制会计分录：

①

借：库存现金　　5 000
　贷：银行存款　　5 000

②

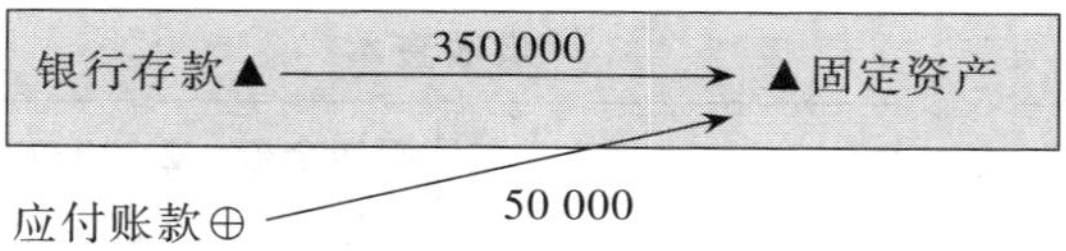

借：固定资产　　400 000
　贷：银行存款　　350 000
　　　应付账款　　50 000

③

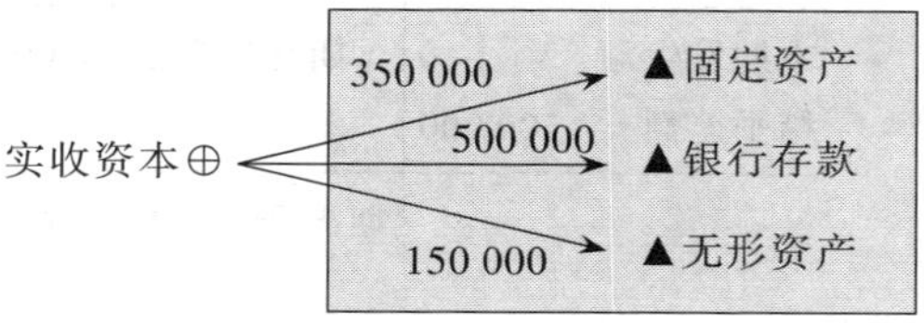

借：银行存款　　500 000
　　固定资产　　350 000
　　无形资产　　150 000
　贷：实收资本　　1 000 000

④

借：原材料　　130 000
　贷：银行存款　　130 000

⑤

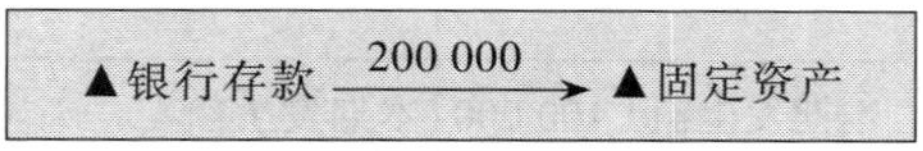

借：固定资产　　200 000
　贷：银行存款　　200 000

⑥

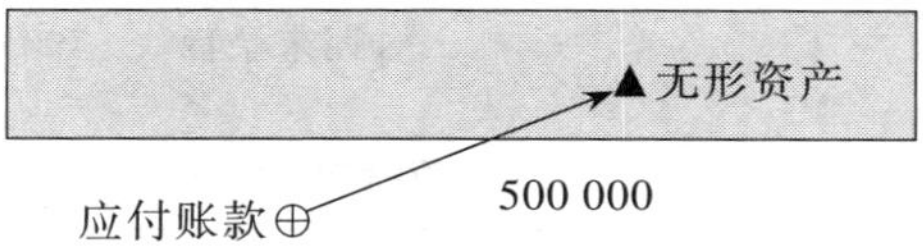

借：无形资产　　500 000
　贷：应付账款　　500 000

⑦

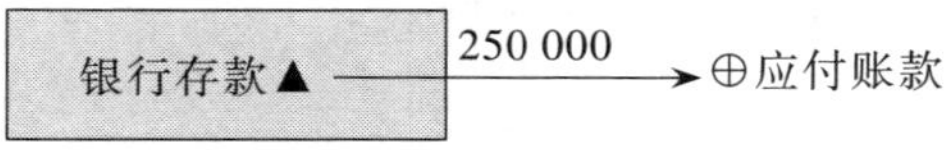

借：应付账款　　250 000
　贷：银行存款　　250 000

⑧

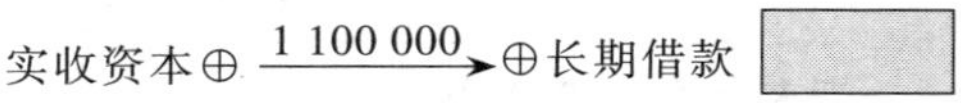

借：长期借款　　1 100 000
　贷：实收资本　　1 100 000

（2）根据上述业务登记相应的会计账簿：

银行存款

期初余额	1 000 000	（1）	5 000
（3）	500 000	（2）	350 000
		（4）	130 000
		（5）	200 000
		（7）	250 000
本期发生额	500 000	本期发生额	935 000
		结平差额	565 000
期末余额	565 000		

应付账款

		期初余额	802 000
（7）	250 000	（2）	50 000
		（6）	500 000
本期发生额	250 000	本期发生额	550 000
结平差额	1 102 000		
		期末余额	1 102 000

库存现金

期初余额	2 000		
（1）	5 000		
本期发生额	5 000	本期发生额	0
		结平差额	7 000
期末余额	7 000		

实收资本

		期初余额	2 200 000
		（3）	1 000 000
		（8）	1 100 000
本期发生额	0	本期发生额	2 100 000
结平差额	4 300 000		
		期末余额	4 300 000

固定资产

期初余额	3 000 000		
（2）	400 000		
（3）	350 000		
（5）	200 000		
本期发生额	950 000	本期发生额	0
		结平差额	3 950 000
期末余额	3 950 000		

长期借款

		期初余额	1 800 000
（8）	11 000 000		
本期发生额	1 100 000	本期发生额	0
结平差额	700 000		
		期末余额	700 000

无形资产

期初余额	700 000		
（3）	150 000		
（6）	500 000		
本期发生额	650 000	本期发生额	0
		结平差额	1 350 000
期末余额	1 350 000		

原材料

期初余额	100 000		
（4）	130 000		
本期发生额	130 000	本期发生额	0
		结平差额	230 000
期末余额	230 000		

（3）编制该企业账户发生额和余额试算平衡表（单位：元）。

账户名称	期初余额		本期发生额		期末余额	
	借方	贷方	借方	贷方	借方	贷方
库存现金	2 000		5 000	0	7 000	
银行存款	1 000 000		500 000	935 000	565 000	
固定资产	3 000 000		950 000	0	3 950 000	
无形资产	700 000		650 000	0	1 350 000	
原材料	100 000		130 000	0	230 000	
应付账款		802 000	250 000	550 000		1 102 000
长期借款		1 800 000	1 100 000	0		700 000
实收资本		2 200 000	0	2 100 000		4 300 000
合计	4 802 000	4 802 000	3 585 000	3 585 000	6 102 000	6 102 000

第三章　企业主要经营环节资金运动分析与会计处理

一、知识点：供应环节与阶段性配比原则

1.【多项选择题】答案：ABC

解析：原材料、预付账款、银行存款都属于资产要素，应付账款属于负债要素。

2.【多项选择题】答案：AB

解析：预付账款产生于预付款模式，而应付账款等产生于赊购模式。

3.【判断题】答案：错

解析：预付账款属于资产要素。在中级会计学课程中，我们会对其内涵进行扩展。

4.【判断题】答案：对

解析：因为应付票据有明确的还款时间，还有担保人担保，所以其风险更小。

二、知识点：供应环节在途物资处理

1.【单项选择题】答案：D

解析：选项D是错误的。在途物资账户的期末余额表示的是尚未验收入库的材料成本。

2.【多项选择题】答案：ABC

解析：选项D是错误的。在途物资具有成本汇集与计算功能，而原材料主要反映采购结果。

3.【多项选择题】答案：ABC

解析：选项D是错误的。在途物资反映采购过程，反映原材料采购尚未结束。

4.【多项选择题】答案：ABD

解析：A2段资金运动反映预付款的采购模式。其中，A21段资金运动反映预付购货款；A221段资金运动反映所购买的材料验收入库，并冲销预付款；A222段资金运动反映采购材料，但材料尚未验收入库，B段资金运动反映材料验收入库。所以选项C是错的。选项A、B、D是对业务的恰当描述。

5.【判断题】答案：错

解析：两者的性质是相同的，都是完工产品成本的组成部分，只不过在途物资还没有完成整个采购过程。一旦完成采购过程，在途物资最终要转化为原材料。

三、知识点：供应环节相关账户分析+业务举例

1.【单项选择题】答案：D

解析：在四个选项中，能引起资产和负债同时减少的只有用银行存款偿还以前的赊购款。

2.【多项选择题】答案：ABCD

解析：A、B、C、D四个选项都是对业务的恰当描述。

3.【多项选择题】答案：ABCD

解析：A、B、C、D四个选项都是对业务的恰当描述。

4.【判断题】答案：对

解析：原材料成本包括买价和采购费用。

5.【判断题】答案：错

解析：将在途物资归属于成本项目主要是强调材料正在采购，强调一个过程。一旦这个过程结束，在途物资就会形成原材料。所以在途物资还是属于资产要素，只不过是一个正在形成的资产而已。

6.【业务题】答案：

（1）

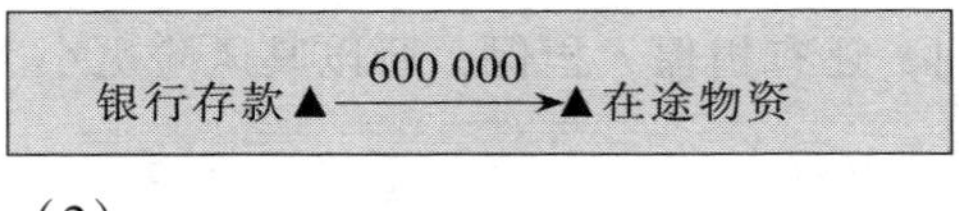

借：在途物资——甲 600 000

贷：银行存款 600 000

（2）

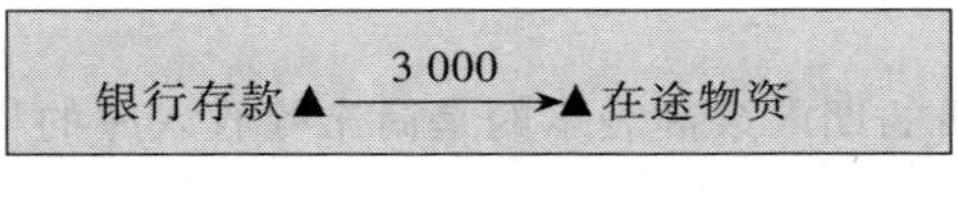

借：在途物资——甲 3 000

贷：银行存款 3 000

（3）

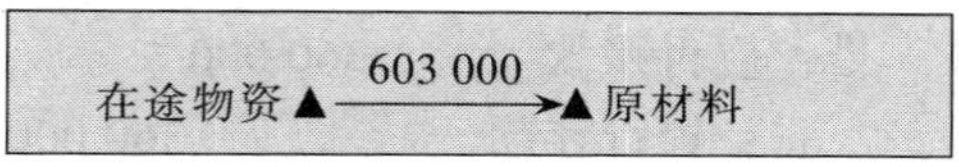

借：原材料——甲　603 000
　贷：在途物资——甲　603 000

（4）

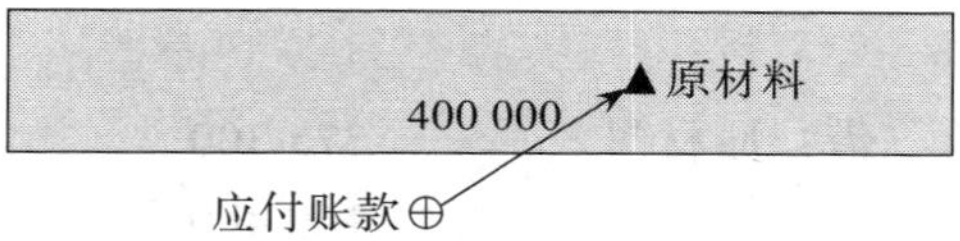

借：原材料——乙　400 000
　贷：应付账款　400 000

（5）

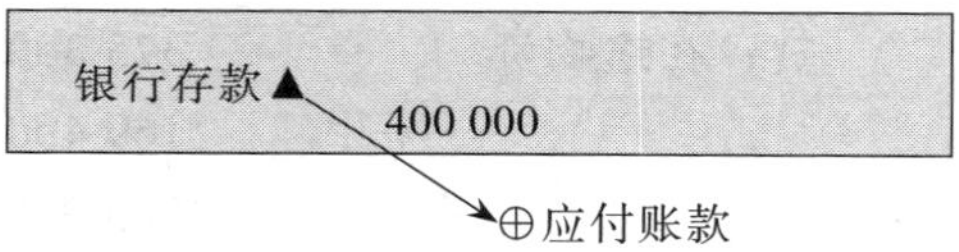

借：应付账款　400 000
　贷：银行存款　400 000

（6）

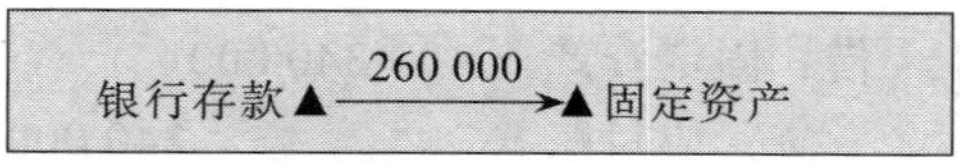

借：固定资产　260 000
　贷：银行存款　260 000

7.【业务题】答案：

（1）

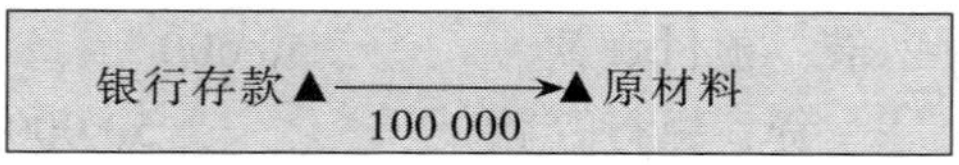

借：原材料　100 000
　贷：银行存款　100 000

（2）

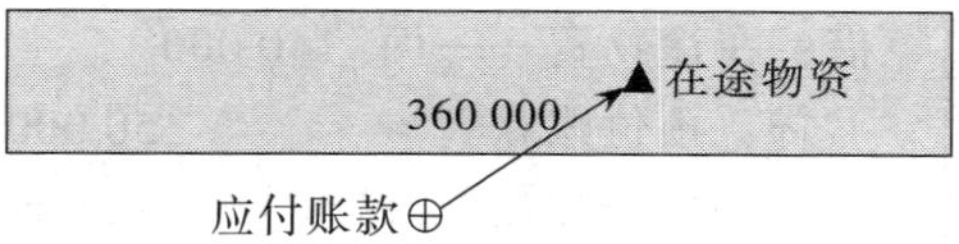

借：在途物资　360 000
　　　　——甲 160 000
　　　　——乙 200 000
　贷：应付账款　360 000

（3）

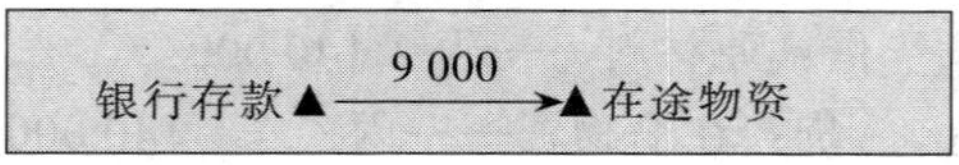

借：在途物资——甲　6 000
　　　　——乙　3 000
　贷：银行存款　9 000

（4）

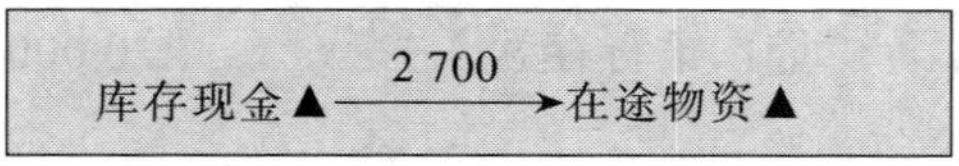

借：在途物资——甲　1 800
　　　　——乙　900
　贷：库存现金　2 700

（5）

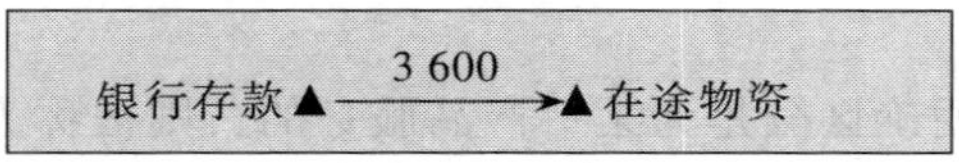

借：在途物资——甲　1 600
　　　　——乙　2 000
　贷：银行存款　3 600

（6）

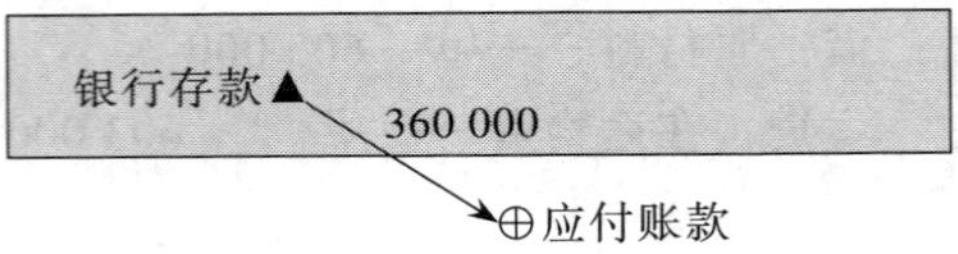

借：应付账款　　　　360 000
　贷：银行存款　　　　　　　360 000

（7）

借：原材料　　　　　375 300
　　　　　——甲　169 400
　　　　　——乙　205 900
　贷：在途物资　　　　　　　375 300
　　　　　　——甲　　　　　169 400
　　　　　　——乙　　　　　205 900

（8）

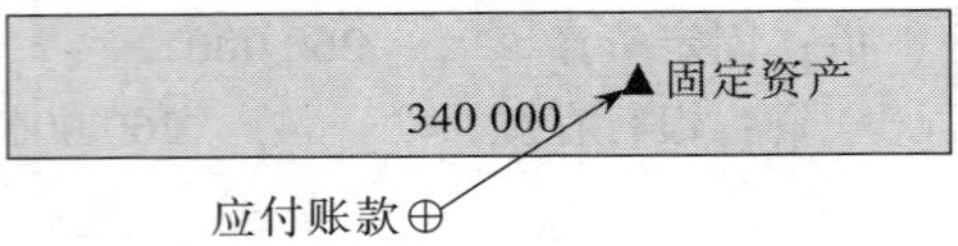

借：固定资产　　　　340 000
　贷：应付账款　　　　　　　340 000

（9）

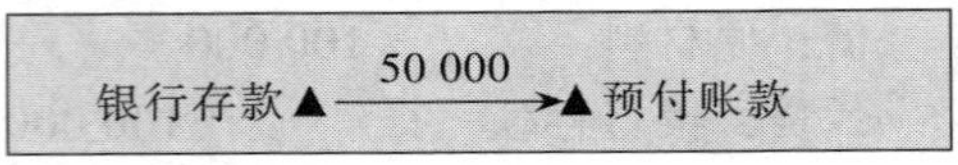

借：预付账款　　　　　50 000
　贷：银行存款　　　　　　　　50 000

（10）

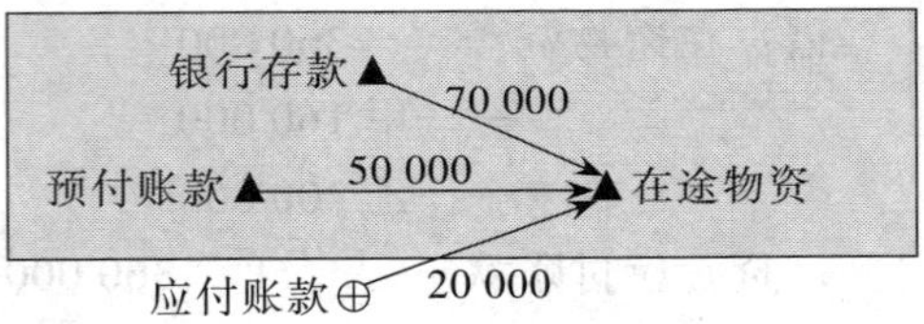

借：在途物资——丙　140 000
　贷：预付账款　　　　　　　　50 000
　　　银行存款　　　　　　　　70 000
　　　应付账款　　　　　　　　20 000

（11）

借：原材料——丙　140 000
　贷：在途物资——丙　　　　140 000

（12）

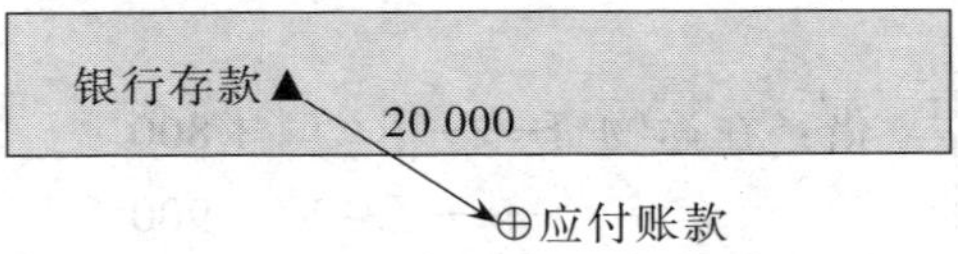

借：应付账款　　　　　20 000
　贷：银行存款　　　　　　　　20 000

四、知识点：产品成本确认+生产环节资金运动与阶段性配比原则

1.【单项选择题】答案：C

解析：企业生产车间发生的支出，能明确区分是为某一产品服务的，则被称为直接费用；否则被称为间接费用。

2.【单项选择题】答案：C

解析：期间费用不计入产品成本。

3.【单项选择题】答案：C

解析：生产车间的间接费用先通过制造费用进行归集，然后分配给各产品。

4.【单项选择题】答案：D

解析：生产车间发生的所有费用，在期末都应该在完工产品与在产品之间进行分配。

5.【单项选择题】答案：D

解析：生产车间产品耗用的原材料属于直接费用，发生时直接计入生产成本；其他的都属间接费用，发生时计入制造费用。

6.【单项选择题】答案：B

解析：生产车间生产产品的材料属于直接费用，直接计入生产成本。

7.【单项选择题】答案：C

解析：车间生产人员薪酬、车间生产产品耗用的原材料属于直接费用，发生时直接计入生产成本；车间维修发生的费用属于间接费用，发生时计入制造费用。

8.【单项选择题】答案：D

解析：制造成本包括制造费用和生产成本，它们反映在产品成本，是资产。

9.【单项选择题】答案：A

解析：制造费用的余额应该在所生产的各个产品之间进行分配，从而转入各产品的生产成本之中。

10.【多项选择题】答案：BCD

解析：在制造成本法下，产品成本只由生产车间所发生的所有支出构成。

11.【判断题】答案：对

解析：制造费用和生产成本一起共同反映在产品成本，所以制造费用和生产成本都属于资产要素。

五、知识点：车间固定资产折旧

1.【单项选择题】答案：C

解析：累计折旧账户的贷方余额反映截至目前固定资产累计磨损转移的价值。

2.【多项选择题】答案：ABCD

解析：这四个选项都是对固定资产及其折旧的恰当描述。

3.【多项选择题】答案：AC

解析：外部关系人通过固定资产的原值和净值所做的分析，都应该是可以大致推断的（而不是完全正确的）。

4.【判断题】答案：对

解析：“累计折旧”项目正是为了解决既要提供固定资产原值又要提供固定资产

净值这个两难的问题所进行的一项技术处理，这充分地反映了会计的管理与控制作用。

六、知识点：车间薪酬与维修费处理

1.【单项选择题】答案：B

解析：其他三个选项都属于企业的制造成本，最终都将成为完工产品的组成部分。

2.【单项选择题】答案：B

解析：车间厂房折旧费、车间水电费、车间管理人员的工资计入制造费用。

3.【单项选择题】答案：D

解析：制造费用与库存商品之间隔着“生产成本”。

4.【单项选择题】答案：C

解析：其他三个选项都属于资产内部结构的转化。

5.【多项选择题】答案：ABCD

解析：这四个选项的内容共同构成产品制造成本。

6.【多项选择题】答案：BC

解析：生产车间的电费和生产车间管理人员的福利费，属于间接费用，应计入制造费用。

七、知识点：生产环节主要项目分析

1.【单项选择题】答案：A

解析：累计折旧和固定资产合在一起，共同反映该固定资产的真实情况，因此累计折旧属于资产要素（但属于负资产），其金额越大说明固定资产的净值越小。

2.【单项选择题】答案：A

解析：车间办公费属于共同性费用，计入制造费用；车间的直接材料、直接人工属于直接费用，直接计入各产品的生产成本。厂部办公费属于管理费用。

3.【多项选择题】答案：ABC

解析：产品成本主要由直接材料费、直接人工费和制造费用三部分构成。

4.【多项选择题】答案：ABCD

解析：这四个选项都是对累计折旧和固定资产关系的恰当表述。

5.【多项选择题】答案：ABCD

解析：将生产成本和制造费用归类为成本类账户，主要是强调产品的生产过程；将生产成本和制造费用归类为资产类账户，强调的是它们共同反映在产品成本，最终都成为完工产品的组成部分。从严格意义上来说，会计中不应有“成本类账户”。之所以说成本类账户，是因为要强调资产形成的过程，反映正在形成的一项资产，如在途物资、生产成本、制造费用、在建工程等；实际上，它们都属于资产要素。

6.【多项选择题】答案：ABCD

解析：这四个选项均属于资产要素。

7.【判断题】答案：对

解析：累计折旧就是固定资产的抵减账户，累计折旧抵减固定资产，就可以知道固定资产的净值。

8.【判断题】答案：错

解析：制造费用是资产要素，它和生产成本一起共同反映在产品的价值。

9.【判断题】答案：错

解析：即使只有一种产品，生产车间的支出也需要分为直接费用和间接费用，因为不同费用的管控手段是不一样的。一般来说，直接费用的降低主要通过技术创新来进行；而间接费用的降低主要通过管理制度创新来进行。这也再次证明，会计不仅仅是记账。

八、知识点：生产环节业务举例

1.【多项选择题】答案：ABC

解析：选项D是错的，其对A62段资金运动的表述是错误的。A6段资金运动反映生产车间一般性耗费的确认与发生；A61段资金运动反映企业按照权责发生制确认本期生产车间应承担的相关费用12 000元；A62段资金运动反映企业本期生产车间实际发生了8 000元的相关支出，该支出不会影响本期的制造费用。选项A、B、C都是对业务的恰当描述。

2.【多项选择题】答案：ABC

解析：选项D是错的。其错在对制造费用的定性上。制造费用和生产成本都属于资产要素，它们合在一起，共同反映在产品的总价值。选项A、B、C都是对业务的恰当描述。

3.【业务题】答案：

（1）

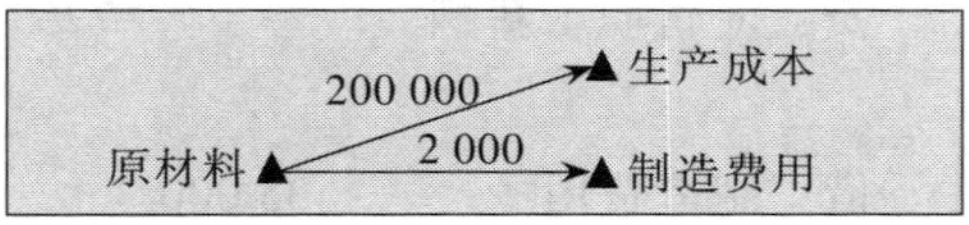

借：生产成本　　200 000

　　制造费用　　2 000

　贷：原材料　　202 000

（2）

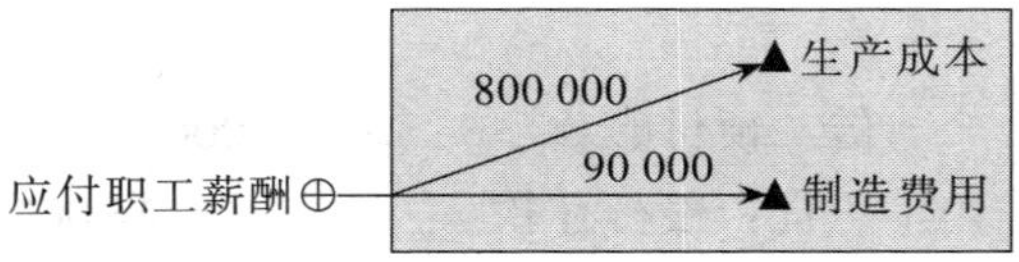

借：生产成本　　800 000

　　制造费用　　90 000

　贷：应付职工薪酬　　890 000

（3）

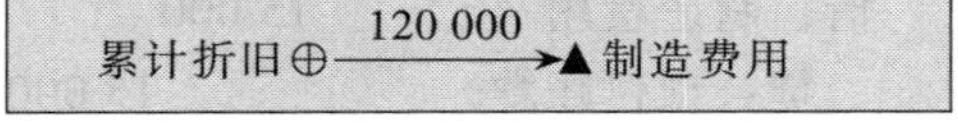

借：制造费用　　120 000

　贷：累计折旧　　120 000

（4）

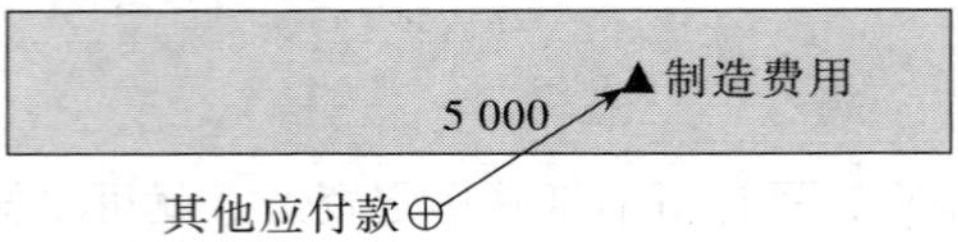

借：制造费用　　　　　5 000
　贷：其他应付款　　　　　5 000

（5）

借：制造费用　　　　　3 800
　贷：预付账款　　　　　　3 800

（6）

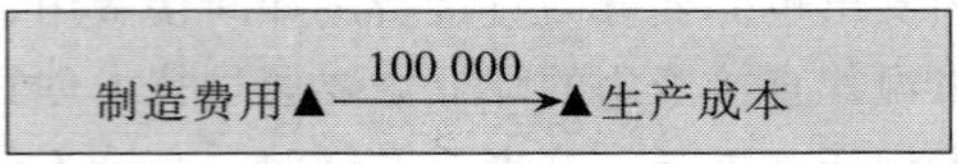

借：生产成本　　　100 000
　贷：制造费用　　　　　100 000

（7）

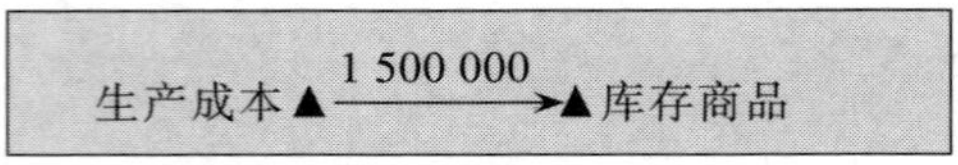

借：库存商品　　1 500 000
　贷：生产成本　　　　1 500 000

4.【业务题】答案

（1）

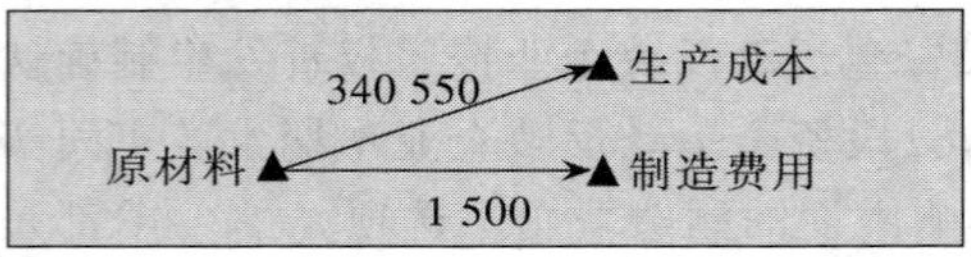

借：生产成本　　　　　　　340 550
　　　　　——A 产品　130 000
　　　　　——B 产品　210 550
　　制造费用　　　　　　　　1 500
　贷：原材料　　　　　　　　　　342 050

（2）

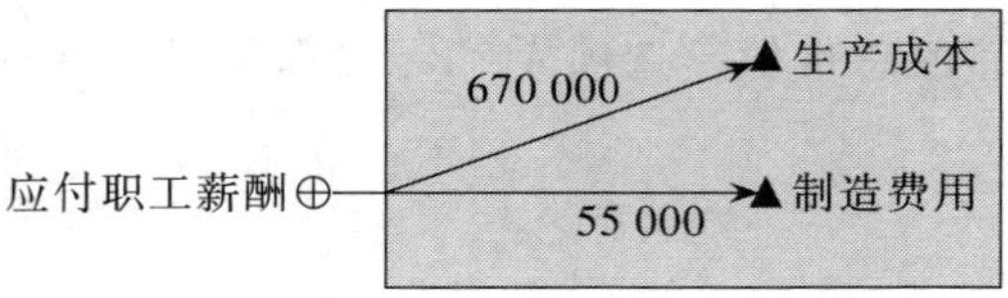

借：生产成本　　　　　　　670 000
　　　　　——A 产品　230 000
　　　　　——B 产品　440 000
　　制造费用　　　　　　　55 000
　贷：应付职工薪酬　　　　　　　725 000

（3）

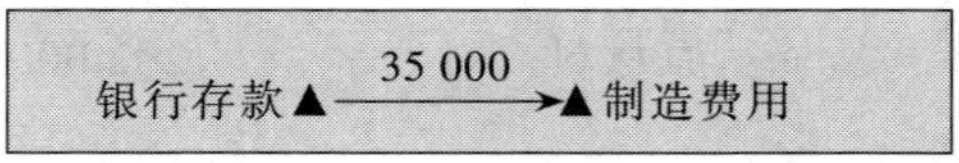

借：制造费用　　　　35 000
　贷：银行存款　　　　　35 000

（4）

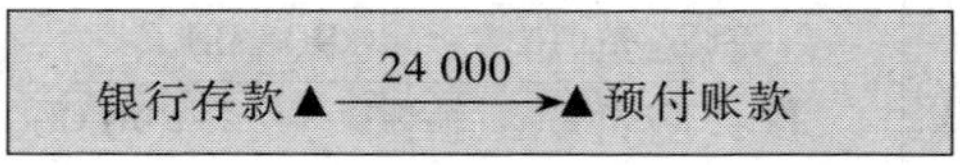

借：预付账款　　　　24 000
　贷：银行存款　　　　　24 000

（5）

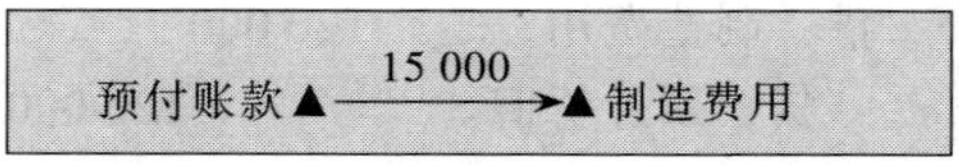

借：制造费用　　　　15 000
　贷：预付账款　　　　　15 000

（6）

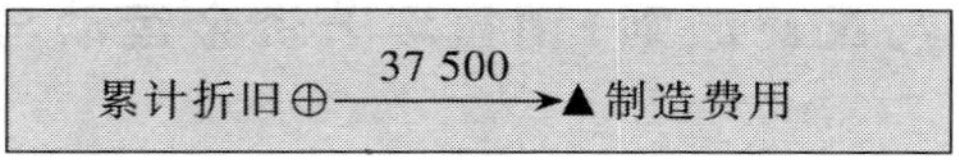

借：制造费用　　　　37 500
　贷：累计折旧　　　　　37 500

（7）

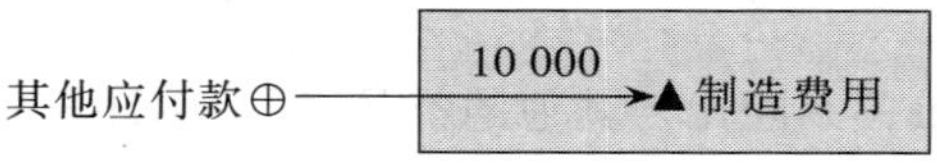

借：制造费用　　　　10 000
　贷：其他应付款　　　　10 000

（8）

制造费用总计：134 000元

A产品应承担：134 000×（230 000÷670 000）=46 000（元）

B产品应承担：134 000×（440 000÷670 000）=88 000（元）

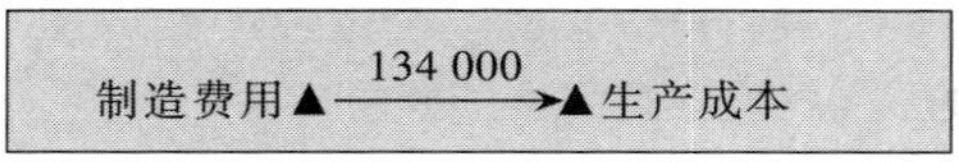

借：生产成本　　　　134 000
　　　　——A 产品　46 000
　　　　——B 产品　88 000
　贷：制造费用　　　　　134 000

（9）

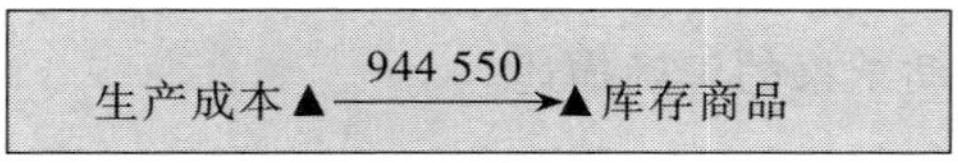

借：库存商品　　　　944 550
　　　　——A 产品 406 000
　　　　——B 产品 538 550
　贷：生产成本　　　　　944 550
　　　　——A 产品　　　406 000
　　　　——B 产品　　　538 550

（10）

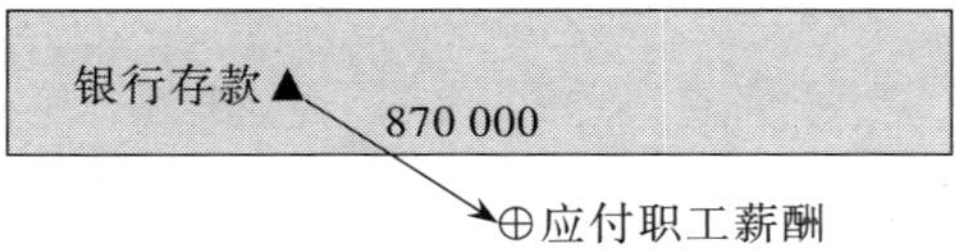

借：应付职工薪酬　870 000
　贷：银行存款　　　　870 000

（11）

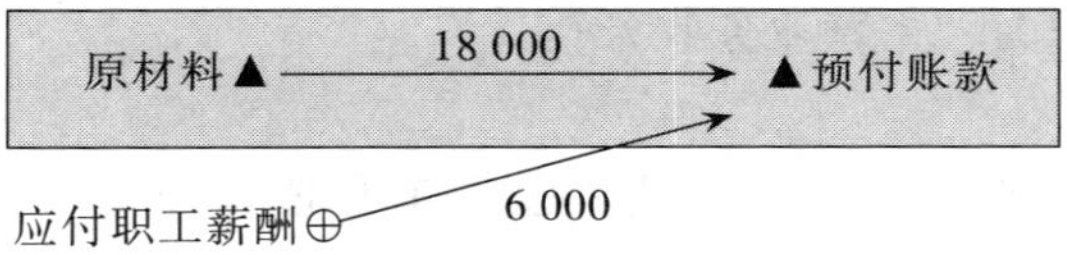

借：预付账款　　　24 000
　贷：原材料　　　　　18 000
　　　应付职工薪酬　　6 000

（12）

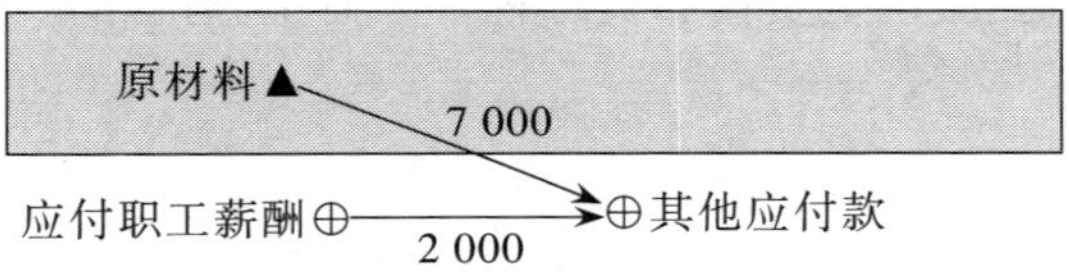

借：其他应付款　　　9 000
　贷：原材料　　　　　7 000
　　　应付职工薪酬　　2 000

九、知识点：销售环节基本资金运动与配比原则+销售环节资金运动与相关性原则

1.【多项选择题】答案：ABCD

解析：这四个选项都是对配比原则的正确表述。

2.【多项选择题】答案：BCD

解析：已售产品成本与收入应该是因果关系配比。其他的都是时间关系配比。

3.【多项选择题】答案：ABCD

解析：这四个选项是对该段资金运动的正确解释。

十、知识点：销售环节资金运动与会计分期假设

1.【单项选择题】答案：B

解析：我国是以公历年度作为会计年度的。

2.【多项选择题】答案：AB

解析：选项C的错误在于C段资金运动反映其总收入；选项D的错误在于D段资金运动反映其总费用。

3.【多项选择题】答案：ABCD

解析：这四个选项是对C、D两段资金运动结果的正确描述。

十一、知识点：销售环节资金运动与多元化经营

1.【单项选择题】答案：B

解析：出售产品的成本应作为“主营业务成本”。

2.【单项选择题】答案：C

解析：库存商品的成本记在库存商品账上；正在生产的产品的成本计入生产成本；已售材料成本计入其他业务成本。

3.【多项选择题】答案：ABCD

解析：这四个选项都属于销售费用。

4.【多项选择题】答案：BCD

解析：销售产品所取得的收入应作为“主营业务收入”。

5.【多项选择题】答案：ABD

解析：选项C是错的。一般而言，结构化信息比总量信息更有价值。

6.【判断题】答案：错

解析：并不是所有的产品销售都需要缴纳消费税和资源税，只有部分产品销售需要缴纳。

7.【判断题】答案：错

解析：在按照税法规则确定企业盈利的情况下，企业才缴纳所得税。

十二、知识点：收益和费用项目的扩展

1.【单项选择题】答案：D

解析：利息收入一般冲减财务费用；投资所获得的收益计入投资收益；罚没收入计入利得（营业外收入）。

2.【单项选择题】答案：C

解析：销售产品收入要作为主营业务收入；通过出租收取的租金要作为其他业务收入处理；投资获得的收益要作为投资收益处理。

3.【单项选择题】答案：C

解析：支付银行的借款利息要作为财务费用处理；支付的广告费作为销售费用处理；销售多余材料的成本要作为其他业务成本处理。

4.【多项选择题】答案：AB

解析：接受捐赠和罚款收入都计入营业外收入。

5.【多项选择题】答案：ABD

解析：存货的正常盘亏损耗要计入企业的管理费用。

6.【多项选择题】答案：ABC

解析：企业财务部门人员依然属于企业行政管理部门人员，其薪酬应计入管理费用。

7.【多项选择题】答案：BD

解析：购入厂部用小汽车，应作为固定资产处理，未来其提取折旧费时再计入当期的管理费用。车间的水电费要计入制造费用。

8.【判断题】答案：错

解析：企业发生的非正常材料损耗要计入营业外支出，不影响营业利润，但影响净利润。

9.【判断题】答案：错

解析：如本期生产的产品本期已经销售，则影响是相同的。如没有销售，就会导致资产和费用不相同，相应地，当期的营业成果也是不同的。

十三、知识点：销售环节资金运动与阶段性配比原则

1.【多项选择题】答案：ABD

解析：预收账款是负债，表示因预收对方款项但尚未提供商品所形成的一项债务。

2.【多项选择题】答案：AB

解析："预收账款"项目产生于预收款销售模式，而"应收账款"等项目产生于赊销模式。

3.【多项选择题】答案：ABCD

解析：这四个选项都是对业务的恰当描述。

4.【判断题】答案：错

解析：就会计学原理课程而言，预收账款属于负债要素。在中级会计学课程中，我们会对其内涵进行扩展。

5.【判断题】答案：对

解析：因为应收票据有明确的还款时间，还有担保人担保，所以其风险更小。

十四、知识点：权责发生制对费用段资金运动的影响+维修费的待摊与预提+税费的处理

1.【单项选择题】答案：B

解析：正是因为会计分期假设的存在，企业的经营期间才有了“上期”、“本期”和“下期”这些说法。由此产生了很多跨期项目。对于这些跨期项目需要采用权责发生制在不同的会计期间进行处理。

2.【多项选择题】答案：ABD

解析：选项C是错的，因为预付账款是资产要素。该资产预期的经济利益不是收到货币资金，而是通过行使某种权利来获取的。

3.【多项选择题】答案：ABD

解析：选项C是错的，因为其他应付款（预提费用）是负债要素。

4.【多项选择题】答案：ABCD

解析：这四个选项都是对业务的恰当描述。

5.【多项选择题】答案：ABCD

解析：这四个选项都是对业务的恰当描述。

6.【多项选择题】答案：ABCD

解析：这四个选项都是对业务的恰当描述。

7.【多项选择题】答案：ABC

解析：选项D是错的，应该是：企业以银行存款等支付机器设备的维修费，该维修费已预提。选项A、B、C都是对业务的恰当描述。

8.【多项选择题】答案：ABCD

解析：这四个选项都是对业务的恰当描述。

9.【多项选择题】答案：ABCD

解析：这四个选项都是对业务的恰当描述。

10.【判断题】答案：错

解析：预提费用又被称为其他应付款，属于负债要素。

11.【判断题】答案：错

解析：待摊费用又被称为预付账款，代表一种权利，属于资产要素。

十五、知识点：差旅费处理

1.【单项选择题】答案：B

答案：预借差旅费对于企业而言，企业只是把钱借给了出差人员，出差人员需要通过报销差旅费来偿还，多退少补。

2.【单项选择题】答案：C

答案：在未借支差旅费的情况下，实报实销，报多少，就给多少。

3.【单项选择题】答案：C

解析：期初总账余额借方600元=甲（借方800元）-乙（贷方300元）+丙（?）。得出丙为借方100元。

4.【多项选择题】答案：ABD

解析：预付账款属于资产要素，代表一种权利。预提费用就是其他应付款的另一种表述方式，也是负债。

5.【多项选择题】答案：BCD

解析：选项A是错的。其他应付款的核算对象是除购买商品、接受劳务所产生的应付款之外的其他应付款项。

6.【多项选择题】答案：ABC

答案：选项D是错的。当借支金额大于实际报销的金额时，员工应将多余的资金退还给公司，此时B22段资金运动的流量为正数。当借支金额小于实际报销的金额时，公司应该补钱给员工，此时B22段资金运动的流量为负数。

7.【判断题】答案：错

解析：在预借差旅费时，企业向出差人员收取的借款，应作为“其他应收款”处理。

十六、知识点：销售环节资金运动综合分析+收入+费用与利润

1.【单项选择题】答案：C

解析：费用是企业在销售商品、提供劳务以及转让资产使用权等日常活动中发生的经济利益的流出。

2.【单项选择题】答案：A

解析：只要收入后面加上要素这两个字，那收入的含义就是一个狭义的概念。狭义的收入是不包含利得的。

3.【多项选择题】答案：AC

解析：收入具有持续性，而利得是不具有持续性的。期末，收入类账户应结转至“本年利润”账户，其余额一定为0。

4.【多项选择题】答案：ACD

解析：费用具有持续性，而损失是不具有持续性的。

5.【多项选择题】答案：ABCD

解析：这四个选项都是对业务的恰当描述。

6.【多项选择题】答案：ABCD

解析：这四个选项都是对业务的恰当描述。

7.【多项选择题】答案：ABCD

解析：这四个选项都是对业务的恰当描述。

8.【多项选择题】答案：AB

解析：待摊费用又被称为预付费用或预付账款，属于资产要素，它的期末余额不一定为0。预提费用又被称为其他应付款，属于负债要素，它的期末余额不一定为0。应交税费属于负债要素，它的期末余额不一定为0。库存商品属于资产要素，它的期末余额不一定为0。因此选项C、D是错的。选项A、B是对业务的恰当描述。

9.【判断题】答案：错

解析：收入项目、利润项目的期末余额一定为0。负债和所有者权益项目的期末余额可以不为0。

10.【判断题】答案：错

解析：费用项目的期末余额一定为0，而资产项目的期末余额可以不为0。

十七、知识点：六大要素关系理论分析

1.【单项选择题】答案：C

解析：资产、负债和所有者权益是静态会计要素，是资金运动的静态表现形式。

2.【单项选择题】答案：B

解析：收入、费用和利润是动态会计要素，是资金运动的动态表现形式。

3.【单项选择题】答案：C

解析：选项C是对的。资产和费用是一类的，收入、利润和负债、所有者权益是一类的。

4.【单项选择题】答案：C

解析：由于产品尚未对外销售，该错误将导致企业的资产总额（流动资产中的在产品或库存商品）增加，而销售费用的减少则导致营业利润和净利润都增加。

5.【多项选择题】答案：BD

解析：收入类账户、费用类账户和利润类账户期末余额一定为0。

6.【判断题】答案：错

解析：资产和权益是一笔资金的两个方面。

7.【判断题】答案：错

解析：支出的货币资金也可能形成了企业的资产或者偿还了债务。

8.【判断题】答案：对

解析：总体来说，账户分为资产类账户和负债类账户。

十八、知识点：六大要素的关系分析

1.【单项选择题】答案：A

解析：一般我们所指的期间费用主要包括管理费用、销售费用和财务费用。企业所有的费用（包括期间费用）和收益项目，由于期末的结转，期末账户余额全部

都为0。

2.【多项选择题】答案：ABD

解析：一般我们所指的期间费用主要包括管理费用、销售费用和财务费用。库存商品属于资产要素。

3.【多项选择题】答案：AC

解析：与所得税费用相关的前后两段资金运动：前一段是税费的确认（即B61段资金运动），后一段是税费的结转（即D段资金运动）。

4.【多项选择题】答案：ABCD

解析：这四个选项都是对本年利润的正确描述。

5.【判断题】答案：错

解析：收入的取得既可能表现为资产的增加，也可能表现为负债的减少，或者兼而有之。

6.【判断题】答案：错

解析：费用的发生既可能表现为资产的减少，也可能表现为负债的增加，或者兼而有之。

7.【判断题】答案：错

解析：收入、费用和利润是虚账户，是因为管理与控制的需要而设置出来的，反映了会计的管理与控制的思想。

十九、知识点：六大要素关系举例

1.【单项选择题】答案：B

解析：期初所有者权益=100-40=60（万元），期末所有者权益=300-190=110（万元）。

由于本期没有发生与所有者权益相关的业务，本期的净利润=110-60=50（万元）。

2.【单项选择题】答案：C

解析：期初所有者权益=100-40=60（万元），期末所有者权益=300-190=110（万元）。

本期的净利润=110-60-（22-8-5）=41（万元）。

3.【单项选择题】答案：B

解析：期初所有者权益=100-40=60（万元）。

期末负债余额=40-19+168=189（万元），期末所有者权益=300-189=111（万元）。

本期的净利润=111-60-（22-8-5）=42（万元）。

4.【讨论分析题】答案：

成本是对象化的支出，即该支出是为某一特定的资产项目服务的。该支出将构成该资产成本的一个部分，即构成资产的一部分。

费用是期间化的支出，即该支出无法指明服务于哪一特定的资产。只能根据时间关系的配比原则，将该支出作为发生当期的费用，直接计入发生当期的损益。

成本与费用的区别举例：

项目		水费、电费及其他杂费		运杂费等	
		生产车间	企业管理部门	采购环节	销售环节
明确的服务对象（即服务于某一特定的资产）	是否存在	是	否	是	否
	服务对象	某产品	—	某材料	—
处理原则		因果关系配比	时间关系配比	因果关系配比	时间关系配比
具体处理	处理结果	计入资产成本	计入当期损益	计入资产成本	计入当期损益
	处理过程	先计入制造费用，再转为生产成本，最后转为库存商品	先计入管理费用，期末冲减本年利润	先通过在途物资进行汇集，验收入库后转入原材料项目	先计入销售费用，期末再冲减本年利润

二十、知识点：销售环节作业讲解

1.【计算题】答案：

业务	甲公司	乙公司	丙公司	丁公司
期初结存A产品成本	2 000 000	（2 800 000）	400 000	1 200 000
本期入库A产品成本	3 500 000	4 500 000	（6 800 000）	4 900 000
本期可供销售A产品成本	（5 500 000）	（7 300 000）	（7 200 000）	（6 100 000）
期末结存A产品成本	（500 000）	1 000 000	1 200 000	（2 600 000）
本期销售A产品收入	8 000 000	（9 000 000）	8 400 000	5 200 000
本期销售A产品成本	（5 000 000）	6 300 000	（6 000 000）	3 500 000
毛利（售价与成本之差）	3 000 000	2 700 000	2 400 000	（1 700 000）

2.【业务题】答案：

（1）

借：银行存款　1 000 000
　贷：主营业务收入　　1 000 000

借：主营业务成本 400 000
　贷：库存商品　　　　400 000

(2)

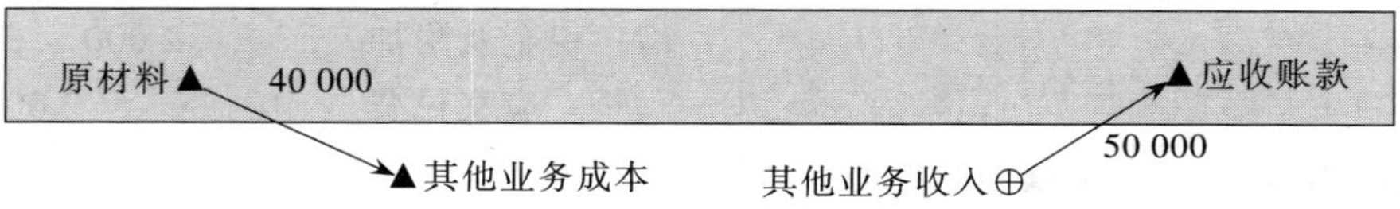

借：应收账款 50 000
　贷：其他业务收入 50 000

借：其他业务成本 40 000
　贷：原材料 40 000

(3)

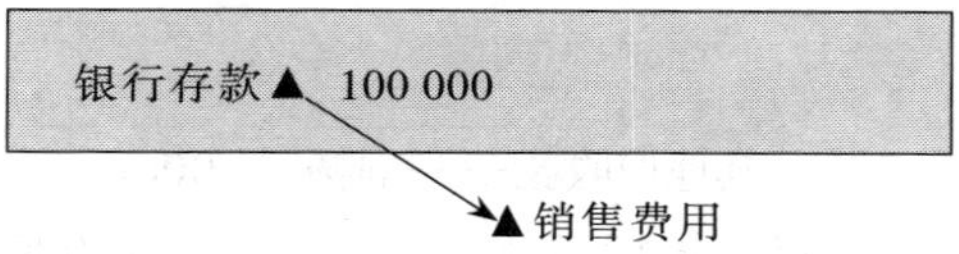

借：销售费用 100 000
　贷：银行存款 100 000

(4)

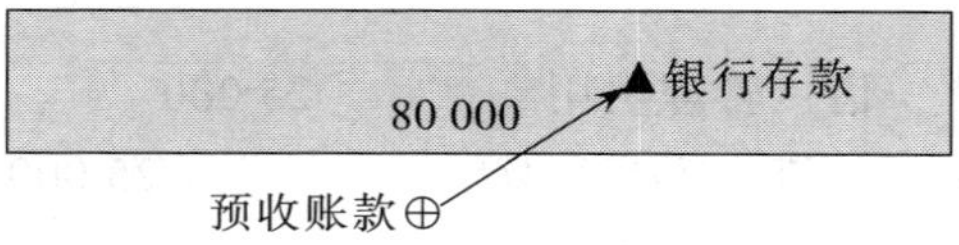

借：银行存款 80 000
　贷：预收账款 80 000

(5)

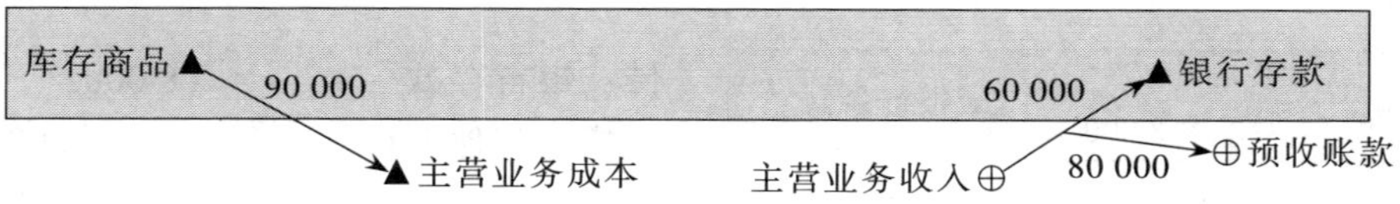

收入的取得：
借：预收账款 80 000
　　银行存款 60 000
　贷：主营业务收入 140 000

成本的结转：
借：主营业务成本 90 000
　贷：库存商品 90 000

(6)

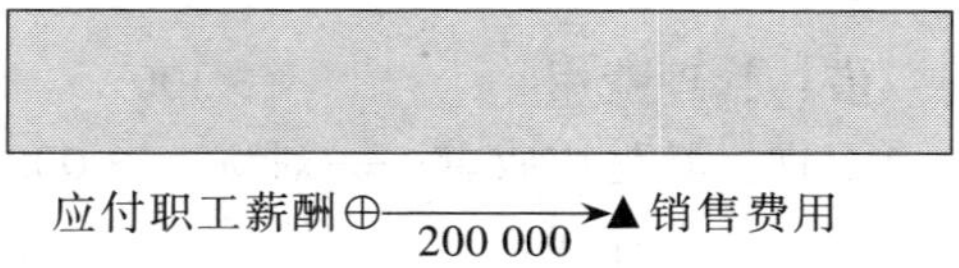

借：销售费用 200 000
　贷：应付职工薪酬 200 000

(7)

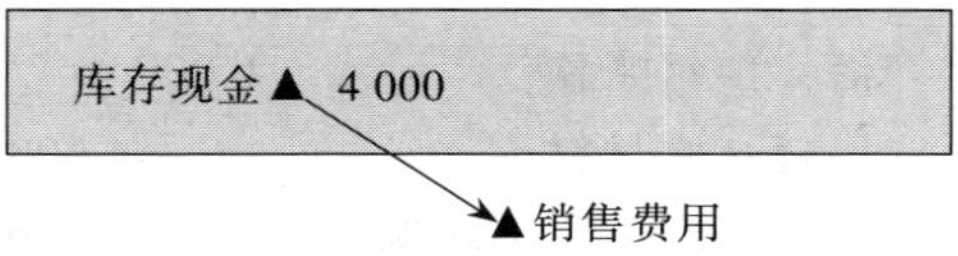

借：销售费用 4 000
　贷：库存现金 4 000

(8)

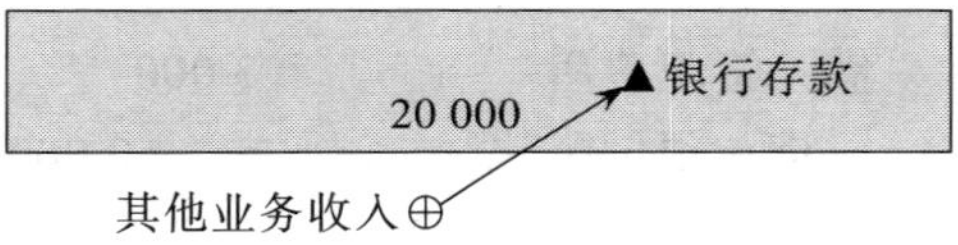

借：银行存款 20 000
　贷：其他业务收入 20 000

(9)

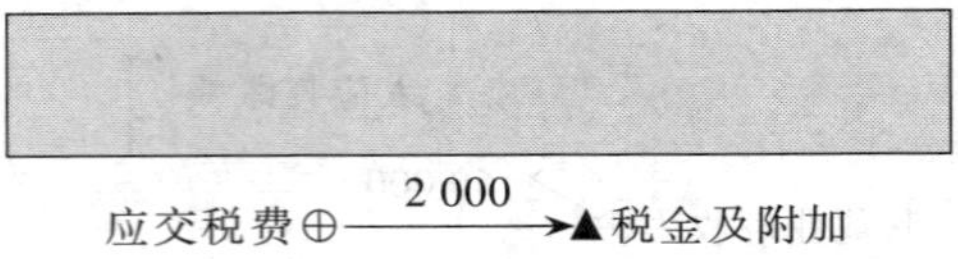

借：税金及附加　　　　2 000
　贷：应交税费　　　　　　2 000

(10)

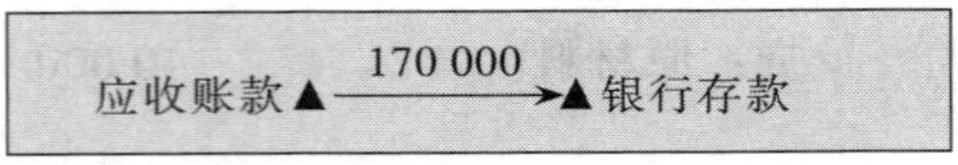

借：银行存款　　　　170 000
　贷：应收账款　　　　　　170 000

3.【业务题】答案：

(1)

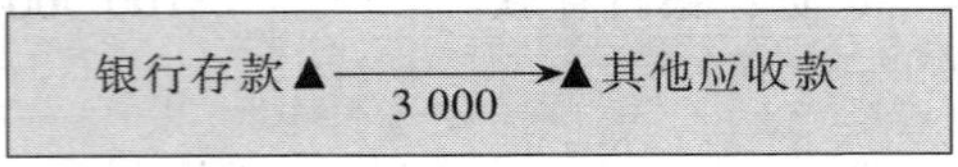

借：其他应收款——刘畅　3 000
　贷：银行存款　　　　　　3 000

(2)

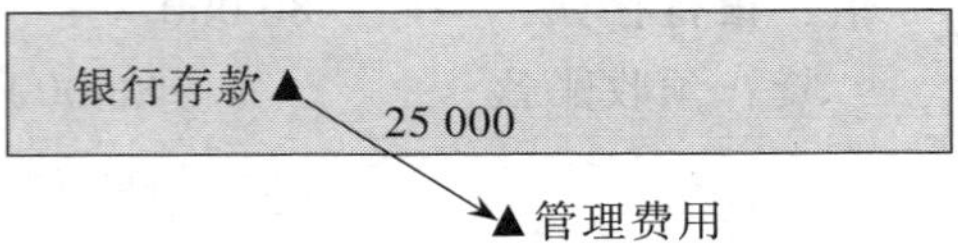

借：管理费用　　　　25 000
　贷：银行存款　　　　　　25 000

(3)

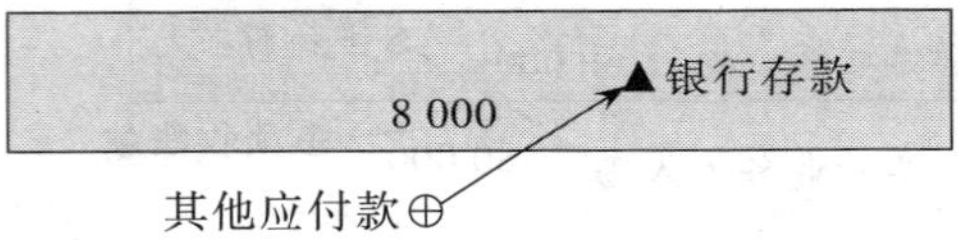

借：银行存款　　　　8 000
　贷：其他应付款　　　　　8 000

(4)

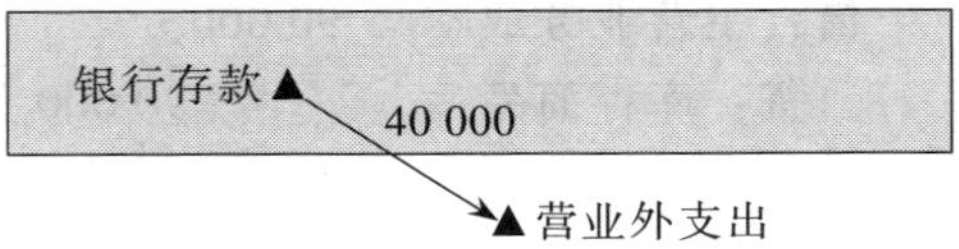

借：营业外支出　　　　40 000
　贷：银行存款　　　　　　40 000

(5)

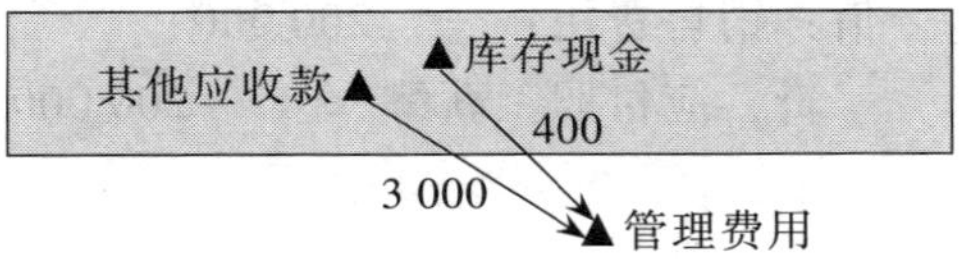

借：管理费用　　　　3 400
　贷：其他应收款——刘畅　3 000
　　　库存现金　　　　　　400

(6)

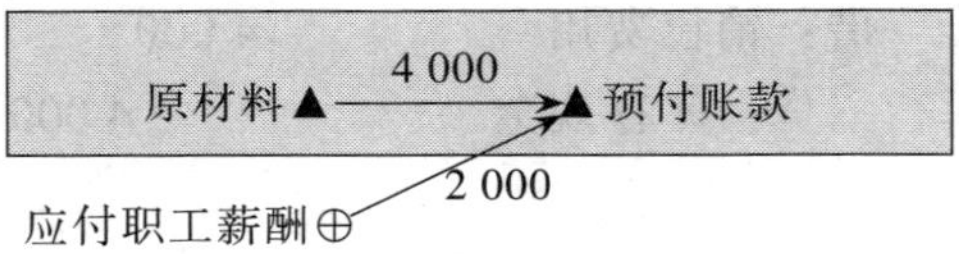

借：预付账款　　　　6 000
　贷：原材料　　　　　　4 000
　　　应付职工薪酬　　　　2 000

(7)

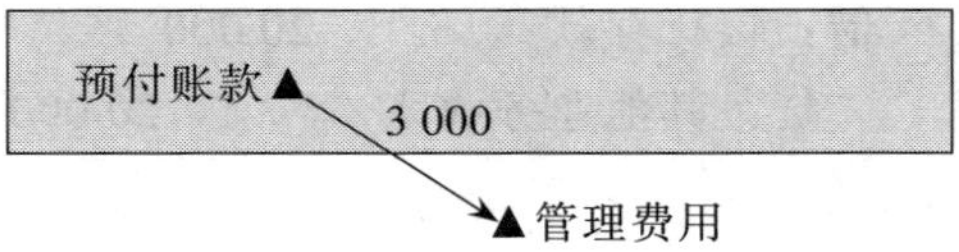

借：管理费用　　　　3 000
　贷：预付账款　　　　　　3 000

（8）

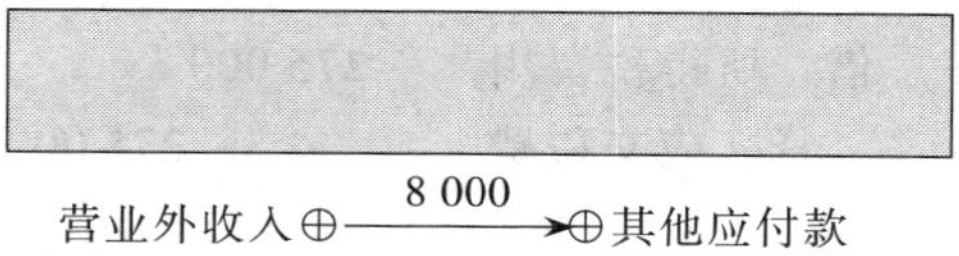

借：其他应付款　　　　8 000
　贷：营业外收入　　　　8 000

（9）

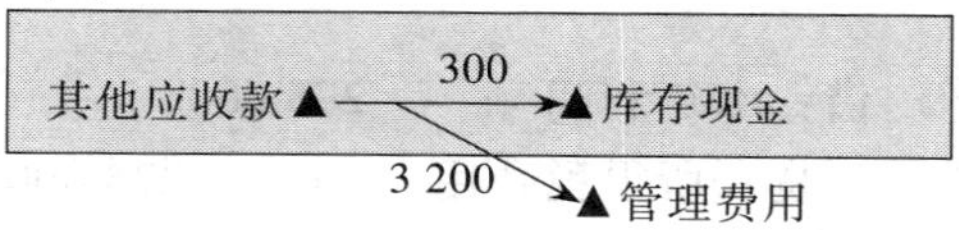

借：管理费用　　　　3 200
　　库存现金　　　　300
　贷：其他应收款——王岑　3 500

（10）

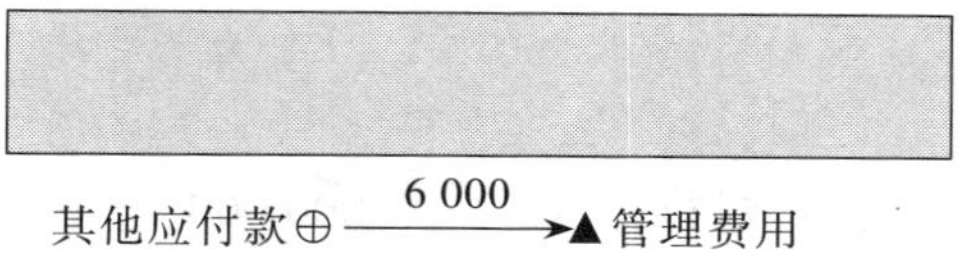

借：管理费用　　　　6 000
　贷：其他应付款　　　　6 000

（11）

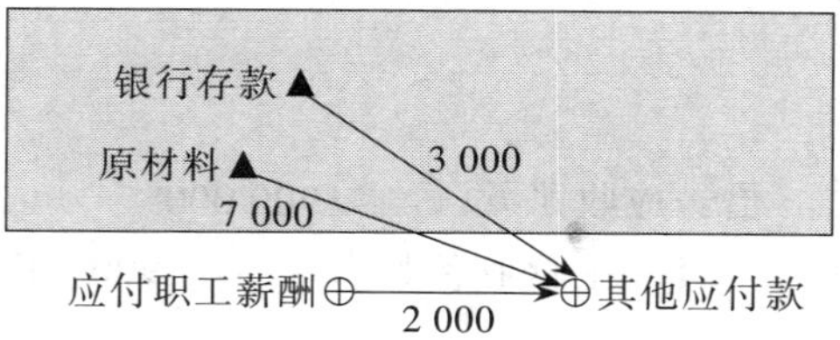

借：其他应付款　　　12 000
　贷：原材料　　　　　　7 000
　　　银行存款　　　　　3 000
　　　应付职工薪酬　　　2 000

（12）

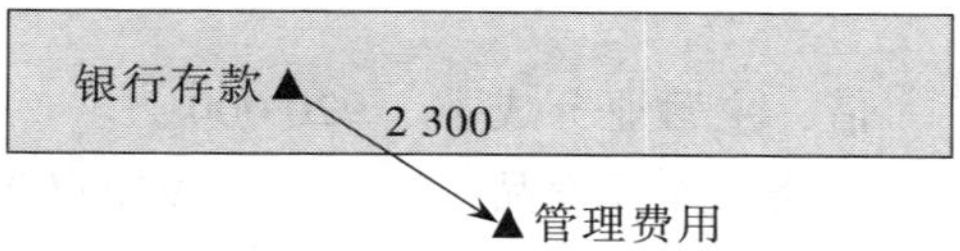

借：管理费用　　　　2 300
　贷：银行存款　　　　2 300

4.【业务题】答案：

（1）

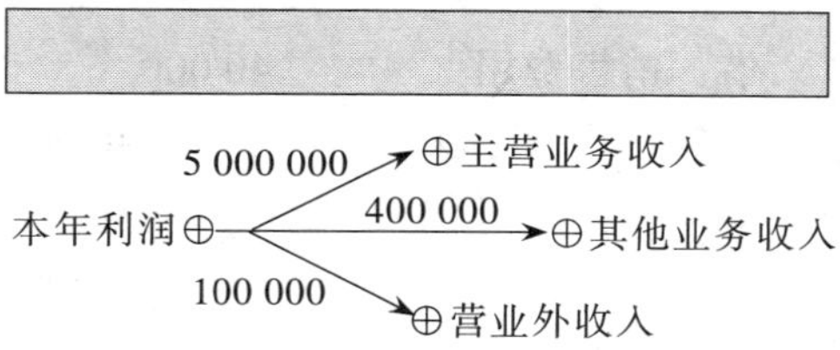

借：主营业务收入　　5 000 000
　　其他业务收入　　400 000
　　营业外收入　　　100 000
　贷：本年利润　　　　　5 500 000

（2）

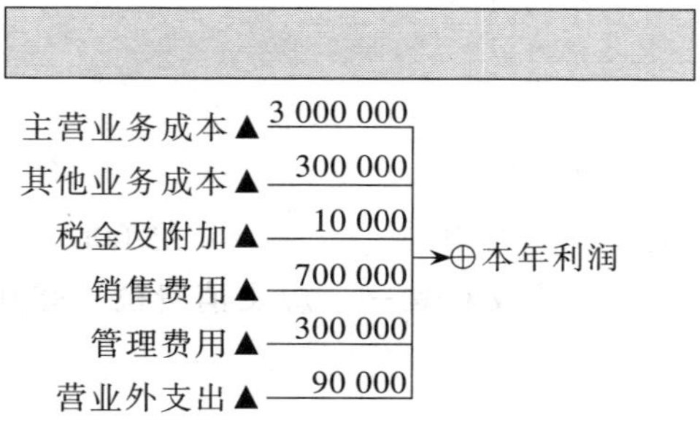

借：本年利润　　　4 400 000
　贷：主营业务成本　　　3 000 000
　　　税金及附加　　　　10 000
　　　其他业务成本　　　300 000
　　　管理费用　　　　　300 000
　　　销售费用　　　　　700 000
　　　营业外支出　　　　90 000

（3）

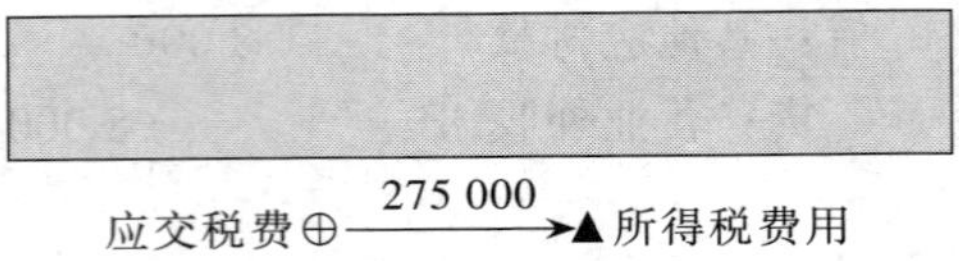

借：所得税费用　　275 000
　贷：应交税费　　　　275 000

（4）

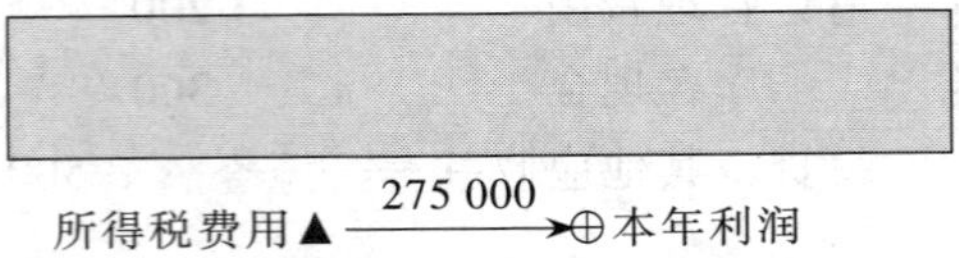

借：本年利润　　275 000
　贷：所得税费用　　　　275 000

5.【业务题】答案：

（1）

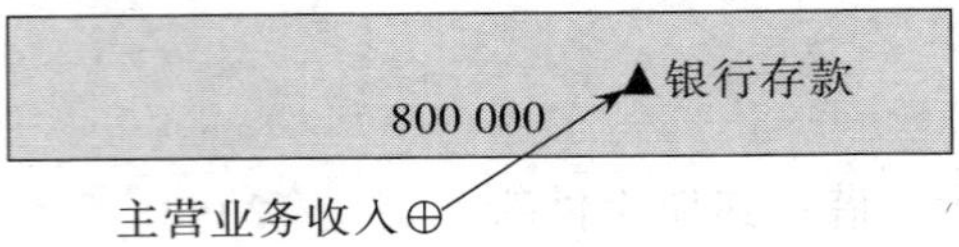

借：银行存款　　800 000
　贷：主营业务收入　　　　800 000

（2）

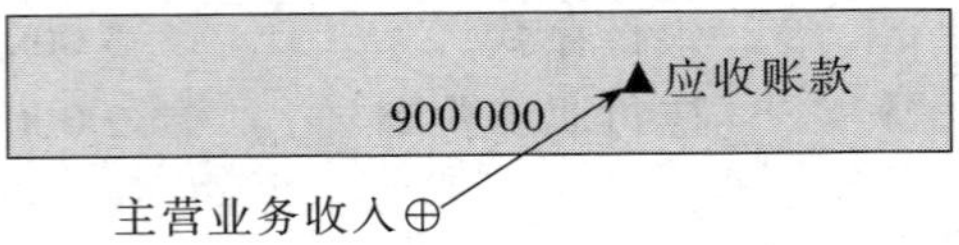

借：应收账款　　900 000
　贷：主营业务收入　　　　900 000

（3）

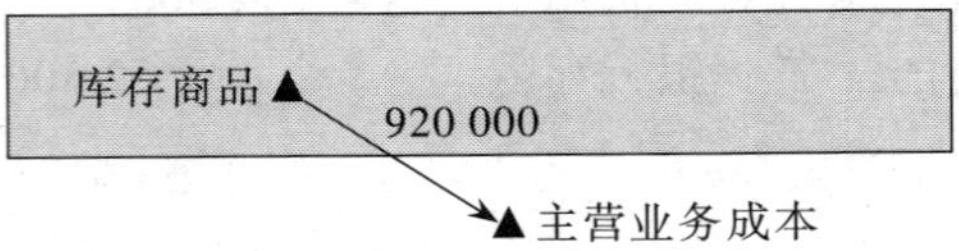

借：主营业务成本　920 000
　贷：库存商品　　　　920 000

（4）

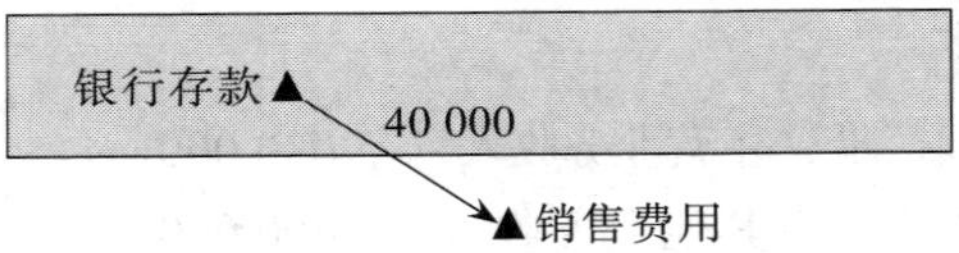

借：销售费用　　40 000
　贷：银行存款　　　　40 000

（5）

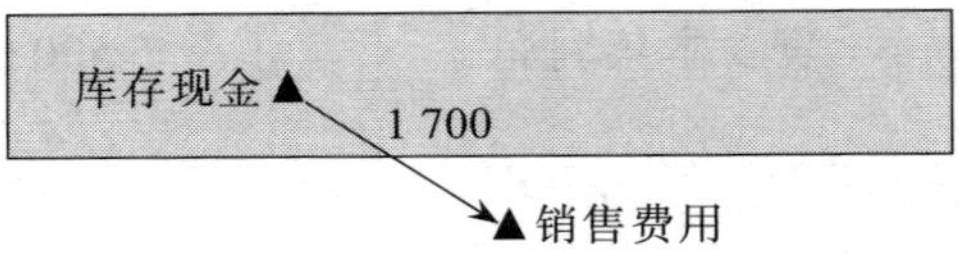

借：销售费用　　1 700
　贷：库存现金　　　　1 700

（6）

应交消费税=（800 000+900 000）×5%=85 000（元）

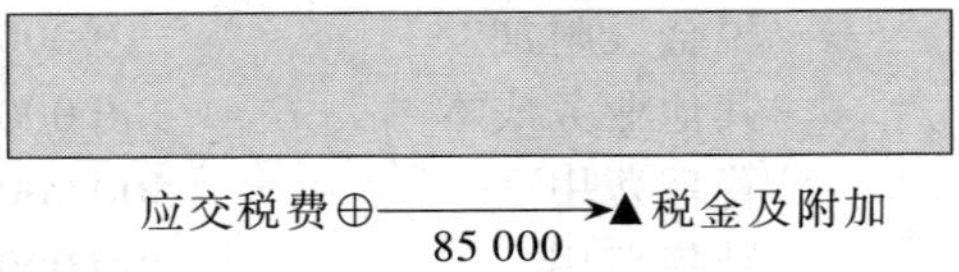

借：税金及附加　　85 000
　贷：应交税费——应交消费税　85 000

(7)

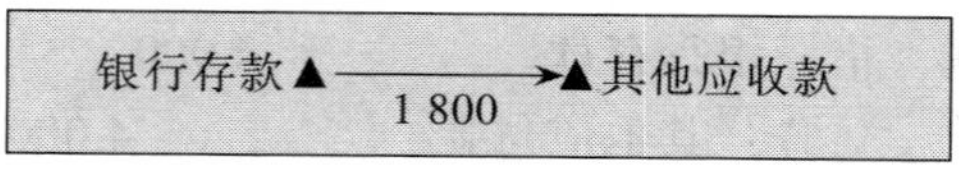

借：其他应收款——李军1 800
　贷：银行存款　　1 800

(8)

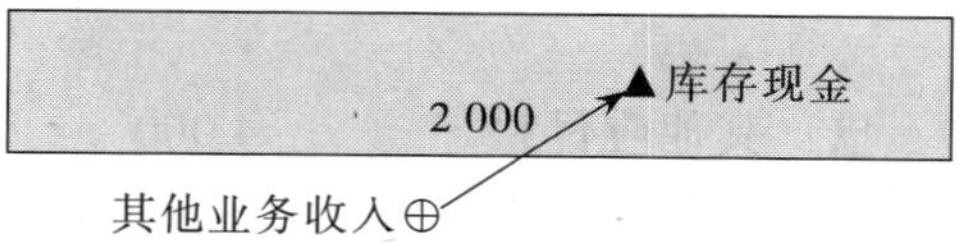

借：库存现金　　2 000
　贷：其他业务收入　　2 000

(9)

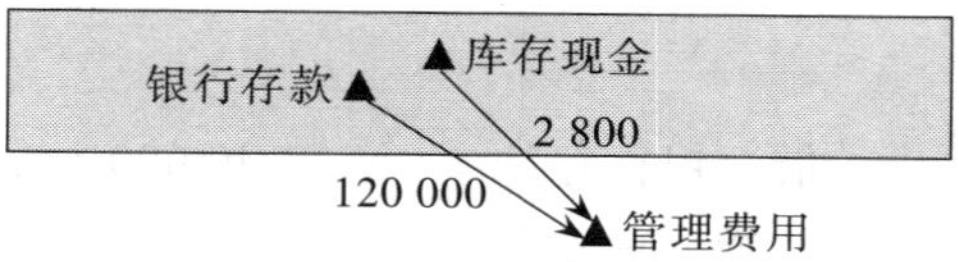

借：管理费用　　122 800
　贷：银行存款　　120 000
　　　库存现金　　2 800

(10)

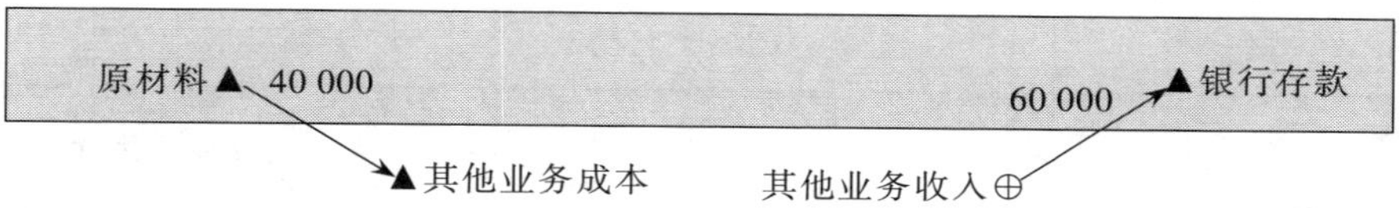

借：银行存款　　60 000
　贷：其他业务收入　　60 000

借：其他业务成本　　40 000
　贷：原材料　　40 000

(11)

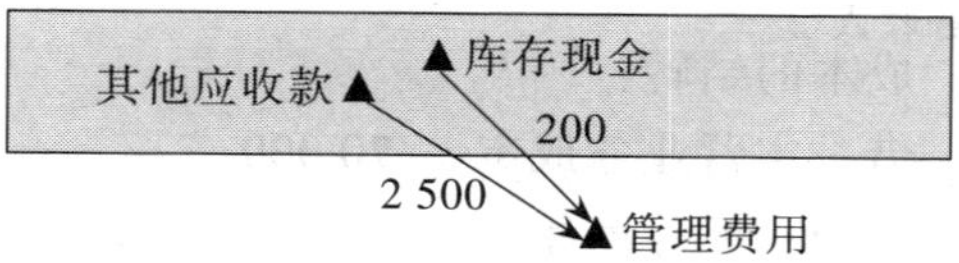

借：管理费用　　2 700
　贷：其他应收款——刘三　　2 500
　　　库存现金　　200

(12)

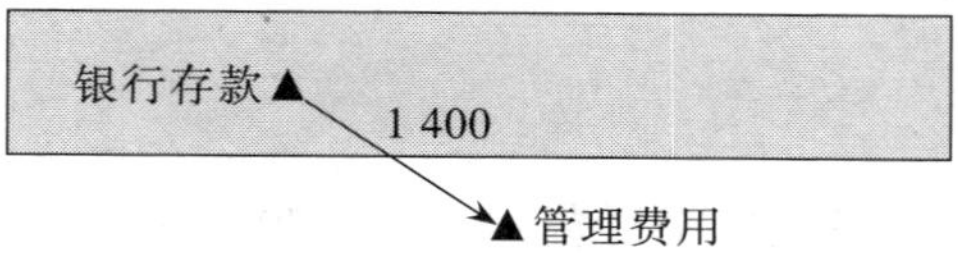

借：管理费用　　1 400
　贷：银行存款　　1 400

(13)

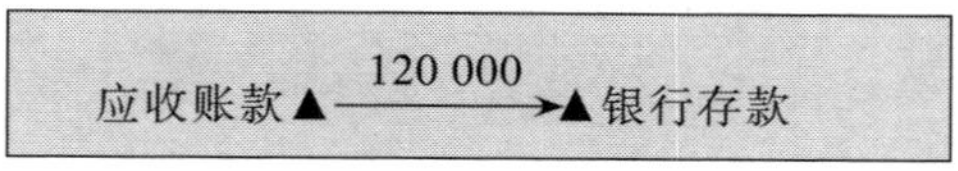

借：银行存款　　120 000
　贷：应收账款　　120 000

(14)

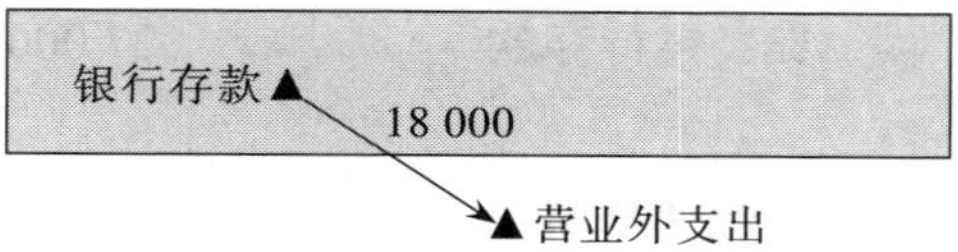

借：营业外支出　　18 000
　贷：银行存款　　18 000

（15）

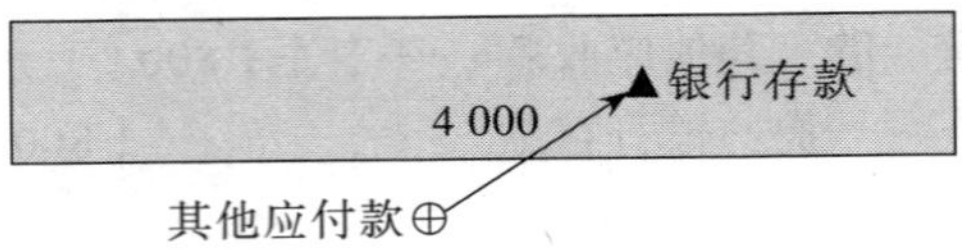

借：银行存款　　　　4 000
　贷：其他应付款　　　　4 000

（16）

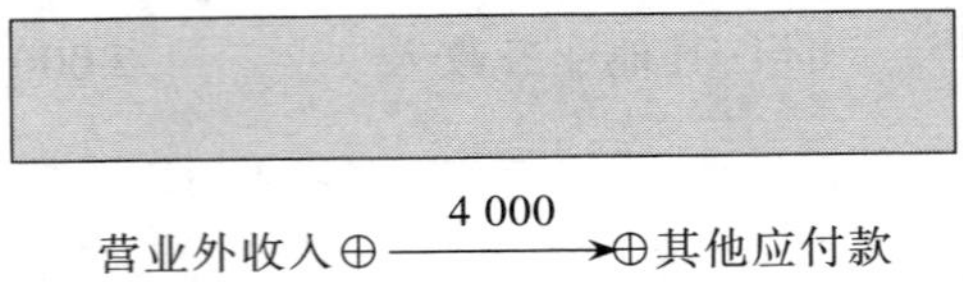

借：其他应付款　　　　4 000
　贷：营业外收入　　　　4 000

（17）

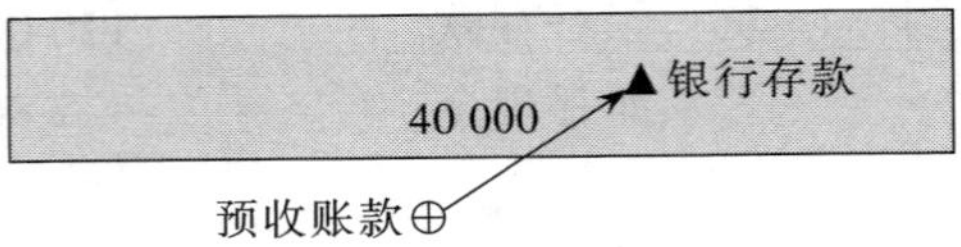

借：银行存款　　　　40 000
　贷：预收账款　　　　40 000

（18）

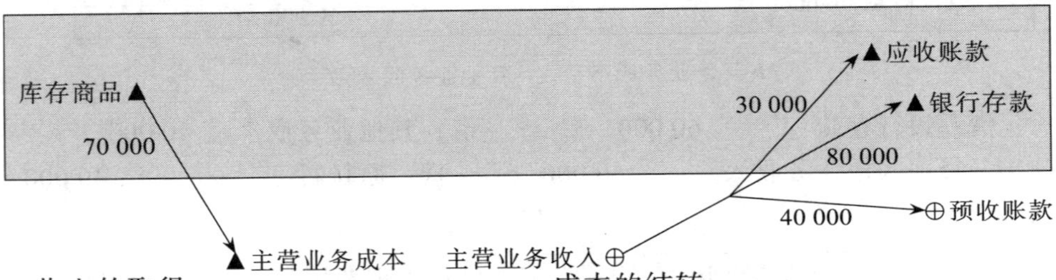

收入的取得：

借：预收账款　　　　40 000
　　银行存款　　　　80 000
　　应收账款　　　　30 000
　贷：主营业务收入　　　　150 000

成本的结转：

借：主营业务成本　　70 000
　贷：库存商品　　　　70 000

（19）

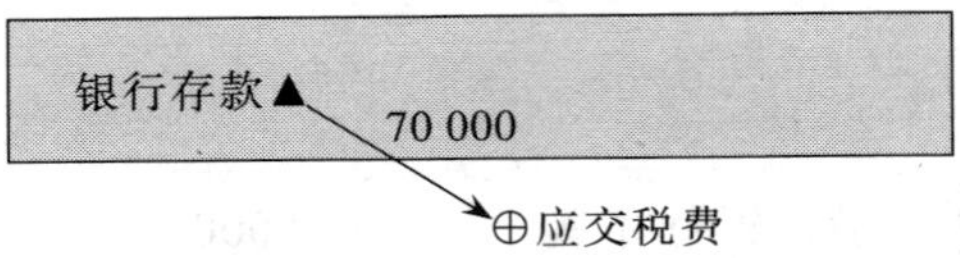

借：应交税费　　　　70 000
　贷：银行存款　　　　70 000

（20）

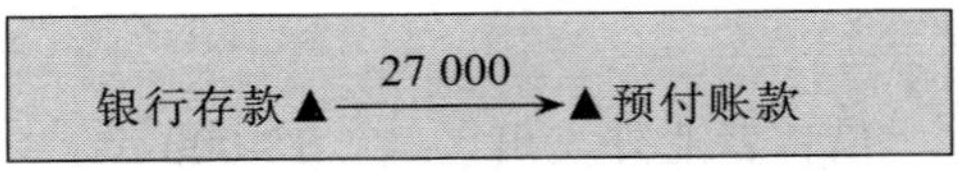

借：预付账款　　　　27 000
　贷：银行存款　　　　27 000

（21）

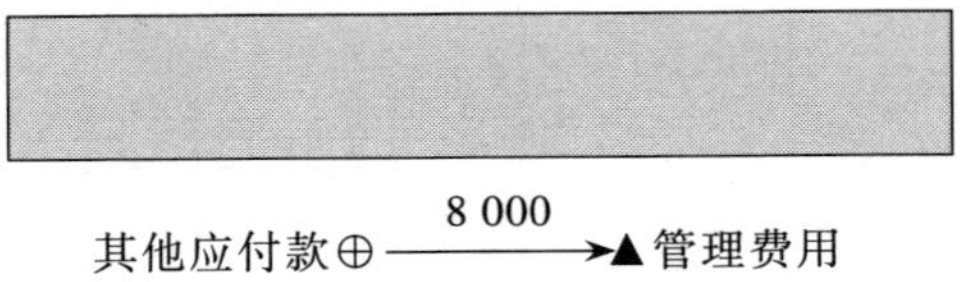

借：管理费用　　　　8 000
　贷：其他应付款　　　　8 000

（22）

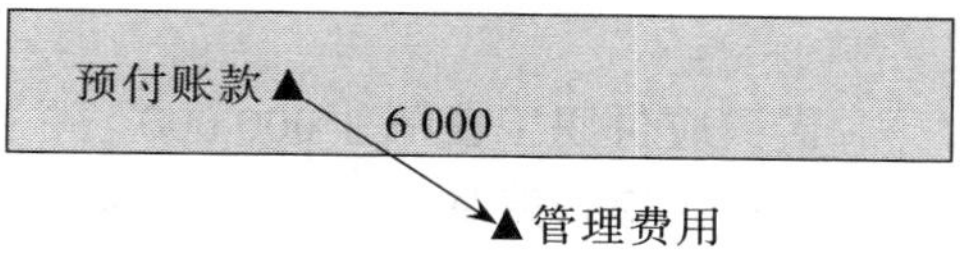

借：管理费用　　6 000
　贷：预付账款　　6 000

（23）

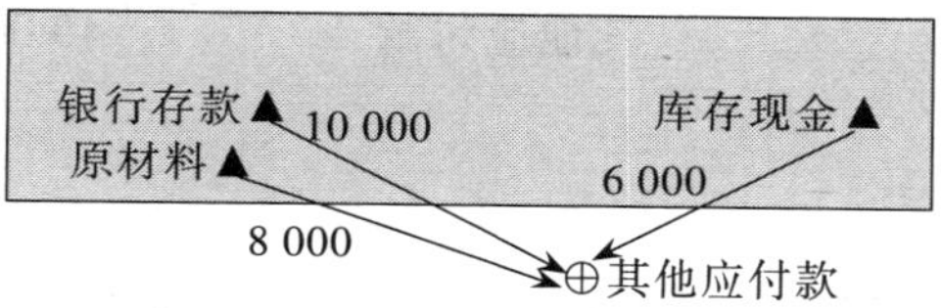

借：其他应付款　　24 000
　贷：原材料　　8 000
　　银行存款　　10 000
　　库存现金　　6 000

（24）

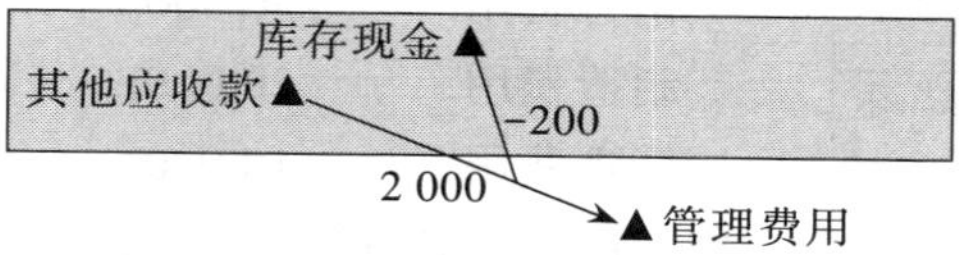

借：管理费用　　1 800
　库存现金　　200
　贷：其他应收款——王涛　　2 000

（25）

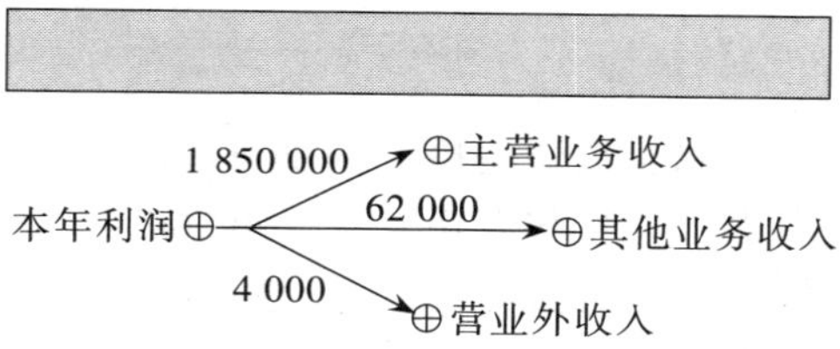

借：主营业务收入　1 850 000
　其他业务收入　　62 000
　营业外收入　　4 000
　贷：本年利润　　1 916 000

（26）

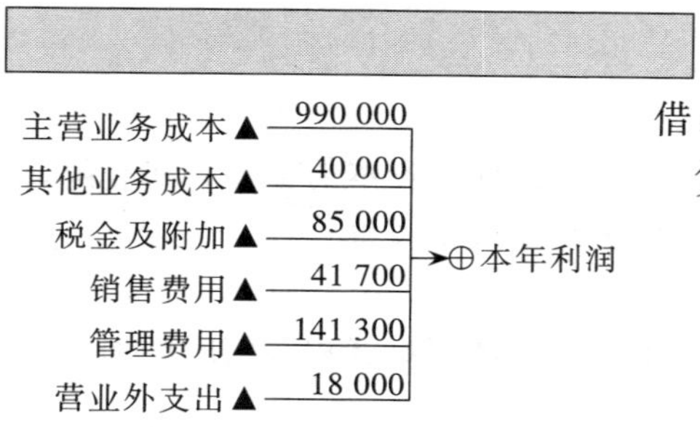

借：本年利润　　1 316 000
　贷：主营业务成本　　990 000
　　税金及附加　　85 000
　　其他业务成本　　40 000
　　管理费用　　141 300
　　销售费用　　41 700
　　营业外支出　　18 000

（27）

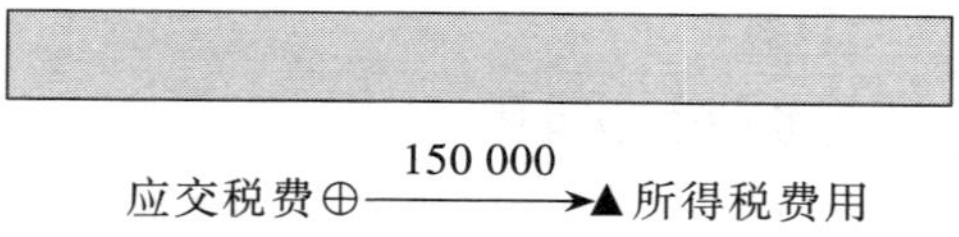

借：所得税费用　　150 000
　贷：应交税费　　150 000

（28）

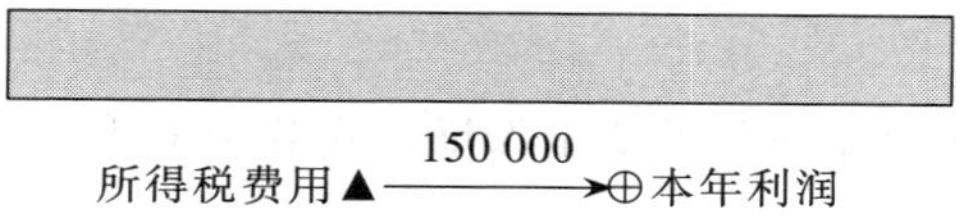

借：本年利润　　150 000
　贷：所得税费用　　150 000

6.【业务题】答案：

（1）

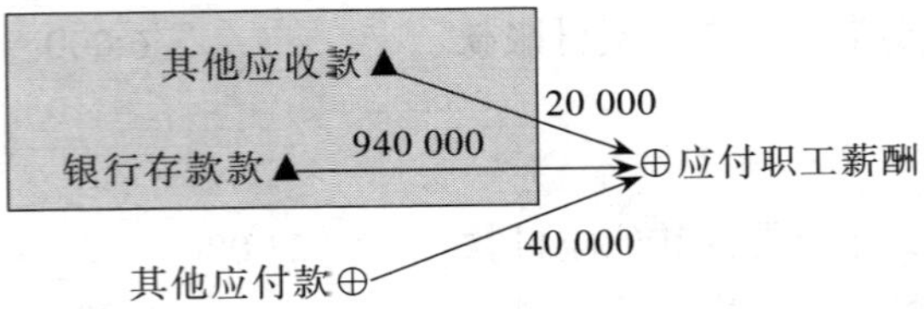

借：应付职工薪酬 1 000 000
　贷：银行账款　　940 000
　　　其他应收款　　20 000
　　　其他应付款　　40 000

（2）

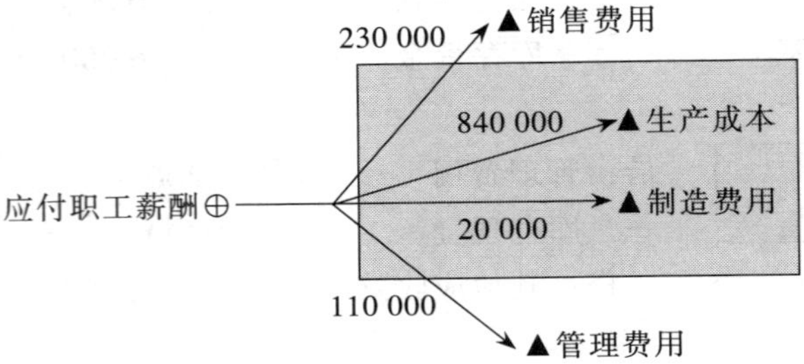

借：生产成本　　840 000
　　销售费用　　230 000
　　制造费用　　20 000
　　管理费用　　110 000
　贷：应付职工薪酬　　1 200 000

（3）

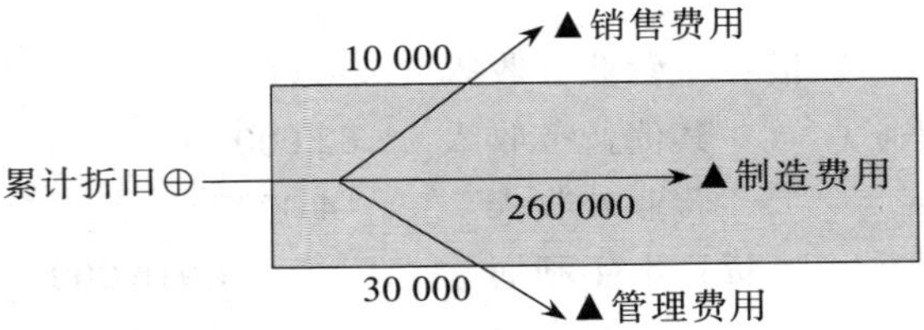

借：制造费用　　260 000
　　销售费用　　10 000
　　管理费用　　30 000
　贷：累计折旧　　300 000

二十一、知识点：股权性筹资分析

1.【多项选择题】答案：BC

解析：资本公积主要是指投资者投入资本中超出注册资本的部分，在有限责任公司一般被称为资本溢价，在股份有限公司一般被称为股本溢价。

2.【多项选择题】答案：CD

解析：接受投资者以无形资产投资，会引起资产和所有者权益同时增加。

3.【多项选择题】解析：ABCD

解析：实收资本和资本公积反映所有者的原始投入，盈余公积和利润分配（未分配利润）反映留存收益。两者共同反映所有者权益总额。

4.【多项选择题】答案：ABCD

解析：这四个选项都是对权益性筹资相关业务的恰当表述。

5.【判断题】答案：错

解析：一般来说，资本公积属于所有者原始投入的一部分，不属于留存收益。

6.【判断题】答案：错

解析：企业的实收资本是企业独立承担民事责任的资金保证，在数量上等于企业在市场监督管理部门登记注册的资金总额。

7.【判断题】答案：错

解析：其应该是投入资本与留存收益之和。

8.【判断题】答案：错

解析：企业的投入资本可能包括两部分：一部分是与企业注册资本对应的实收资本或股本，另一部分是资本溢价或股本溢价。

9.【判断题】答案：对

解析：除依法转让外，企业抽逃资金属于违反公司法的行为。

二十二、知识点：债务性筹资与对外投资分析

1.【多项选择题】答案：ABCD

解析：这四个选项都是对短期借款相关业务的恰当表述。

2.【多项选择题】答案：BCD

解析：短期借款作为一种资金来源渠道，在“会计沙盘模型”上以沙坑的形态存在。其流出反映企业借款的增加，其流入反映企业偿还借款，其余额在贷方，反映尚未偿还的短期借款。

3.【多项选择题】答案：ABCD

解析：这四个业务都可能与银行存款减少产生对应关系。

4.【多项选择题】答案：ABD

解析：累计折旧、实收资本和短期借款在“会计沙盘模型”上都以沙坑的形态存在，如有余额，就会以沙坑的形态存在，其对应账户的余额就在贷方。

5.【多项选择题】答案：AD

解析：选项B会导致资产和所有者权益同时增加；选项C会导致资产和负债同时减少。

6.【判断题】答案：错

解析：一般情况下，如有利息收入，应冲减财务费用，通过减少费用来反映收入的增加。

二十三、知识点：筹资与投资业务举例

1.【多项选择题】答案：AB

解析：选项C、D是错的。选项C错在对于甲企业注册资本的金额推算是错的，甲企业注册资本应该为1 000万元。选项D错在对企业可用资金总量的影响上。该笔业务将导致企业的资产和所有者权益同时增加120万元，从而导致企业可用资金总量增加120万元，但不会破坏“资产=负债+所有者权益”的会计等式。选项A、B是对相关业务的恰当表述。

2.【多项选择题】答案：ABCD

解析：这四个选项都是对业务的恰当描述。

3.【业务题】答案：

（1）

借：银行存款　　3 000 000

　贷：实收资本——大华　3 000 000

（2）

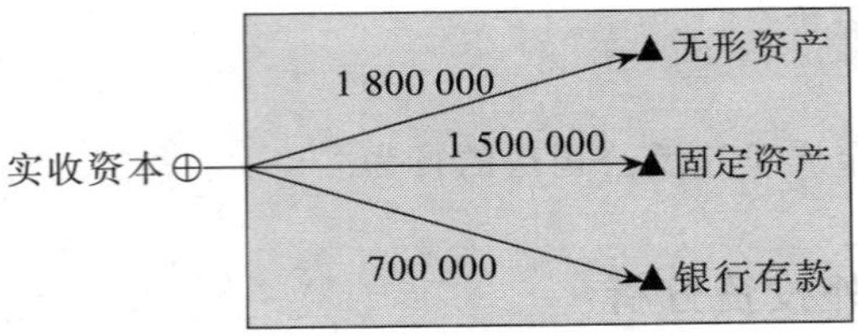

借：银行存款　　700 000

　　无形资产　　1 800 000

　　固定资产　　1 500 000

　贷：实收资本——天宇　4 000 000

（3）

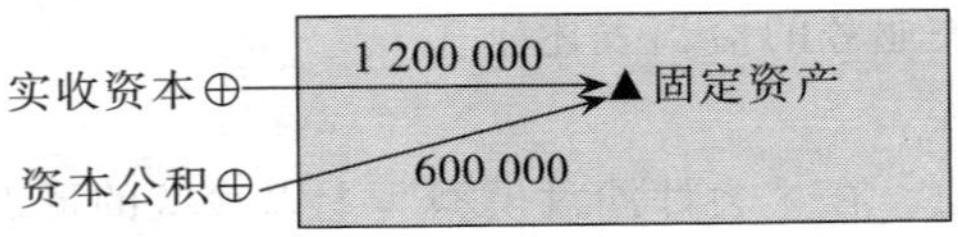

借：固定资产　　1 800 000

　贷：实收资本——海欣　1 200 000

　　　资本公积　　　　　600 000

（4）

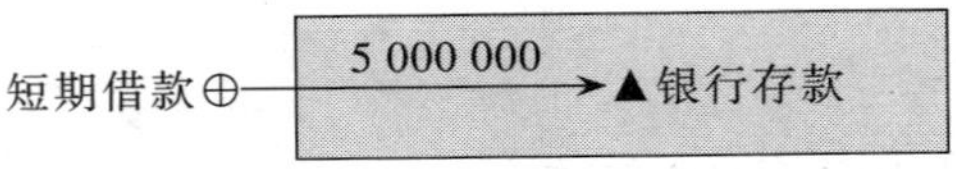

借：银行存款　　5 000 000

　贷：短期借款　　　　5 000 000

（5）

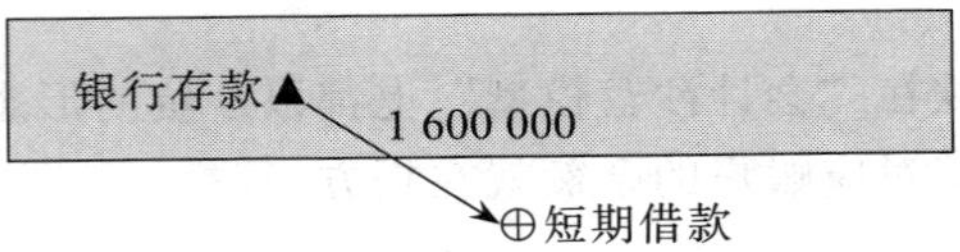

借：短期借款　　1 600 000

　贷：银行存款　　　　1 600 000

（6）

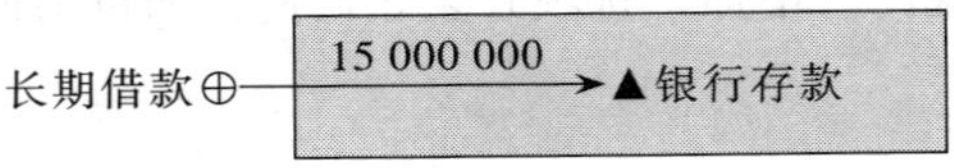

借：银行存款　15 000 000

　贷：长期借款　　　　15 000 000

（7）

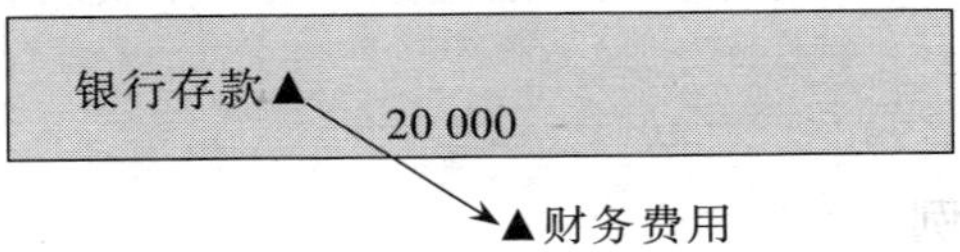

借：财务费用　　　　20 000

　贷：银行存款　　　　　20 000

（8）

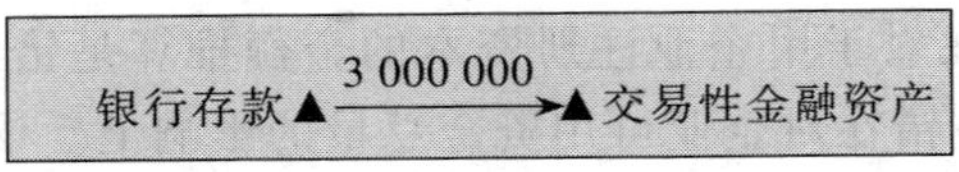

借：交易性金融资产 3 000 000

　贷：银行存款　　　　　3 000 000

（9）

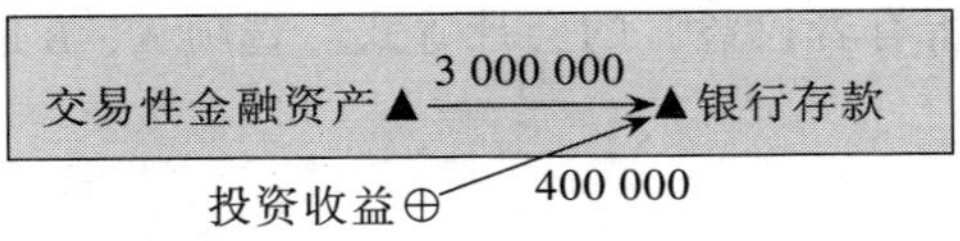

借：银行存款　　3 400 000

　贷：交易性金融资产　　3 000 000

　　　投资收益　　　　　400 000

（10）

借：长期股权投资　　8 000 000
　贷：银行存款　　　　　　8 000 000

（11）

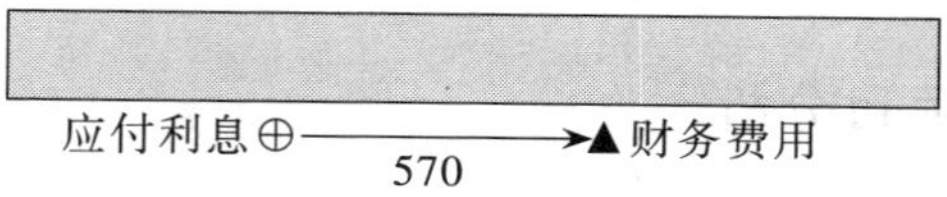

借：财务费用　　　　570
　贷：应付利息　　　　　　570

（12）

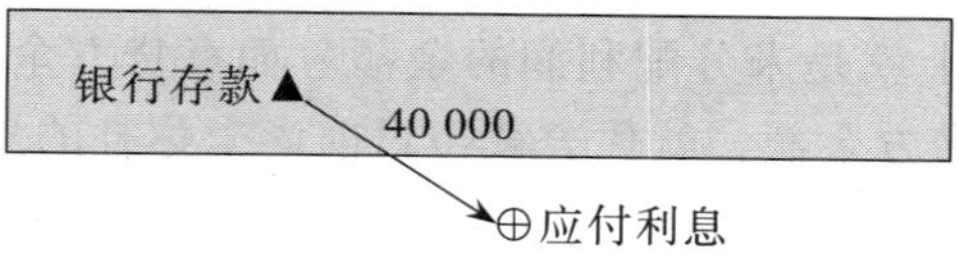

借：应付利息　　　40 000
　贷：银行存款　　　　　400 000

二十四、知识点：利润分配概述+现金股利分配+盈余公积提取和股票股利分配

1.【多项选择题】答案：BCD

解析：由于是对净利润进行分配，而净利润已是扣除所得税之后的金额，因此不能选选项A。

2.【多项选择题】答案：ABCD

解析：这四个选项都是对利润分配项目的恰当描述。

3.【多项选择题】答案：ABCD

解析：这四个选项都是对利润分配项目的恰当描述。

4.【多项选择题】答案：ABD

解析：虽然盈余公积的提取并没有记在各个股东的名下，但各个股东依然是按其占公司注册资本的持股比例分享该盈余公积的。因此，各个股东的利益不会受到损害。

二十五、知识点：利润分配与分期假设+利润分配综合分析

1.【多项选择题】答案：ABC

解析：一旦本年利润表现为亏损，该亏损在“会计沙盘模型”的真实状态就是一个沙堆，因而在结转时其流量（即D段流量）应该为负数。

2.【多项选择题】答案：BCD

解析：企业进行利润分配的法律依据应该是企业的股东大会或类似的权力机构做出的决议。在此之前的拟分配方案是没有法律意义的，企业也不能据此进行会计处理。

3.【多项选择题】答案：ABCD

解析：这四个选项都是对利润及其分配的正确描述。

4.【判断题】答案：对

解析：在计算利润的时候，通过收入的结转和费用的结转，收入和费用全部结清为零。在进行利润分配的时候，通过将本年已实现的利润结转至未分配利润，本年利润结清为零。

二十六、知识点：利润分配环节相关项目分析

1.【单项选择题】答案：B

解析：利润分配项目如果有余额的话，说明企业没有单独设置“未分配利润”项目。在这种情况下，利润分配的余额实际上就是未分配利润的余额。如有贷方余额，就代表截至目前尚未分配完的利润；如有借方余额，就代表截至目前尚未弥补的累计亏损。

2.【单项选择题】答案：D

解析：本年利润项目只与三类项目有直接的对应关系：收入、费用和未分配利润。

3.【多项选择题】答案：AD

解析：提取盈余公积属于所有者权益内部结构的变化；将资本公积转增资本，也是所有者权益内部结构的变化；这两个选项都不影响所有者权益总额。

4.【多项选择题】答案：ABCD

解析：这四个选项都是对利润分配的正确描述。

5.【多项选择题】答案：ABCD

解析：这四个选项都是对利润分配的正确描述。

6.【判断题】答案：对

解析：只要经过股东大会批准，就形成了对所有股东的应付未付现金股利债务。

7.【判断题】答案：对

解析：只需要正常地将本年已实现的净利润结转至未分配利润项目就行了。

二十七、知识点：利润分配环节业务举例

1.【业务题】答案：

（1）

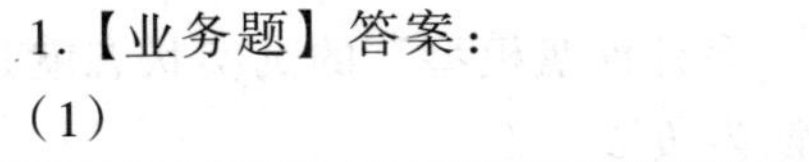

借：利润分配——提取盈余公积4 000 000

　贷：盈余公积　　　　4 000 000

盈余公积⊕ —4 000 000→ ▲利润分配

（2）

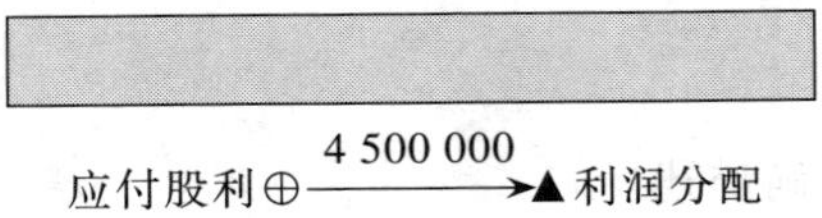

借：利润分配——应付现金股利4 500 000

　贷：应付股利　　　　4 500 000

应付股利⊕ —4 500 000→ ▲利润分配

（3）

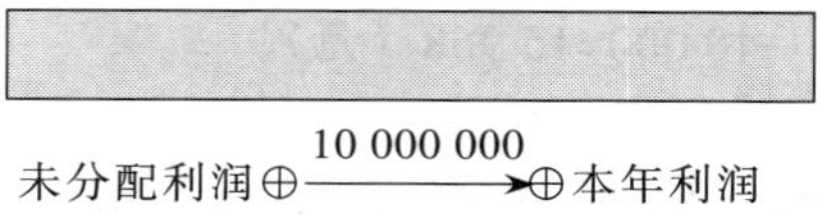

借：本年利润　　　　10 000 000
　贷：未分配利润　　　　　　10 000 000
　　（利润分配——未分配利润）

（4）

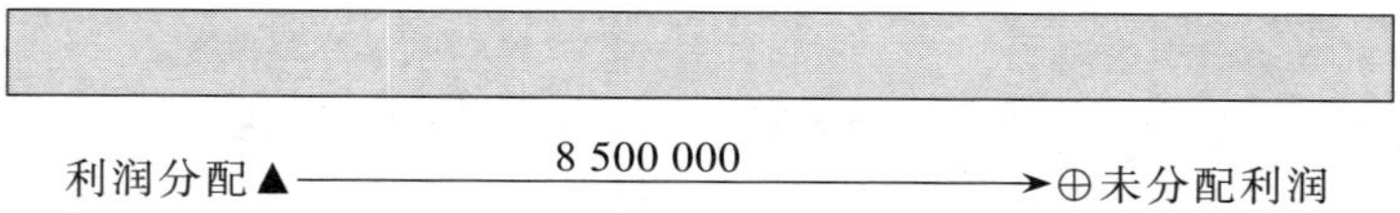

借：未分配利润　　　　　　　　　8 500 000
　（利润分配——未分配利润）
　贷：利润分配——提取盈余公积　　　　　4 000 000
　　　　　　　——应付现金股利　　　　　4 500 000

（5）

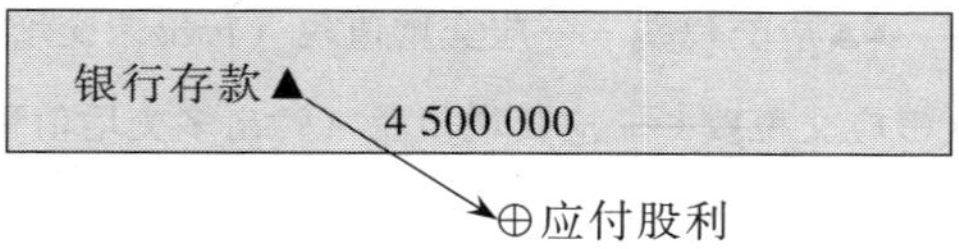

借：应付股利　　4 500 000
　贷：银行存款　　　　4 500 000

2.【业务题】答案：

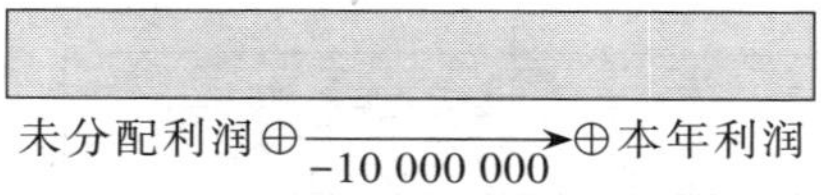

借：未分配利润　　　10 000 000
　（利润分配——未分配利润）
　贷：本年利润　　　　　　10 000 000

二十八、知识点：增值税业务

1.【单项选择题】答案：C

解析：应交未交增值税的结转见下图E段资金运动。如转出多交的增值税，则E段资金运动的终点应该为“应交税费——应交增值税（转出多交增值税）”，E段资金流量为负数。

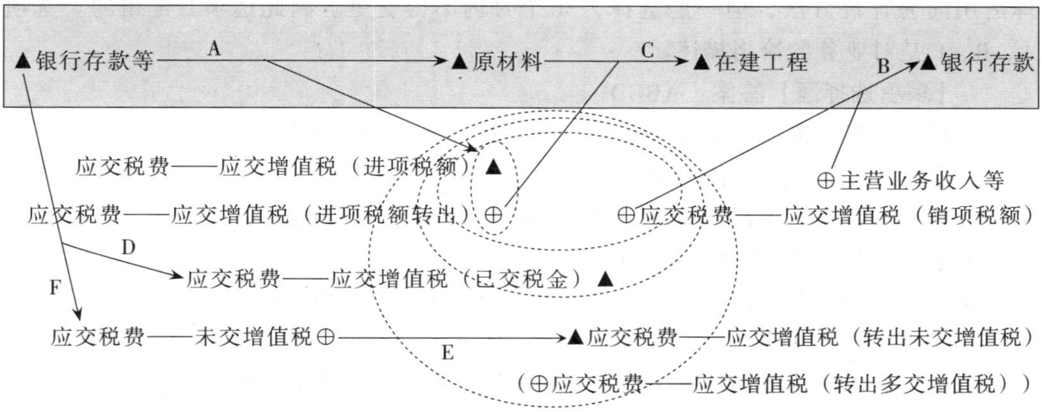

2.【单项选择题】答案：C

解析：未交增值税=86 720-（33 300-2 548）-40 000=15 968（元）。

3.【单项选择题】答案：B

解析：缴纳上期未交的增值税，见下图F段资金运动。如缴纳本期增值税，见下图D段资金运动。

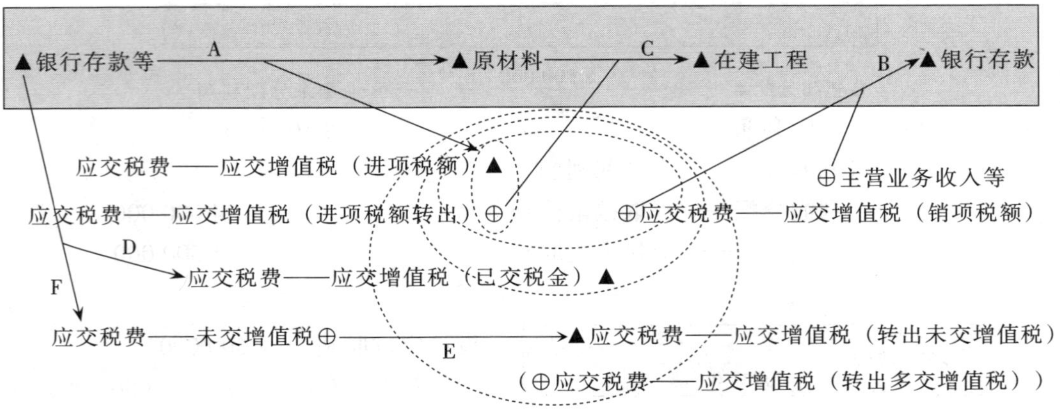

4.【单项选择题】答案：B

解析：该笔业务引起的资金运动如下：

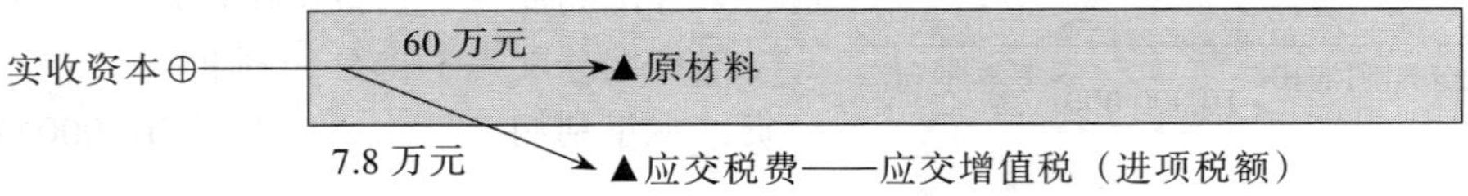

5.【多项选择题】答案：ACD

解析：一般计税方法只适用于一般纳税人，不适用于小规模纳税人，因此选项B是错的。选项A、C、D是对业务的恰当描述。

6.【多项选择题】答案：ABC

解析：一般纳税人对于财政部或国家税务总局规定的部分特定应税行为，可以选择适用简易计税方法，但一经选择，36个月内不得变更。因此选项D是错的。选项A、B、C是对业务的恰当描述。

7.【多项选择题】答案：ABCD

解析：这四个选项都是对一般纳税人增值税业务的恰当描述。

8.【多项选择题】答案：ABCD

解析：这四个选项都是对该图所反映的税费缴纳的恰当描述。

9.【多项选择题】答案：ABCD

解析：这四个选项都是对该图所反映的增值税业务的恰当描述。

10.【多项选择题】答案：ABCD

解析：这四个选项都是对该图所反映的增值税进项税额转出的恰当描述。

11.【多项选择题】答案：ABCD

解析：这四个选项都是对该图所反映的应交增值税相关项目及其业务的恰当描述。

12.【多项选择题】答案：ABCD

解析：这四个选项都是对应交增值税相关项目及其余额的恰当描述。

13.【多项选择题】答案：ABC

答案：小规模纳税人缴纳增值税只能按销售额乘以一定的征收率来确认应缴纳的增值税金额，因此选项D是错的。选项A、B、C都是对业务的恰当描述。

14.【多项选择题】答案：ABC

答案：一般纳税人以产品对外投资，其销项税额计入长期股权投资；一般纳税人购进非生产用不动产项目所缴纳的增值税直接计入固定资产或在建工程；小规模纳税人购入货物所缴纳的增值税应计入所购物资成本。一般纳税人购入材料所缴纳的增值税应当作为进项税额处理。

15.【多项选择题】答案：ABCD

答案：这四个选项都是对业务的恰当描述。

16.【业务题】答案：

（1）

借：在途物资　　1 200 000

　　应交税费——应交增值税（进项税额）　　156 000

　贷：银行存款　　1 356 000

（2）

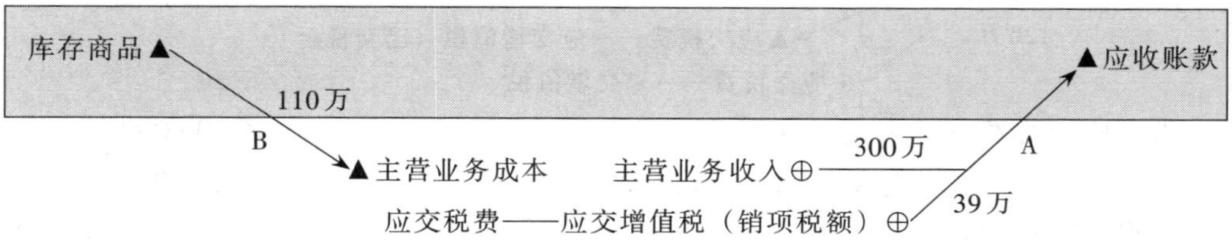

收入的取得（A段资金运动）：

借：应收账款　　3 390 000

　贷：主营业务收入　　3 000 000

　　　应交税费——应交增值税（销项税额）　　390 000

费用的确认（B段资金运动）：

借：主营业务成本　　1 100 000

　贷：库存商品　　1 100 000

（3）

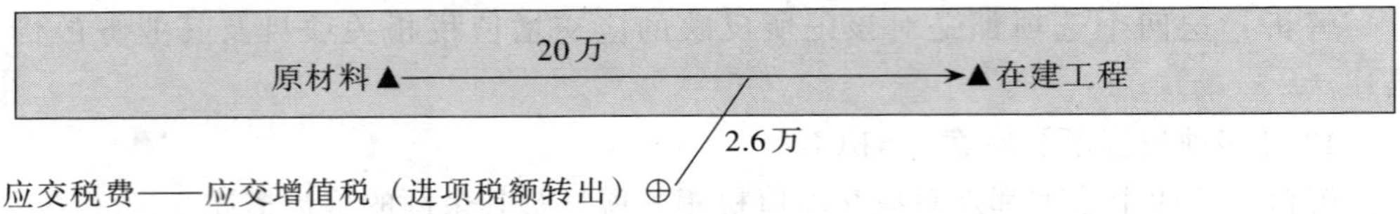

借：在建工程　　226 000

　贷：原材料　　200 000

　　　应交税费——应交增值税（进项税额转出）　　26 000

（4）

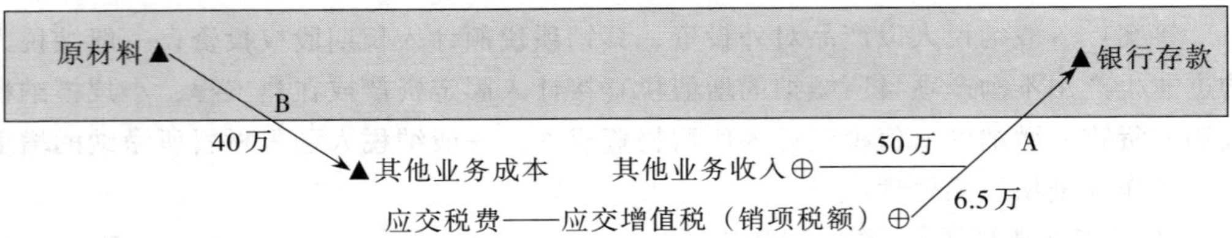

收入的取得（A段资金运动）：

借：银行存款　　565 000

　贷：其他业务收入　　500 000

　　　应交税费——应交增值税（销项税额）　　65 000

费用的确认（B段资金运动）：

借：其他业务成本　　400 000

　贷：原材料　　400 000

（5）

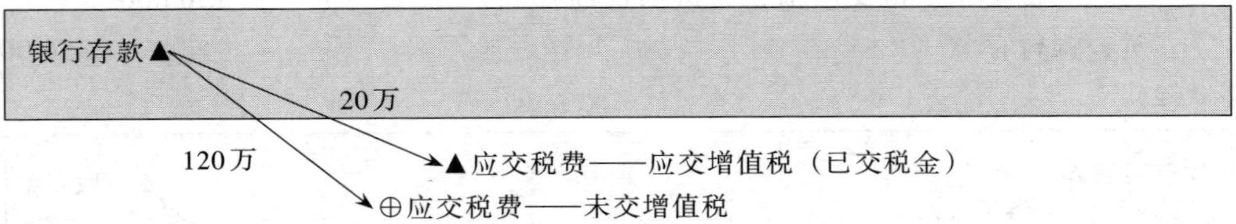

借：应交税费——未交增值税　　1 200 000

　　　　　　——应交增值税（已交税金）　　200 000

　贷：银行存款　　1 400 000

（6）3月份应交增值税期末余额=39 +6.5 –（15.6 –2.6）–20=12.5（万元）。

该余额属于应交未交的税费。

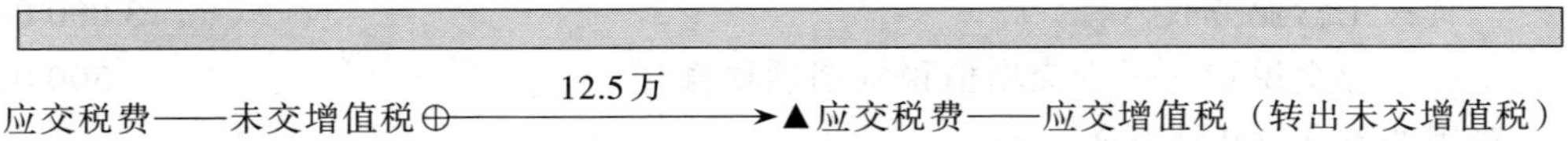

借：应交税费——应交增值税（转出未交增值税）　　125 000

　贷：应交税费——未交增值税　　125 000

（7）

借：应交税费——未交增值税　　340 000

　贷：应交税费——应交增值税（转出多交增值税）　　340 000

17.【业务题】答案：

（1）

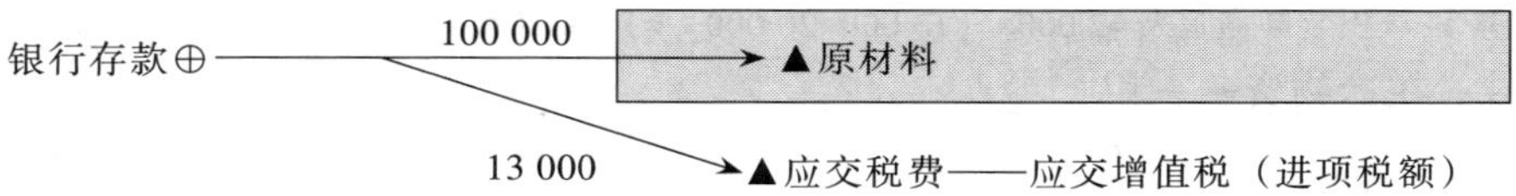

借：原材料　　100 000

　　应交税费——应交增值税（进项税额）　　13 000

　贷：应付账款——彩虹　　113 000

（2）

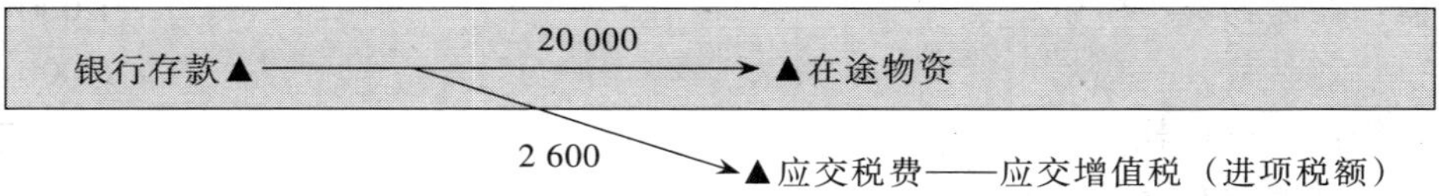

借：在途物资　　20 000

　　应交税费——应交增值税（进项税额）　　2 600

　贷：银行存款　　22 600

（3）

①（见下图A段资金运动）。

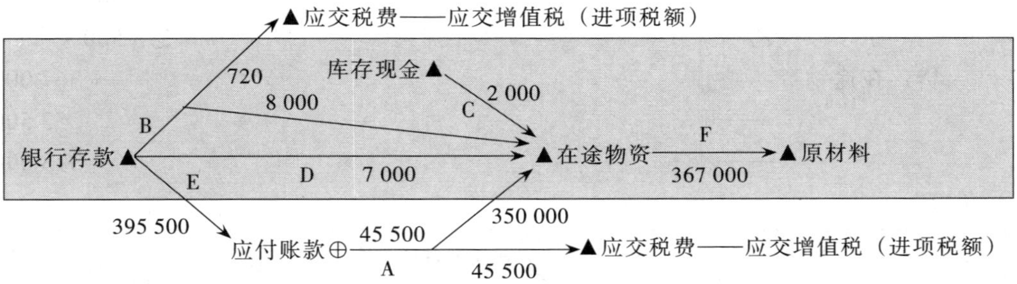

借：在途物资　　350 000

　　　　——甲　　50 000

　　　　——乙　　300 000

　　应交税费——应交增值税（进项税额）　　45 500

　贷：应付账款——红星　　395 500

②（见上图B段资金运动）。

甲应该承担运费=8 000×（5 000÷20 000）=2 000（元）

乙应该承担运费=8 000×（15 000÷20 000）=6 000（元）

借：在途物资——甲　2 000

——乙　6 000

应交税费——应交增值税（进项税额）　720

贷：银行存款　8 720

③（见上图C段资金运动）。

甲应该承担装卸搬运费=2 000×（5 000÷20 000）=500（元）

乙应该承担装卸搬运费=2 000×（15 000÷20 000）=1 500（元）

借：在途物资——甲　500

——乙　1 500

贷：库存现金　2 000

④（见上图D段资金运动）。

甲应该承担保险费=7 000×（50 000÷350 000）=1 000（元）

乙应该承担保险费=7 000×（300 000÷350 000）=6 000（元）

借：在途物资——甲　1 000

——乙　6 000

贷：银行存款　7 000

⑤（见上图E段资金运动）。

借：应付账款——红星　395 500

贷：银行存款　395 500

⑥（见上图F段资金运动）。

借：原材料　367 000

——甲　53 500

——乙　313 500

贷：在途物资　367 000

——甲　53 500

——乙　313 500

（4）

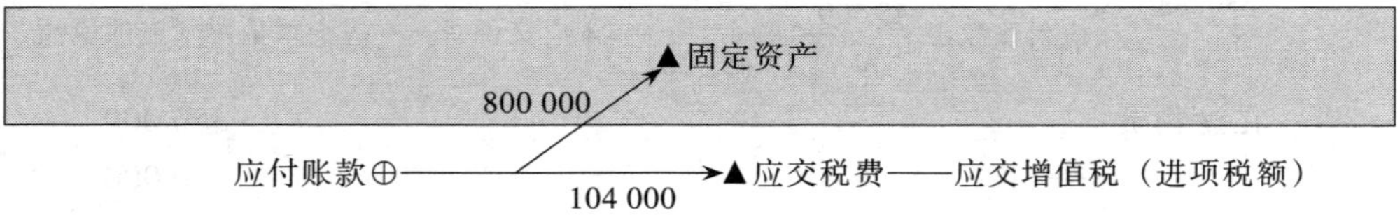

借：固定资产　800 000

应交税费——应交增值税（进项税额）　104 000

贷：应付账款——天虹　904 000

（5）

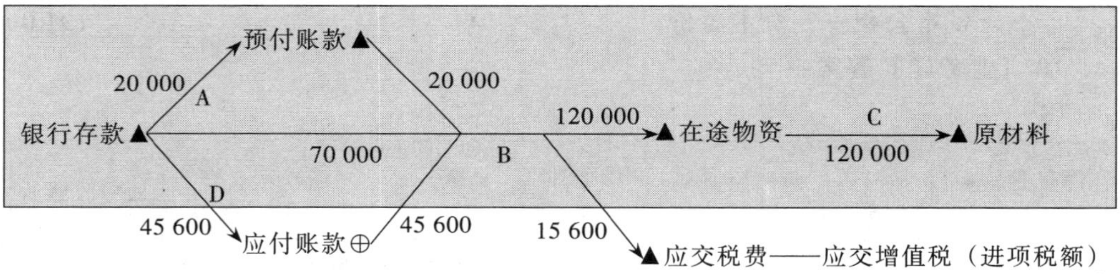

（见上图A段资金运动）。

借：预付账款——蓝天　　20 000

　贷：银行存款　　20 000

（见上图B段资金运动）。

借：在途物资——丙　　120 000

　　应交税费——应交增值税（进项税额）　　15 600

　贷：预付账款——蓝天　　20 000

　　　银行存款　　70 000

　　　应付账款——蓝天　　45 600

（见上图C段资金运动）。

借：原材料——丙　　120 000

　贷：在途物资——丙　　120 000

（见上图D段资金运动）。

借：应付账款——蓝天　　45 600

　贷：银行存款　　45 600

（6）

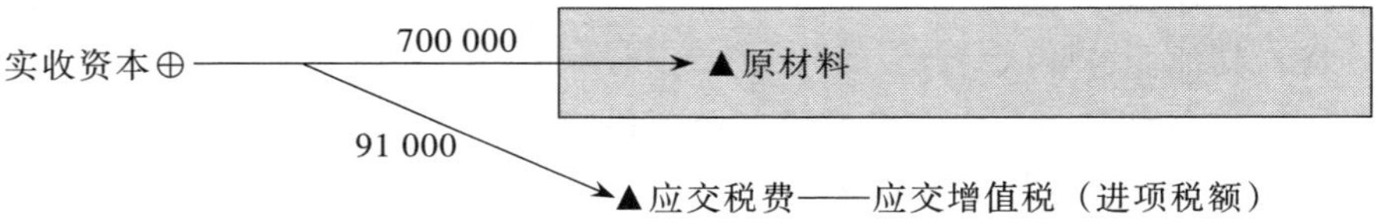

借：原材料　　700 000

　　应交税费——应交增值税（进项税额）　　91 000

　贷：实收资本——丙　　791 000

（7）

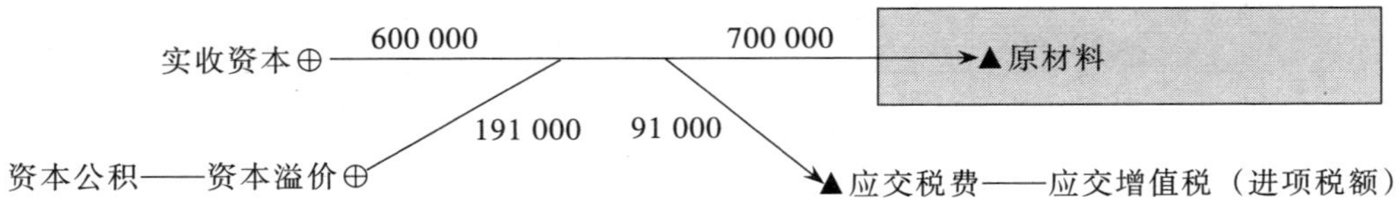

借：原材料　　700 000

　　应交税费——应交增值税（进项税额）　　91 000

贷：实收资本——丁　600 000

资本公积——资本溢价　191 000

18.【业务题】答案：

（1）

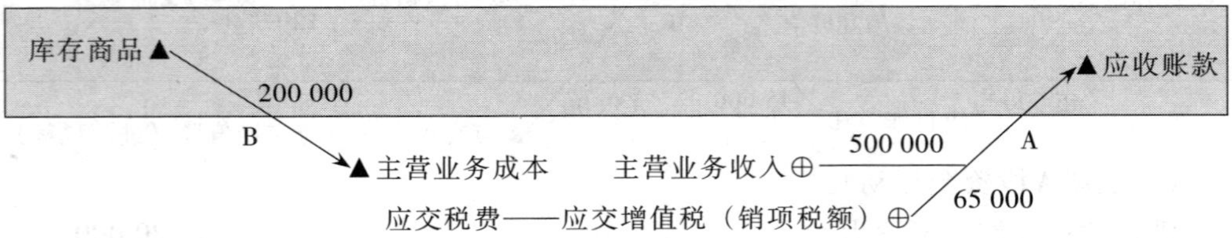

收入的取得（见上图A段资金运动）。

借：应收账款——甲　565 000

贷：主营业务收入　500 000

应交税费——应交增值税（销项税额）　65 000

费用的确认（见上图B段资金运动）。

借：主营业务成本　200 000

贷：库存商品　200 000

（2）

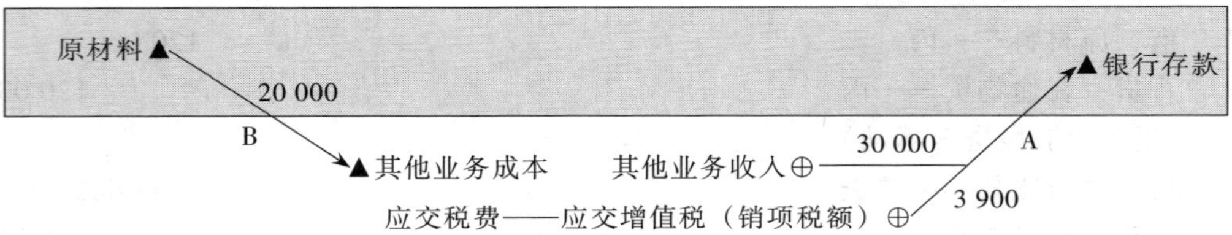

收入的取得（见上图A段资金运动）。

借：银行存款　33 900

贷：其他业务收入　30 000

应交税费——应交增值税（销项税额）　3 900

费用的确认（见上图B段资金运动）。

借：其他业务成本　20 000

贷：原材料　20 000

（3）

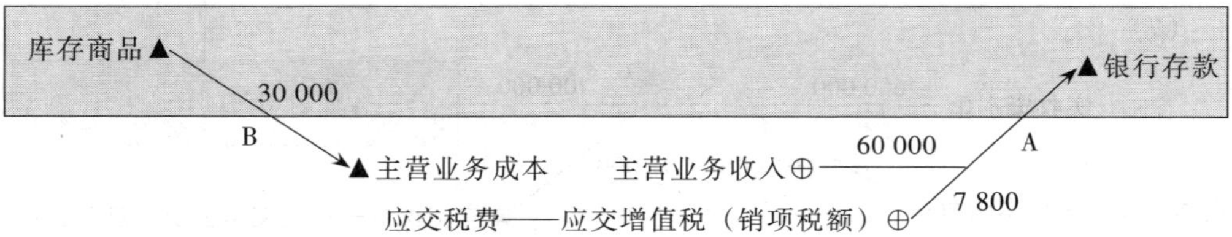

收入的取得（见上图A段资金运动）。

借：银行存款　67 800

贷：主营业务收入 60 000

应交税费——应交增值税（销项税额） 7 800

费用的确认（见上图B段资金运动）。

借：主营业务成本 30 000

贷：库存商品 30 000

（4）

①（见下图A段资金运动）。

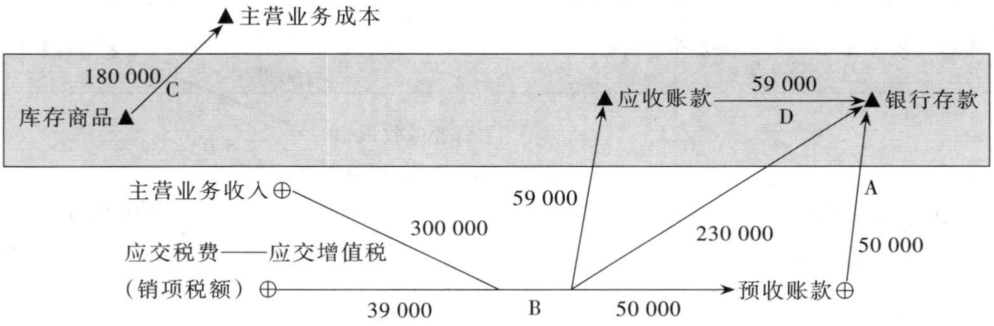

借：银行存款 50 000

贷：预收账款——甲 50 000

②收入的取得（见上图B段资金运动）。

借：预收账款——甲 50 000

银行存款 230 000

应收账款——甲 59 000

贷：主营业务收入 300 000

应交税费——应交增值税（销项税额） 39 000

费用的确认（见上图C段资金运动）。

借：主营业务成本 180 000

贷：库存商品 180 000

③（见上图D段资金运动）。

借：银行存款 59 000

贷：应收账款——甲 59 000

（5）

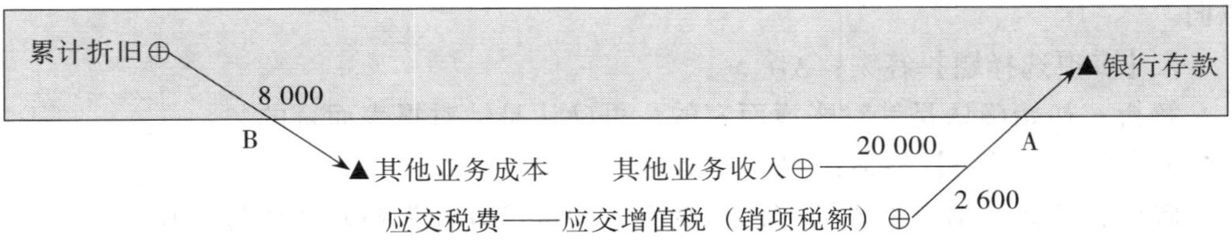

收入的取得（见上图A段资金运动）。

借：银行存款 22 600

贷：其他业务收入　　20 000

应交税费——应交增值税（销项税额）　　2 600

费用的确认（见上图B段资金运动）。

借：其他业务成本　　8 000

贷：累计折旧　　8 000

(6)

①

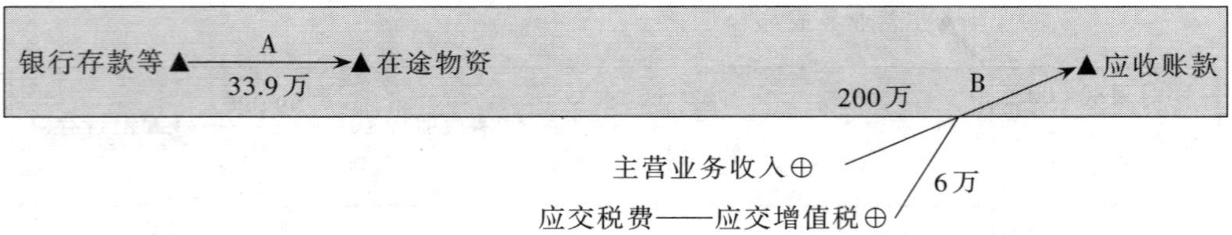

借：在途物资　　339 000

贷：银行存款　　339 000

②

借：应收账款　　2 060 000

贷：主营业务收入　　2 000 000

应交税费——应交增值税　　60 000

第四章　会计确认与会计计量原理

一、知识点：会计确认概念、分类与标准

1.【单项选择题】答案：C

解析：确认是对经济交易与事项是否作为会计要素加以记录和报告所做的认定。

2.【多项选择题】答案：ABCD

解析：会计确认的基本标准包括四个：可定义性、可计量性、相关性和可靠性。

3.【多项选择题】答案：ACD

解析：从会计对象确认的角度看，确认可以分初始确认、后续确认与终止确认。

4.【多项选择题】答案：AC

解析：选项B、D并没有引起企业资金发生变化，并不是会计业务，只是一种意向。

5.【多项选择题】答案：AD

解析：初始确认是针对账簿而言的；再确认是针对报表而言的。

6.【多项选择题】答案：AB

解析：从会计信息处理流程的角度看，确认可以分为初始确认与再确认。

7.【判断题】答案：错

解析：确认需要满足四个条件：可定义性、可计量性、相关性与可靠性。

二、知识点：会计假设

1.【单项选择题】答案：D

解析：一般来说，凡是“独立核算”的单位，在会计上都可以设定为一个会计主体。

2.【单项选择题】答案：A

解析：我国企业的会计年度为公历年，即公历1月1日至12月31日。

3.【多项选择题】答案：ABC

解析：会计基本假设分为四个：会计主体、持续经营、会计分期与货币计量。

4.【多项选择题】答案：ABCD

解析：会计主体不一定是法律主体。有经济利益的地方，就可能有会计主体存在。

5.【多项选择题】答案：ABCD

解析：这四个选项都是对会计持续经营假设的恰当表述。

6.【多项选择题】答案：ACD

解析：会计期间一般以1年作为基本会计期间，我国的会计年度一般与公历年度一致。

7.【多项选择题】答案：BCD

解析：货币计量假设是假定货币的价值保持相对稳定或是有轻微的波动可以忽略不计。

8.【多项选择题】答案：ABCD

解析：这四个选项都是对会计期间的恰当描述。

9.【多项选择题】答案：ABCD

解析：会计核算的四大假设，具有相互依存、相互补充的关系。具体地说：会计主体假设确立了会计核算的空间范围，持续经营假设与会计分期假设确立了会计核算的时间长度，而货币计量假设则为会计核算提供了必要手段。没有会计主体假设，就不会有持续经营假设；没有持续经营假设，就不会有会计分期假设；没有货币计量假设，就不会有现代会计。A、B、C、D四个选项都是对会计假设的恰当描述。

10.【判断题】答案：错

解析：法律主体一定是会计主体，但会计主体不一定是法律主体。

11.【判断题】答案：错

解析：持续经营是指在一般情况下，假定企业将会按当前的规模和状态继续经营下去，不考虑停业、破产、清算或大规模削减业务等因素，明确这个基本前提，会计人员就可在此基础上选择会计原则和方法，否则正常的核算就无法进行了。

12.【判断题】答案：错

解析：基于会计主体假设，会计所反映的只能是它所在的特定单位的经济活动，而不包括企业所有者的个人活动。

三、知识点：权责发生制与收付实现制

1.【单项选择题】答案：B

解析：正是因为会计分期假设，才引发了不同的会计期间。而有些项目属于跨期项目，因而需要按照权责发生制在不同的会计期间进行确认与计量。

2.【单项选择题】答案：B

解析：在权责发生制的前提下，企业应该在发生实际行为的时候确认收入或费用。本题中，在11月份实际发生购买行为，所以应该在11月份将其确认为资产。

3.【单项选择题】答案：A

解析：在权责发生制下，凡是属于本期实现的收入和发生的费用，不论款项是否实际收到或实际支付，都应作为本期的收入和费用入账；凡是不属于本期的收入和费用，即使款项在本期收到或支付，也不作为本期的收入和费用处理。选项B应确认为下年度费用；选项C、D应确认为上年度费用。

4.【单项选择题】答案：D

解析：根据权责发生制原则，预支厂部半年报刊费中只包含当月的费用800元（4 800÷6），应记入“管理费用”科目；生产车间财产保险费应记入“制造费用”科目；本月管理费用发生额40 800元（40 000+800）。

5.【单项选择题】答案：A

解析：权责发生制要求凡是当期已经实现的收入、已经发生或者应当负担的费用，不论款项是否收付，都应当作为当期的收入、费用；凡是不属于当期的收入、费用，即使款项已经在当期收付，也不应当作为当期的收入、费用。选项A应属于下期的费用。

6.【多项选择题】答案：ABCD

解析：这四个选项都是对权责发生制的正确描述。

7.【多项选择题】答案：ABC

解析：在收付实现制下，不需要设置应收、预收、应付与预付等项目。

8.【多项选择题】答案：AE

解析：在权责发生制下，凡是属于本期实现的收入和发生的费用，不论款项是否实际收到或实际支付，都应作为本期的收入和费用入账；凡是不属于本期的收入和费用，即使款项在本期收到或支付，也不作为本期的收入和费用处理。选项B应冲减应收利息；选项C应确认为上月销售收入；选项D应确认为下月销售收入。

9.【多项选择题】答案：BC

解析：权责发生制要求凡是当期已经实现的收入和已经发生或应负担的费用，无论款项是否收付，都应当作为当期的收入和费用确认。选项A应在劳务发生当期确认为收入；选项D应该在下一年每个月内摊销费用。

10.【多项选择题】答案：CD

解析：根据权责发生制原则，选项A应在7月份实际发生销售行为时确认为收

入；选项B，企业发生的电费应分摊至各个期间。

11.【判断题】答案：错

解析：在权责发生制下，企业发生支出，但其受益期可能不在本期，不一定会引起当期利润的减少。另外，支出也可能与费用没有关系，如偿还银行借款等。

12.【判断题】答案：错。

解析：在收付实现制下，不会出现应收、应付、预收、预付项目。

13.【判断题】答案：对。

解析：正是因为跨期项目的存在，才导致权责发生制和收付实现制出现差异。

14.【判断题】答案：对。

解析：采用权责发生制核算制度，能够更加准确地反映特定期间企业真实的财务状况及经营成果。

15.【判断题】答案：错。

解析：在权责发生制的前提下，企业根据权、责关系实际发生的期间来确认收入或费用。所以本期收到的货币资金不一定是本期收入。另外，有些货币资金流入可能与收入没有关系，如向银行取得借款等。

16.【判断题】答案：错。

解析：在权责发生制下，如本期支付下期的房租，虽然现金在本期流出，但是这并不属于本期的费用。另外，有些支出可能与费用没有关系，如偿还借款等。

17.【计算题】答案：

收付实现制与权责发生制的比较表　　单位：元

交易序号	收付实现制		权责发生制	
	收入	费用	收入	费用
(1)	—	—	50 000	—
(2)	160 000	—	200 000	—
(3)	10 000	—	—	—
(4)	60 000	—	—	—
(5)	—	45 000	—	—
(6)	—	—	—	10 000
(7)	—	1 000	—	—
(8)	—	60 000	—	10 000
(9)	—	40 000	—	40 000
(10)	—	—	—	2 000
(11)	130 000	—	130 000	—

四、知识点：会计要素的确认与运用

1.【多项选择题】答案：ABC

解析：资产不一定具有实物形态，如无形资产、应收账款等。

2.【多项选择题】答案：ACD

解析：支付本期的生产车间水电费先计入制造费用，后续再结转。

3.【多项选择题】答案：ABD

解析：接受捐赠要作为利得处理，即营业外收入。

4.【多项选择题】答案：ABCD

解析：这四个选项都属于企业的所有者权益。

5.【多项选择题】答案：ABC

解析：已销售但对方尚未提货的，所有权已经转移；购入自用的商品房、汽车要作为固定资产处理。

6.【判断题】答案：错

解析：已出售但尚未运离企业的商品不属于企业的存货。

7.【判断题】答案：对

解析：一般来说，非流动负债金额大、期限长。

8.【判断题】答案：错

解析：应确认为负债，作为预收账款处理。

9.【判断题】答案：对

解析：委托其他企业加工的物资依然是企业的资产。

10.【判断题】答案：错

解析：所有者投入的资本一般没有明确的还款期。

11.【判断题】答案：错

解析：应作为损失，即营业外支出处理。

五、知识点：会计计量的概念与计量属性+会计计量单位与计量模式

1.【单项选择题】答案：D

解析：历史成本计量属性是我国及国际会计惯例所公认的会计基本计量属性。另外，公允价值计量属性也使用得越来越广泛。

2.【单项选择题】答案：D

解析：一般情况下，对于在深交所和上交所上市交易的股票，其期末的收盘价可以看作公允价值。

3.【单项选择题】答案：D

解析：该描述是对历史成本的恰当描述。

4.【单项选择题】答案：A

解析：重置成本是指按照当前市场条件，重新取得同样一项资产所需支付的现金

或现金等价物的金额。重置成本多应用于盘盈固定资产的计量。

5.【单项选择题】答案：C

解析：该描述是对可变现净值的恰当描述。

6.【多项选择题】答案：ABCD

解析：这四个项目都是对计量属性的恰当表述。

7.【多项选择题】答案：ABCD

解析：这四个项目都是对计量单位的恰当表述。

8.【多项选择题】答案：ABC

解析：历史成本又被称为实际成本，是指取得或制造某项财产物资时所实际支付的现金或现金等价物，不反映资产或者负债的现时成本或者现时价值。

9.【多项选择题】答案：BD

解析：在现值计量下，资产按照预计从其持续使用和最终处置中所产生的未来净现金流入量的折现金额计量；负债按照预计期限内需要偿还的未来净现金流出量的折现金额计量。选项A为采用历史成本计量，选项C为采用重置成本计量。

10.【判断题】答案：对

解析：历史成本与实际成本是同一个含义。实际成本是企业取得或制造某项资产所实际支付的金额。这笔金额一旦发生并记入账簿，就变成了历史成本。就像我们常说的，今天就是明天的历史。

11.【判断题】答案：错

解析：历史成本计量，应当基于经济业务的实际交易成本，不需要考虑随后市场价格变动的影响。

12.【判断题】答案：错

解析：重置成本是现在时点的成本。

13.【判断题】答案：对

解析：该描述是对公允价值计量属性的恰当表述。

14.【判断题】答案：对

解析：该描述是对现值计量属性的恰当表述。

第五章　资产计价与收益确定

一、知识点：资产计价原理与债权计量

1.【单项选择题】答案：B

解析：应确认的估计坏账损失=100×5%=5（万元）。

2.【多项选择题】答案：AC

解析：资产计价的基本原则是以历史成本作为基本的计量属性，同时资产计价方法一经确定，就不得随意变动。

3.【多项选择题】答案：ABC

解析：销售利润百分比法与坏账损失的估计没有任何关系，因此也不可能作为坏账损失的估计方法。

4.【多项选择题】答案：ABCD

解析：这四个选项都是对估计坏账损失的正确表述。

二、知识点：存货概述与盘存制度

1.【单项选择题】答案：B

解析：乙材料采购成本=4 000+1 500+1 000=6 500（元）。

2.【单项选择题】答案：A

解析：生产车间的机器折旧费、生产车间主任的工资都属于制造费用，公司财务人员的工资属于管理费用。

3.【单项选择题】答案：B

解析：A产品成本=12 000+2 000+7 200=21 200（元）。

4.【多项选择题】答案：ABCD

解析：买价、运输装卸费、运输途中的保险费以及入库前的挑选整理费都应构成原材料的成本。

5.【多项选择题】答案：BCD

解析：永续盘存制又被称为账面盘存制。

6.【多项选择题】答案：ABCD

解析：这四个选项都是对实地盘存制的恰当描述。

7.【判断题】答案：对

解析：信息技术的发展使得永续盘存制的工作量大大减少，再加上能对财产进行有效的管控，绝大多数企业都采用永续盘存制。

8.【判断题】答案：错

解析：按买价计量外购固定资产成本，可保证会计信息的客观性与可靠性。

三、知识点：存货耗用的计价方法+存货耗用计价方法选择对会计信息的影响

1.【单项选择题】答案：D

解析：在物价上涨的情况下，使用先进先出法，出去的成本低，变为费用，导致利润高；留下的成本高，变为存货，导致期末资产高，即双高：资产高、利润高。

2.【单项选择题】答案：B

解析：在物价下跌的情况下，使用先进先出法，出去的成本高，变为费用，导致利润低；留下的成本低，变为存货，导致期末资产低，即双低：资产低、利润低。

3.【单项选择题】答案：B

解析：在物价上涨的情况下，使用后进先出法，出去的成本高，变为费用，导

致利润低；留下的成本低，变为存货，导致期末资产低，即双低：资产低、利润低。

4.【单项选择题】答案：D

解析：在物价下跌的情况下，使用后进先出法，出去的成本低，变为费用，导致利润高；留下的成本高，变为存货，导致期末资产高，即双高：资产高、利润高。

5.【单项选择题】答案：A

解析：采用全月一次加权平均法，月末一次加权平均单位成本=（月初结存存货实际成本+本月购入存货实际成本）÷（月初结存存货数量+本月购入存货数量）。

6.【单项选择题】答案：A

解析：采用移动加权平均法，移动加权平均单价=（库存存货实际成本+本批购入存货实际成本）÷（库存存货数量+本批购入存货数量）。

7.【多项选择题】答案：CD

解析：采用先进先出法，期末存货成本比较接近市价；物价上涨时，发出存货成本偏低，利润偏高。

8.【多项选择题】答案：BCD

解析：实际成本法是存货取得时的计价方法。在实际成本核算方式下，企业可以采用的发出存货成本的计价方法包括个别计价法、先进先出法、月末一次加权平均法和移动加权平均法等。

9.【判断题】答案：错

解析：这里的“先”“后”都是针对价格而言的。

10.【判断题】答案：对

解析：全月一次加权平均法要等到月末才能确定存货的价格，不利于会计核算工作的及时进行。而移动加权平均法则在每次采购时，只要采购价与库存的价格不一样，马上就计算一个加权平均价格，这个价格就是下次领用存货的价格；从而确保会计核算的及时进行。

11.【判断题】答案：错

解析：在物价上涨时，采用先进先出法可能会使发出存货成本偏高，利润偏高。

12.【判断题】答案：对

解析：该表述是对个别计价法的恰当描述。

13.【计算题】答案：

（1）先进先出法：

发出商品成本=500×8+（500×8+1 000×9+2 500×11）=44 500（元）

结存商品成本=（1 000×8+1 000×9+3 500×11+500×12）−44 500=61 500−44 500
=17 000（元）

后进先出法：

发出商品成本=500×9+（3 500×11+500×9）=47 500（元）

结存商品成本=61 500−47 500=14 000（元）

（2）在物价持续上涨的情况下，采用先进先出法所计算出的存货销货成本低于后进先出法所计算出的存货销货成本，从而导致所计算出来的利润偏高；期末存货成本高于后进先出法所计算出的期末存货成本，从而导致计算出来的期末资产偏高。

14.【计算题】答案：

（1）先进先出法：

发出材料成本=（200×10+50×10.2）+（350×10.2）+（100×10.2+300×10.3）+（300×10.3+300×10.35）

=16 385（元）

结存材料成本=200×10.35=2 070（元）

（2）后进先出法：

发出材料成本=（250×10.2）+（250×10.2+100×10）+（400×10.3）+（500×10.35+100×10.3）

=16 425（元）

结存材料成本=100×10+100×10.3=2 030（元）

（3）全月一次加权平均法：

单价=（200×10+500×10.2+600×10.3+500×10.35）÷（200+500+600+500）

=10.25（元/件）

发出材料成本=（250+350+400+600）×10.25=16 400（元）

结存材料成本=18 455−16 400=2 055（元）

（4）移动加权平均法：

第一次购买后的平均价=（200×10+500×10.2）÷（200+500）=10.14（元/件）

第一次、第二次合计发出材料成本=600×10.14=6 084（元）

第二次购买后的平均价=（200×10+500×10.2−6 084+600×10.3）÷（100+600）

=10.28（元/件）

第三次发出材料成本=400×10.28=4 112（元）

第三次购买后的平均价=（1 016+600×10.3−4 112+500×10.35）÷（300+500）

=8 259÷800

=10.32（元/件）

第四次发出材料成本=600×10.32=6 192（元）

结存材料成本=8 259−6 192=2 067（元）

发出材料总成本=6 084+4 112+6 192=16 388（元）

四、知识点：固定资产概述与折旧+折旧方法的一般性分析

1.【单项选择题】答案：B

解析：固定资产折旧总额等于固定资产原值减去预计净残值。

2.【单项选择题】答案：D

解析：买价、运费、保险费、关税、试车费都将构成固定资产的成本。

3.【单项选择题】答案：A

解析：在工作量法下，计提固定资产折旧应该考虑净残值，则该货车当月的折旧

额=200 000×（1−5%）÷10÷60 000×4 000=1 266.67（元）。

4.【单项选择题】答案：C

解析：本题要求计算的是设备单位小时的折旧额，应该用应计折旧额除以预计总工作量。单位小时折旧额=（1 000 000−20 000）÷200 000=4.9（元）。

5.【单项选择题】答案：A

解析：固定资产年折旧额=（100 000−2 000）÷5=19 600（元）。

6.【单项选择题】答案：B

解析：企业当月增加的固定资产，从下个月开始计提折旧。

7.【多项选择题】答案：ABCD

解析：这四个因素都影响固定资产某年的折旧额。

8.【多项选择题】答案：ABCD

解析：这四个选项都是对折旧方法的正确描述。

9.【多项选择题】答案：ABCD

解析：ABCD四个选项都是对年限平均法的恰当描述。

10.【多项选择题】答案：AC

解析：固定资产折旧是固定资产由于磨损或损耗而逐渐转移的价值。这部分转移的价值以折旧费的形式计入相关成本、费用。

11.【判断题】答案：对

解析：无论采用哪种折旧方法，固定资产折旧总额是不会改变的。

12.【判断题】答案：对

解析：该表述是对工作量法的恰当描述。

13.【判断题】答案：错

解析：固定资产折旧是固定资产由于磨损或损耗而逐渐转移的价值。这部分转移的价值以折旧费的形式计入相关成本、费用，并从企业的营业收入中得到补偿。

五、知识点：加速折旧法举例

1.【单项选择题】答案：C

解析：第一年的折旧额=128 000×40%=51 200（元）。

2.【单项选择题】答案：C

解析：第一年的折旧额=［215 000−（6 000−1 000）］×（5÷15）=70 000（元）。

3.【单项选择题】答案：A

解析：加速折旧可以在固定资产使用的前期多提折旧，从而导致利润减少。

4.【单项选择题】答案：C

解析：在年数总和法下，年折旧率=尚可使用年限÷预计使用年限的年数总和。该项固定资产尚可使用年限为3年，第二年年折旧率=3÷（1+2+3+4）=3/10。

5.【单项选择题】答案：A

解析：在固定资产折旧方法中，年数总和法和双倍余额递减法属于加速折旧方法。使用加速折旧法，固定资产在使用前期计提的折旧多，在后期计提的折旧少，相当于在应计折旧额一定的情况下，将折旧速度加快，尽早实现固定资产价值的回收和补偿。

6.【单项选择题】答案：C

解析：采用双倍余额递减法计提固定资产的折旧时，期初不需要考虑净残值，在其折旧年限到期前两年内，将固定资产账面净值扣除预计净残值后的余额平均摊销。采用工作量法、年限平均法和年数总和法计算固定资产的折旧时期初都需要考虑净残值。

7.【单项选择题】答案：B

解析：应计提的折旧总额=固定资产原值-预计净残值=350-350×5%=332.5（万元）。

8.【多项选择题】答案：ABD

解析：加速折旧法的使用能不能得到税收方面的好处，还要取决于税法的认可。从理论上讲，无论企业如何进行会计处理，都与缴税没有关系。缴税都需要按照税法的规则进行。

9.【多项选择题】答案：AD

解析：年限平均法和工作量法都属于平均法。只有年数总和法和双倍余额递减法属于加速折旧法。

10.【判断题】答案：对

解析：在使用加速折旧法时，企业会尽快收回投资，从而减少企业未来的风险。这体现了会计的稳健性原则。

11.【判断题】答案：对

解析：该表述是对年限平均法和加速折旧法差异的恰当描述。

12.【判断题】答案：错

解析：年数总和法是一种加速折旧方法，前期计提的折旧多，后期计提的折旧少，即计提的折旧额是逐年递减的。

13.【计算题】答案：

（1）第三年折旧额=（120 000-4 800）÷5=23 040（元）

（2）第一年折旧额=120 000×40%=48 000（元）

第二年折旧额=（120 000-48 000）×40%=28 800（元）

第三年折旧额=（120 000-48 000-28 800）×40%=17 280（元）

第四年、第五年折旧额=（120 000-48 000-28 800-17 280-4 800）÷2=10 560（元）

14.【计算题】答案：

平均年限法：

年折旧额=（200 000-5 000+3 000）÷5=39 600（元）

双倍余额递减法：

年份	年初净值（元）	年折旧率	年折旧额（元）	年末净值（元）
1	200 000	0.4	80 000	120 000
2	120 000	0.4	48 000	72 000
3	72 000	0.4	28 800	43 200
4	43 200	—	（43 200−2 000）÷2=20 600	22 600
5	22 600	—	20 600	2 000

15.【计算题】答案：

（1）年数总和法：

年份	应计折旧总额（元）	尚可使用年限	折旧率	年折旧额（元）	累计折旧额（元）
1	990 000	5	5/15	330 000	330 000
2	990 000	4	4/15	264 000	594 000
3	990 000	3	3/15	198 000	792 000
4	990 000	2	2/15	132 000	924 000
5	990 000	1	1/15	66 000	990 000

（2）双倍余额递减法：

年折旧率=（1÷5）×100%×2=40%

<table>
<tr><th>年份</th><th>固定资产期初净值（元）</th><th>折旧率</th><th>年折旧额（元）</th><th>累计折旧额（元）</th></tr>
<tr><td>1</td><td>1 000 000</td><td rowspan="3">40%</td><td>400 000</td><td>400 000</td></tr>
<tr><td>2</td><td>1 000 000−400 000=600 000</td><td>240 000</td><td>640 000</td></tr>
<tr><td>3</td><td>1 000 000−400 000−240 000=360 000</td><td>144 000</td><td>784 000</td></tr>
<tr><td>4</td><td rowspan="2">（1 000 000−400 000−240 000−144 000）−10 000=206 000</td><td rowspan="2">平均</td><td>103 000</td><td>887 000</td></tr>
<tr><td>5</td><td>103 000</td><td>990 000</td></tr>
</table>

六、知识点：收益确定

1.【单项选择题】答案：D

解析：营业利润=（20 000+50 000）−（40 000+10 000+2 000+5 000）=13 000（元）。

2.【多项选择题】答案：ABCD

解析：这四个选项都是对资本保全概念的正确描述。

3.【多项选择题】答案：ABCD

解析：这四个选项都是对资本保全两种类型的正确描述。

4.【多项选择题】答案：ABC

解析：交易法和净资产法两种收益计量模式所计算出来的净利润应该是相等的。

5.【判断题】答案：错

解析：交易法下的利润=收入-费用。净资产法下的利润=期末净资产-期初净资产；这里还需要考虑期末净资产变化中与所有者投入、分红或减资、退资相关的事项。

6.【计算题】答案：

营业收入=175+6.2=181.2（万元）

营业利润=181.2-（99+4）-8.5-4.17-10.13-4+10=61.4（万元）

利润总额=61.4+0.4-1.8=60（万元）

净利润=60-15=45（万元）

7.【计算题】答案：

期初所有者权益=120-40=80（万元）

期末负债余额=40-19+168=189（万元）

期末所有者权益=350-189=161（万元）

本期净利润=161-80-（22-8-5）=72（万元）

第六章　会计凭证

一、知识点：记录的基本程序与原始凭证

1.【单项选择题】答案：C

解析：上缴税金的凭据是从银行获得的。其他三个都是企业内部自制的。

2.【单项选择题】答案：D

解析：销售商品所开具的销售发票是企业自己开出的，属于自制的原始凭证。

3.【单项选择题】答案：C

解析：按填制程序和功能不同，会计凭证分为原始凭证和记账凭证。

4.【单项选择题】答案：D

解析：会计科目只有在记账凭证中才有。

5.【单项选择题】答案：D

解析：领料汇总表属于会计凭证中的汇总原始凭证。

6.【多项选择题】答案：ABD

解析：现金支票、转账支票、发票和开出的收款收据都是一次性的凭证。

7.【多项选择题】答案：ABC

解析：原始凭证按使用方式和填制手续不同，可分为一次凭证、汇总凭证和累计凭证。

8.【多项选择题】答案：ABCD

解析：ABCD四个选项都属于外来凭证。

9.【多项选择题】答案：ABCD

解析：ABCD四个选项都是对原始凭证的恰当描述。

10.【多项选择题】答案：BCD

解析：购货发票属于外来原始凭证。其他的都属于自制原始凭证。

11.【判断题】答案：错

解析：企业取得原始凭证后需要经过审核后才能编制记账凭证。

12.【判断题】答案：对

解析：填制和审核会计凭证是会计信息系统运行的第一环节。正因为有了这一环节，才有了后续的加工、转换以及信息输出等环节。

13.【判断题】答案：错

解析：自制和外来是针对企业而言的，企业各部门开出的凭证都是自制的，当然也包括财会部门开出的。

14.【判断题】答案：对

解析：一般来说，外来原始凭证都是一次凭证。

二、知识点：记账凭证

1.【单项选择题】答案：C

解析：在使用收、付、转凭证的情况下，与货币资金无关的业务，应填制转账凭证。

2.【单项选择题】答案：C

解析：相对于账簿而言，记账凭证的处理就是登账之前的一个准备工作。

3.【单项选择题】答案：D

解析：有些记账凭证登记的依据也是记账凭证。如对错误的记账凭证进行更正。

4.【单项选择题】答案：B

解析：付款凭证表头列示的会计科目应该是贷方科目，反映已经付款。

5.【单项选择题】答案：B

解析：原始凭证是编制记账凭证的依据。

6.【单项选择题】答案：D

解析：现金与银行存款之间的划转只编付款凭证。就本笔业务而言，只编现金付款凭证。

7.【单项选择题】答案：D

解析：企业记账凭证的编制应该由会计人员来进行。

8.【多项选择题】答案：ABCD

解析：这四个选项都属于记账凭证。

9.【多项选择题】答案：ABCD

解析：这四个选项都是对记账凭证进行审核的正确描述。

10.【多项选择题】答案：BC

解析：现金与银行存款之间的划转只编付款凭证。如将现金存入银行，只编制现金付款凭证；如从银行提取现金，则编制银行存款付款凭证。

11.【多项选择题】答案：AD

解析：编制报表的依据主要是账簿，成本计算的依据也与收款凭证和付款凭证没有很大的关系。

12.【多项选择题】答案：CD

解析：编制复合会计分录是没有问题的。一年内的记账凭证连续编号也是对的。

13.【多项选择题】答案：ABCD

解析：ABCD四个选项都应填制付款凭证。

14.【判断题】答案：对

解析：原始凭证应该以附件的形式，与记账凭证放在一起。

15.【判断题】答案：错

解析：无论转账支票还是支票，都属于银行存款。

16.【判断题】答案：错

解析：将记账凭证分为收款凭证、付款凭证和转账凭证的依据是经济业务的类型。

17.【业务题】答案：

（1）

付款凭证

贷方科目：银行存款　　　　20×9年8月1日　　　　付字第　号

摘　要	借方科目		金　额										记账符号
	总账科目	明细账科目	千	百	十	万	千	百	十	元	角	分	
提现	库存现金						5	0	0	0	0	0	
合　计						¥	5	0	0	0	0	0	

附件　张

会计主管：A　　记账：B　　出纳：C　　审核：D　　制单：xy

（2）

收款凭证

借方科目：银行存款　　　　20×9年8月2日　　　　收字第　号

摘要	贷方科目		金额										记账符号	
	总账科目	明细账科目	千	百	十	万	千	百	十	元	角	分		附件
向银行贷款	短期借款	某银行			1	0	0	0	0	0	0	0		
														张
合　计				¥	1	0	0	0	0	0	0	0		

会计主管：A　　记账：B　　出纳：C　　审核：D　　制单：xy

（3）

转账凭证

20×9年8月3日　　　　转字第　号

摘要	总账科目	明细账科目	借方金额										记账符号	贷方金额										记账符号	
			千	百	十	万	千	百	十	元	角	分		千	百	十	万	千	百	十	元	角	分		附件
购料	原材料					5	0	0	0	0	0	0													
	应付账款																5	0	0	0	0	0	0		张
合计					¥	5	0	0	0	0	0	0				¥	5	0	0	0	0	0	0		

会计主管：A　　记账：B　　审核：D　　制单：xy

第七章　会计账簿

一、知识点：账簿体系与登记方法

1.【单项选择题】答案：A

解析：按照会计信息提供的详略程度不同，会计账簿可以分为总分类账和明细分类账。

2.【单项选择题】答案：B

解析：对于与库存现金和银行存款有关的经济业务，企业应该逐日逐笔登记，不得进行任何形式的汇总，也不允许拖延。

3.【单项选择题】答案：C

解析：转账凭证不涉及货币资金的收付，不能作为银行存款日记账登记的依据。

4.【单项选择题】答案：B

解析：制造费用、管理费用等成本费用类明细账需要反映各个明细项目的具体构成，因此需要采用多栏式账页格式。

5.【单项选择题】答案：B

解析：库存商品、原材料等明细账需要反映其数量和金额，因此应采用数量金额式账页格式。

6.【单项选择题】答案：A

解析：往来款项、所有者权益等明细账只涉及金额问题，因而其格式和总分类账一样，应采用三栏式账页格式。

7.【多项选择题】答案：ABD

解析：对于涉及现金与银行存款之间的划转业务，只编付款凭证。所以除选项A、B外，还需要选择选项D。

8.【多项选择题】答案：BCD

解析：对于涉及现金与银行存款之间的划转业务，只编付款凭证。所以除选项C、D外，还需要选择选项B。

9.【多项选择题】答案：ABCD

解析：这四个选项所做的描述都是恰当的。

10.【多项选择题】答案：ABC

解析：从银行提取2 500元的现金，此项业务与明细分类账没有关系。因此，选项D是错的。选项A、B、C都是对业务的恰当描述。

11.【多项选择题】答案：ABC

解析：登记总账与明细账的会计人员和时点是可以不同的，因此，选项D是错的。选项A、B、C都是对业务的恰当描述。

12.【多项选择题】答案：ABD

解析：在任何情况下都不得使用铅笔书写，因此，选项C是错的。选项A、B、D是对业务的恰当描述。

13.【多项选择题】答案：ABCD

解析：这四个选项都是对红色墨水笔记账的恰当表述。但这只是手工记账条件下的事情，在信息技术时代很少使用。

14.【判断题】答案：对

解析：在整个账簿体系中，日记账和分类账是主要账簿，备查账为辅助账簿。

15.【判断题】答案：错

解析：总分类账、库存现金日记账和银行存款日记账一般采用订本式账簿。

16.【判断题】答案：对

解析：这是对总账与明细账之间平行登记的恰当描述。

17.【判断题】答案：对

解析：这是对账页格式的恰当描述。

二、知识点：账簿记录的核对

1.【单项选择题】答案：D

解析：漏账错误、重复记账错误、借贷颠倒错误，以及发生借贷金额相等的错误，都是无法通过试算平衡检查出来的。

2.【单项选择题】答案：A

解析：选项A属于账证核对。

3.【多项选择题】答案：ABC

解析：对账包括账证、账账、账实核对，不包括原始凭证与记账凭证的核对。

三、知识点：财产清查分析+财产清查举例

1.【单项选择题】答案：C

解析：在编制资产负债表时，若待处理财产损溢项目有余额，企业财会部门需要自行进行处理。等到实际处理时，再将自行处理的结果与实际处理结果进行对比，并进行相应的调整。

2.【多项选择题】答案：ABCD

解析：这四个选项都是对待处理财产损溢项目设置的恰当表述。

3.【多项选择题】答案：ABD

解析：实在无法查明原因的现金盘盈，一般都应作为营业外收入处理。因此，选项C的表述是错的。选项A、B、D都是对业务的恰当描述。

4.【多项选择题】答案：ABCD

解析：这四个选项都是对业务的恰当描述。

5.【多项选择题】答案：AD

解析：选项A、D是对业务的恰当描述。

6.【多项选择题】答案：BC

解析：选项B、C是对业务的恰当描述。

7.【多项选择题】答案：ABC

解析：固定资产盘亏，对于企业而言，不可接受，也不可原谅。因此其损失应作为营业外支出处理。

8.【多项选择题】答案：ABCD

解析：这四个选项都是对业务的恰当描述。

9.【多项选择题】答案：ABD

解析：实在无法查明原因的现金盘盈，一般都应作为营业外收入处理。因此，选项C的表述是错的。选项A、B、D都是对业务的恰当描述。

10.【判断题】答案：对

解析：在编制资产负债表时，若待处理财产损溢项目有余额，企业财会部门需要自行进行处理。等到实际处理时，再将自行处理的结果与实际处理结果进行对比，并

进行相应的调整。

11.【业务题】答案：

(1)

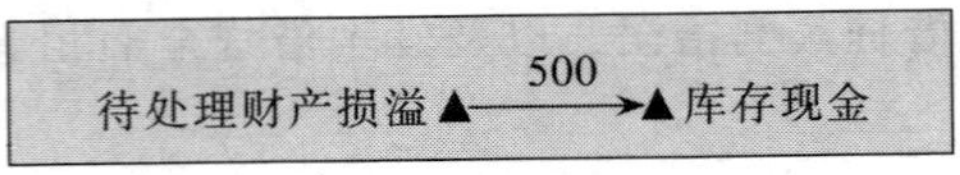

借：库存现金　　500
　贷：待处理财产损溢　　500

(2)

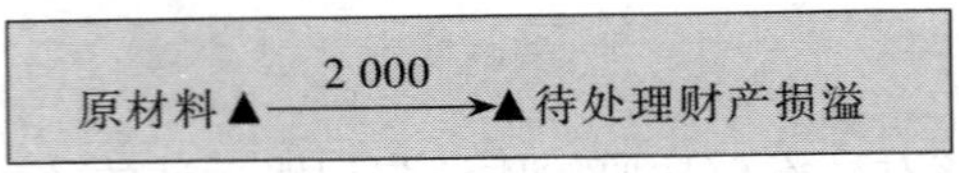

借：待处理财产损溢　　2 000
　贷：原材料　　2 000

(3)

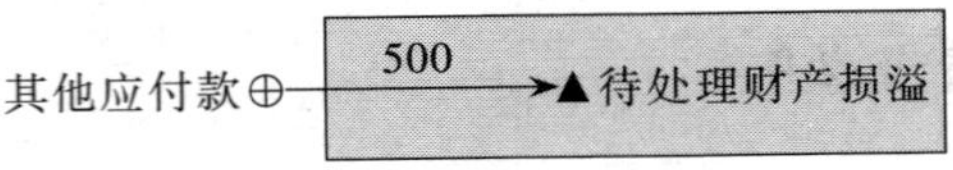

借：待处理财产损溢　　500
　贷：其他应付款　　500

(4)

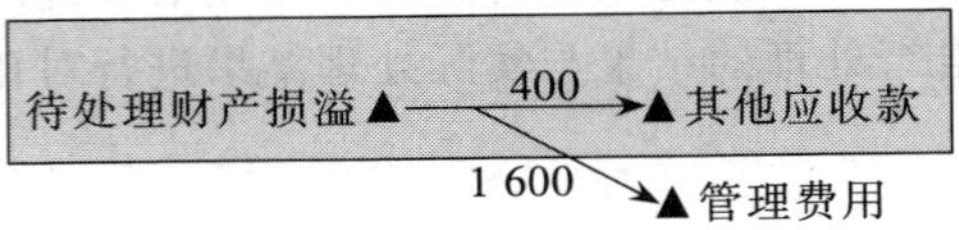

借：其他应收款　　400
　　管理费用　　1 600
　贷：待处理财产损溢　　2 000

12.【业务题】答案：

(1)

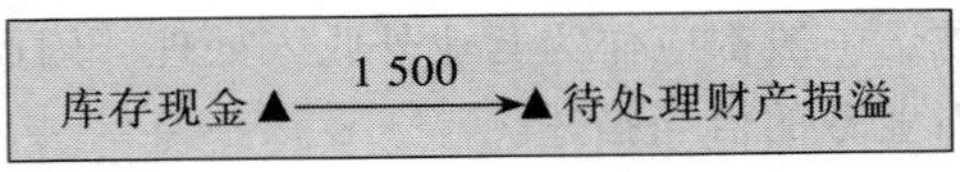

借：待处理财产损溢　　1 500
　贷：库存现金　　1 500

(2)

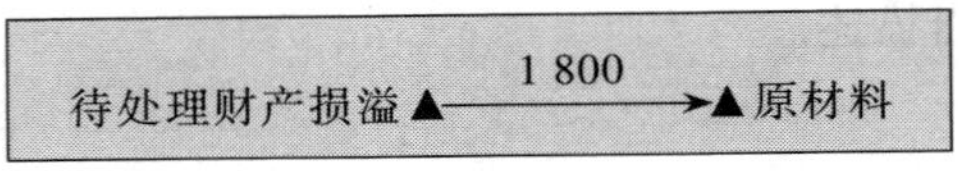

借：原材料　　1 800
　贷：待处理财产损溢　　1 800

(3)

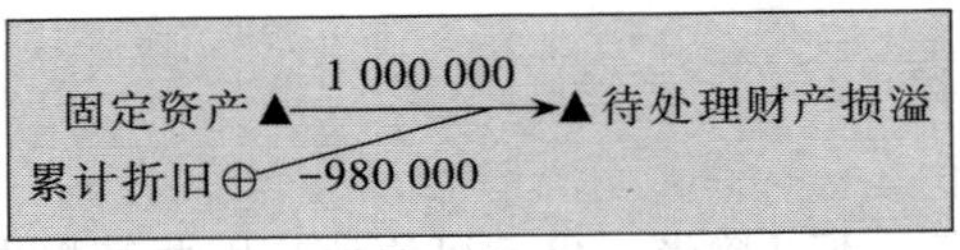

借：待处理财产损溢 20 000
　　累计折旧　　980 000
　贷：固定资产　　1 000 000

(4)

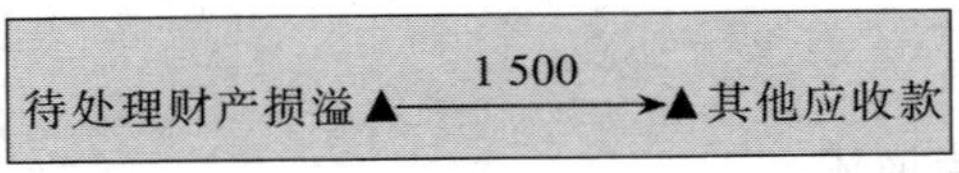

借：其他应收款　　1 500
　贷：待处理财产损溢　　1 500

(5)

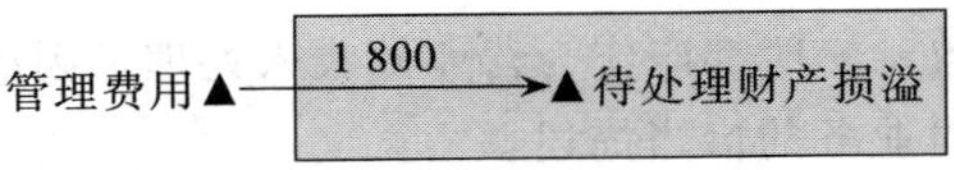

借：待处理财产损溢　　1 800
　贷：管理费用　　1 800

(6)

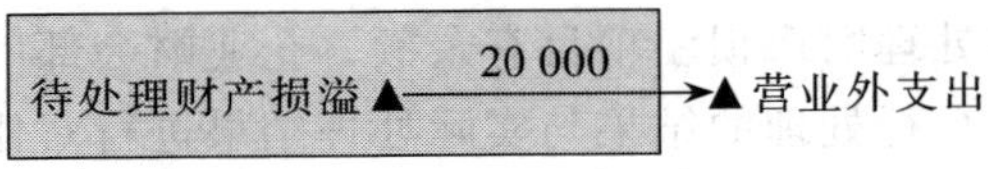

借：营业外支出　　20 000
　贷：待处理财产损溢　　20 000

四、知识点：错账的更正方法与结账

1.【单项选择题】答案：A

解析：这个错误不仅记账凭证错了，而且科目也不对。所以应采用红字更正法。

2.【单项选择题】答案：A

解析：这个错误不仅记账凭证错了，而且科目也不对。所以应采用红字更正法。

3.【单项选择题】答案：B

解析：期末根据账簿记录，计算并记录各账户的发生额和期末余额，在会计上称为结账。

4.【多项选择题】答案：ABCD

解析：这四个选项都是对结账工作的正确表述。

5.【多项选择题】答案：ABCD

解析：这四个选项都是对错账更正的正确表述。

6.【多项选择题】答案：AD

解析：选项A、D是对红字更正法的恰当描述。

7.【多项选择题】答案：AB

解析：选项A、B是对该错账的恰当更正方法。

8.【业务题】答案：

(1) 红字更正法：

先用红字金额填制一张与原错误记账凭证内容完全相同的记账凭证，并据以用红字登记入账，以冲销原错误账簿记录。

借：库存商品　　-18 300

　贷：原材料　　-18 300

然后，用蓝字填制一张正确的记账凭证（如下），并据以用蓝字登记入账。

借：生产成本　　18 300

　贷：原材料　　18 300

(2) 划线更正法：

将错误的数字100 000用一条红色横线划销，但必须保证原有字迹仍可辨认，以备查考；然后，在划线的上方用蓝字填写正确的数字10 000（在同一行的上方位置），并由错账更正人员在更正处盖章，以明确责任。

(3) 补充登记法：

将少记的金额612 000元用蓝字填制一张与原错误记账凭证所记载的账户名称、借贷方向均相同的记账凭证（如下），并据以用蓝字登记入账。

借：应收账款　　612 000

　贷：主营业务收入　　612 000

(4) 红字更正法：

将多记的金额9 000元用红字填制一张与原错误记账凭证所记录的账户名称、借贷方向均相同的记账凭证（如下），并据以用红字登记入账。

借：销售费用　　　　　　　　　　　　　　　　　　　　　　　−9 000

　贷：银行存款　　　　　　　　　　　　　　　　　　　　　　　　−9 000

五、知识点：递延项目的调整+应计项目的调整

1.【单项选择题】答案：D

解析：支付的下年度财产保险费要作为预付费用处理，预付的货款要作为预付账款处理，采购材料时支付的运杂费要计入材料成本。这三个项目都是资产。

2.【单项选择题】答案：B

解析：对于跨期项目的调整，企业需要根据权责发生制原则进行处理。

3.【单项选择题】答案：A

解析：正是因为有会计分期假设，才有了跨期项目，才需要按照权责发生制进行处理。

4.【多项选择题】答案：ABCD

解析：这四个关于递延项目的表述都是恰当的。

5.【多项选择题】答案：ABCD

解析：这四个关于应计项目的表述都是恰当的。

6.【计算分析题】答案：

（1）

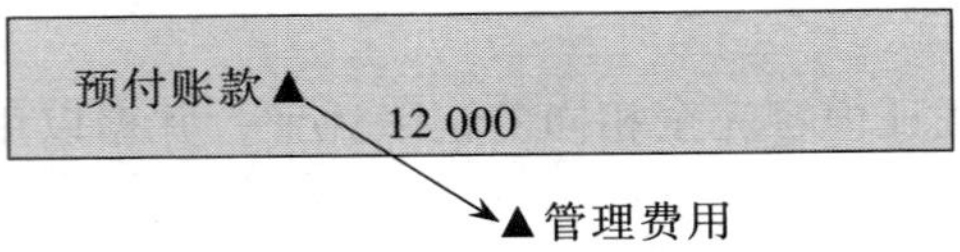

借：管理费用　　　　　　12 000

　贷：预付账款　　　　　　　　12 000

（2）

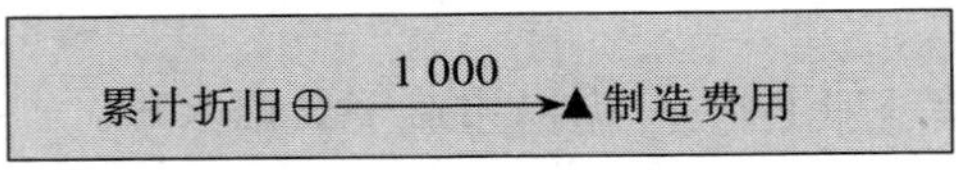

借：制造费用　　　　　　1 000

　贷：累计折旧　　　　　　　　1 000

（3）

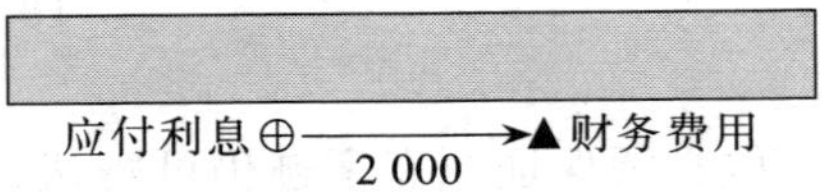

借：财务费用　　　　　　2 000

　贷：应付利息　　　　　　　　2 000

7.【综合题】答案：

（1）

借：银行存款　　　　　　500 000

　贷：实收资本　　　　　　　　500 000

（2）

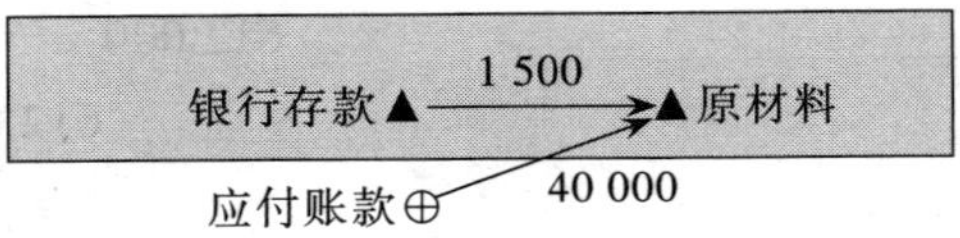

借：原材料　　　　　　41 500

　贷：银行存款　　　　　　　　1 500

　　　应付账款　　　　　　　　40 000

（3）

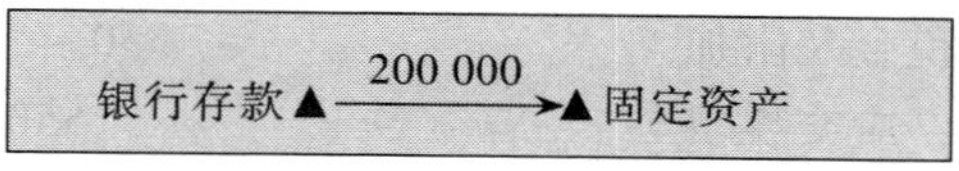

借：固定资产　200 000
　贷：银行存款　200 000

（4）

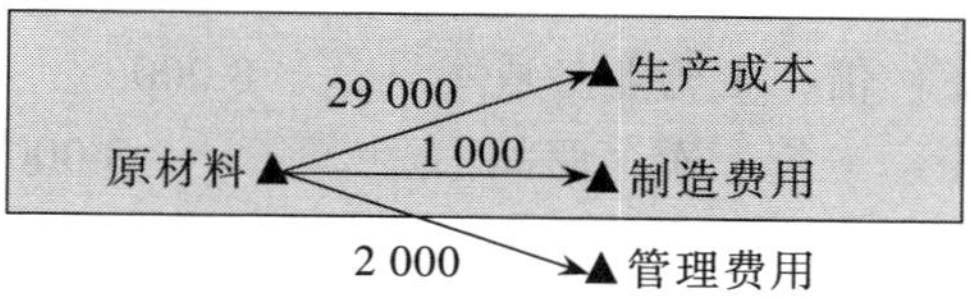

借：生产成本　29 000
　　——甲　3 000
　　——乙　26 000
　制造费用　1 000
　管理费用　2 000
　贷：原材料　32 000

（5）

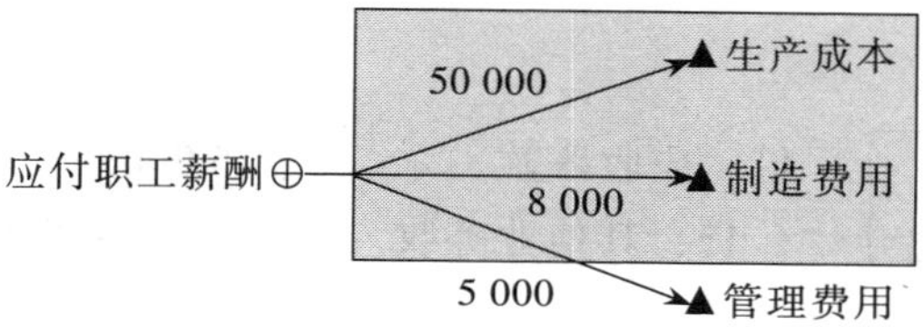

借：生产成本　50 000
　　——甲　30 000
　　——乙　20 000
　制造费用　8 000
　管理费用　5 000
　贷：应付职工薪酬　63 000

（6）

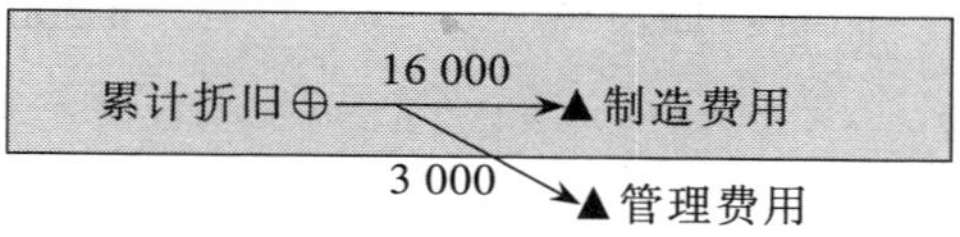

借：制造费用　16 000
　管理费用　3 000
　贷：累计折旧　19 000

（7）

甲产品应承担的制造费用=20 000×（30 000÷50 000）=12 000（元）

乙产品应承担的制造费用=20 000×（20 000÷50 000）=8 000（元）

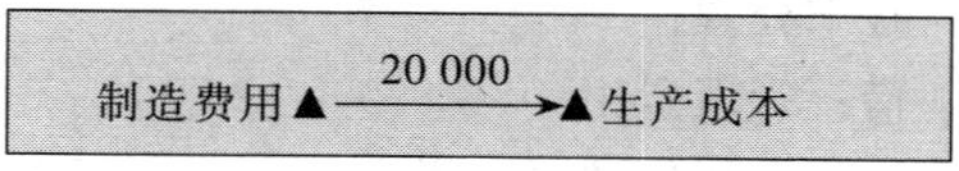

借：生产成本　20 000
　　——甲　12 000
　　——乙　8 000
　贷：制造费用　20 000

（8）

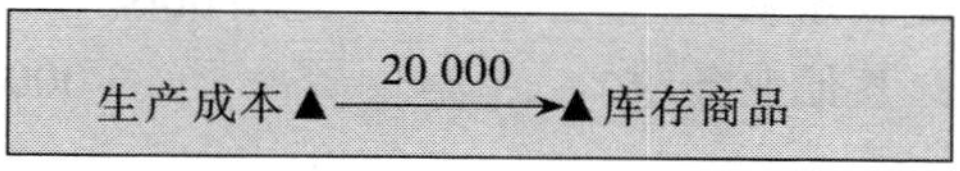

借：库存商品——乙　20 000
　贷：生产成本——乙　20 000

（9）

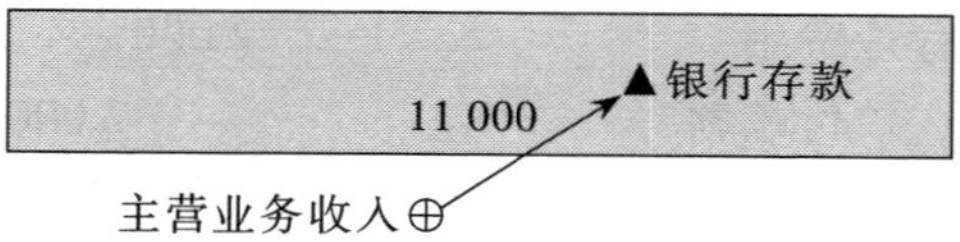

借：银行存款　11 000
　贷：主营业务收入　11 000

（10）

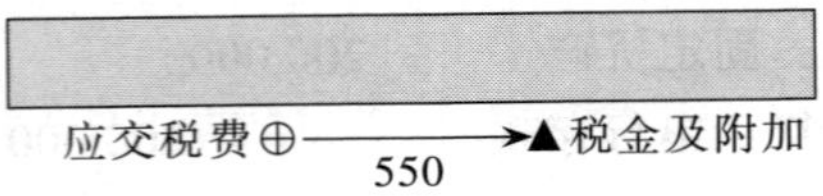

借：税金及附加　　　　550
　贷：应交税费　　　　550

（11）

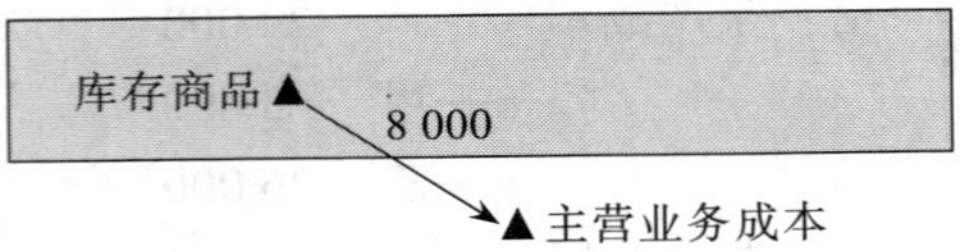

借：主营业务成本　　　　8 000
　贷：库存商品　　　　8 000

（12）

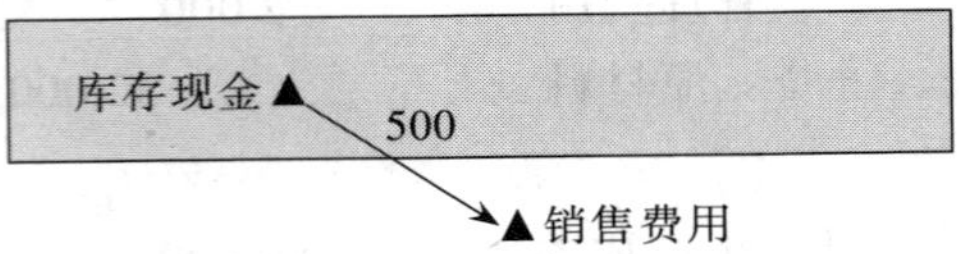

借：销售费用　　　　500
　贷：库存现金　　　　500

（13）

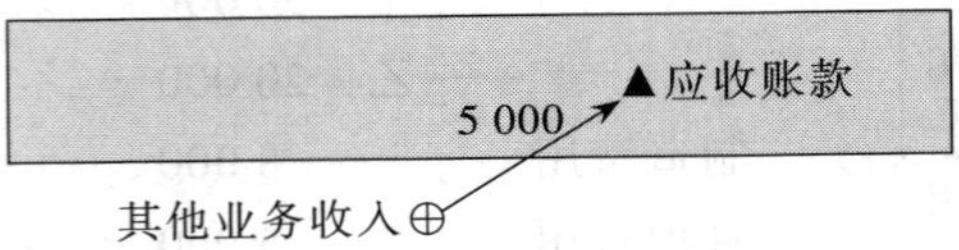

借：应收账款　　　　5 000
　贷：其他业务收入　　　　5 000

（14）

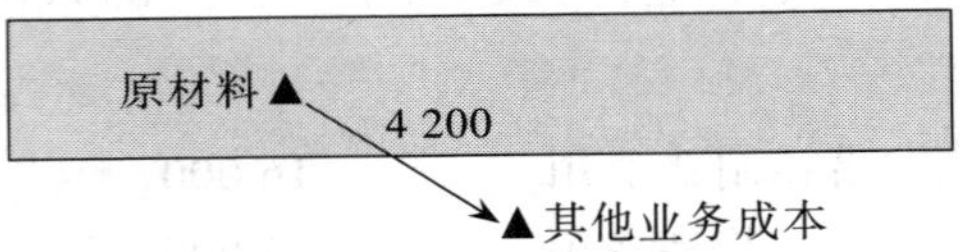

借：其他业务成本　　　　4 200
　贷：原材料　　　　4 200

（15）

25日发现盘亏：
借：待处理财产损溢　　　　2 700
　贷：原材料　　　　2 700

月末处理：
借：管理费用　　　　2 700
　贷：待处理财产损溢　　　　2 700

8.【综合题】答案：

（1）预收款业务：

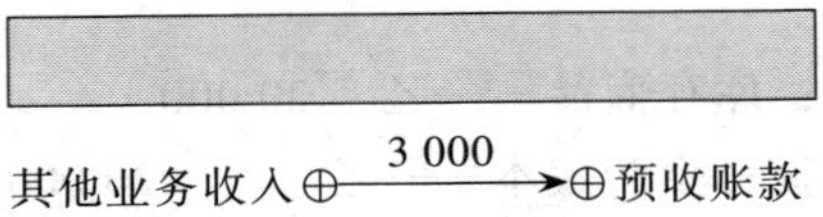

借：预收账款　　　　3 000
　贷：其他业务收入　　　　3 000

（2）预付款业务：

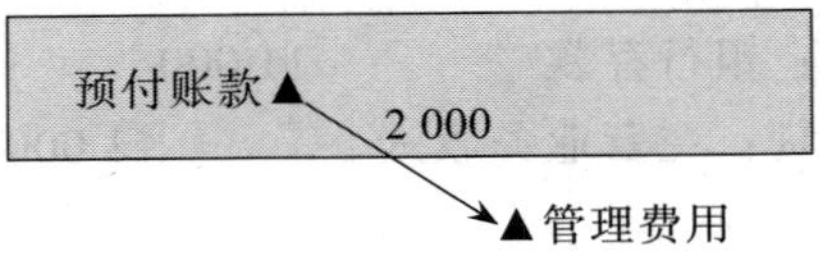

借：管理费用　　　　2 000
　贷：预付账款　　　　2 000

（3）短期借款利息处理：

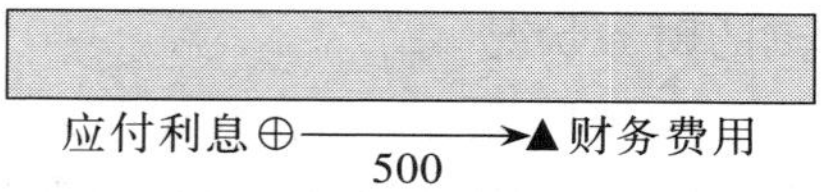

借：财务费用　　　　500
　贷：应付利息　　　　500

9.【综合题】答案：

（1）应采用红字更正法进行更正。

先用红字填制一张与原错误记账凭证内容完全相同的记账凭证，并据以用红字登记入账。

借：管理费用　　　　−200 000
　贷：银行存款　　　　−200 000

然后，用蓝字填制一张正确的记账凭证，并据以用蓝字登记入账。

借：固定资产　　　　200 000
　贷：银行存款　　　　200 000

（2）将使资产负债表中的“固定资产”项目少计200 000元，并使利润表中的管理费用增加200 000元，利润总额减少200 000元，税后净利润减少150 000元。

第八章　会计报告

一、知识点：会计报表概述

1.【单项选择题】答案：D

解析：资产负债表反映财务状况，利润表反映经营成果。所以最好的答案应该是它们都是对外报表。

2.【多项选择题】答案：ACD

解析：在我国，企业财务报表体系是由基本财务报表、报表附注和财务情况说明书三部分构成的。

3.【判断题】答案：对

解析：企业的财务会计报告分为年度、半年度、季度和月度财务会计报告。

二、知识点：资产负债表

1.【单项选择题】答案：D

解析：资产负债表中的资产都是按流动性从大到小排列的。

2.【单项选择题】答案：C

解析：资产负债表中的相应项目都是根据有关账户的期末余额填写的。

3.【单项选择题】答案：C

解析：我国资产负债表的格式是账户式，即左边为资产，右边为负债和所有者权益。

4.【单项选择题】答案：A

解析：资产负债表反映的是企业某一特定时刻的财务状况。

5.【单项选择题】答案：D

解析：企业在一定时期内现金的流入与流出信息，应该通过现金流量表来反映。

6.【多项选择题】答案：ABC

解析：资产负债表本期数据的来源主要是本期资产、负债和所有者权益账户的期末余额。

7.【多项选择题】答案：ABC

解析：预收款项属于流动负债。

8.【多项选择题】答案：BD

解析：固定资产和无形资产属于非流动资产。

9.【多项选择题】答案：ABC

解析：企业在一定时期内现金的流入和流出的信息及现金增减变动的原因主要通过现金流量表来了解。因此，选项D是错的。选项A、B、C都是正确的。

10.【判断题】答案：错

解析：资产负债表是反映企业在一定时刻的资产、负债和所有者权益情况的报表。

11.【判断题】答案：错

解析：资产负债表中的资产按其流动性的大小可以分为流动资产和非流动资产。

12.【判断题】答案：错

解析：资产负债表中的负债按其流动性的大小可以分为流动负债和非流动负债。

13.【计算题】答案：

计算填列资产负债表“货币资金”、“存货”、“长期借款”和“未分配利润”四个项目的金额：

（1）资产负债表资产方“货币资金”项目的金额为：980+10 258=11 238（元）。

（2）资产负债表资产方“存货”项目的金额为：18 695+489+6 589=25 773（元）。

（3）资产负债表负债方“长期借款”项目的金额为：153 000−35 000=118 000（元）。

（4）资产负债表所有者权益方“未分配利润”项目的金额为：30 015−4 856=25 159（元）。

三、知识点：利润表和现金流量表

1.【单项选择题】答案：B

解析：现金流量表的编制基础是现金及其等价物。

2.【单项选择题】答案：B

解析：我国利润表的格式是多步式。

3.【单项选择题】答案：D

解析：所得税费用不影响企业利润总额，但影响企业的净利润。

4.【单项选择题】答案：C

解析：制造费用的期末余额不一定为零，它是资产。其他三个项目的期末余额一定为零。

5.【多项选择题】答案：ABD

解析：资产负债表才可以提供财务状况信息。利润表只能提供经营成果信息。

6.【多项选择题】答案：ABC

解析：营业外收入不属于营业利润的计算范畴。

7.【多项选择题】答案：ABD

解析：营业利润加上营业外收支净额，减去所得税费用就是净利润。

8.【多项选择题】答案：ABCD

解析：现金及其等价物主要包括货币资金及其等价物。

9.【多项选择题】答案：ACD

解析：生产成本反映在产品成本，属于资产要素，其期末余额不一定为零，而其他三个项目的余额一定为零。

10.【判断题】答案：错

解析：利润表是反映企业本月、本季或本年取得的利润或发生的亏损情况的报表。

11.【判断题】答案：错

解析：我国企业利润表采用的是多步式。

12.【计算题】答案：

利 润 表

编制单位：某企业　　　　20×9年10月　　　　单位：元

项　目	本期金额
一、营业收入	4 300 000
减：营业成本	2 520 000
税金及附加	20 000
销售费用	400 000
管理费用	240 000
研发费用	—
财务费用	30 000
其中：利息费用	—
利息收入	—

续表

项　目	本期金额
加：其他收益	—
投资收益（损失以“-”号填列）	80 000
其中：对联营企业和合营企业的收益	—
以摊余成本计量的金融资产终止确认收益（损失以“-”号填列）	—
净敞口套期收益（损失以“-”号填列）	—
公允价值变动收益（损失以“-”号填列）	—
信用减值损失（损失以“-”号填列）	—
资产减值损失（损失以“-”号填列）	—
资产处置收益（损失以“-”号填列）	—
二、营业利润（亏损以“-”号填列）	1 170 000
加：营业外收入	70 000
减：营业外支出	40 000
三、利润总额（亏损总额以“-”号填列）	1 200 000
减：所得税费用	300 000
四、净利润（净亏损以“-”号填列）	900 000
⋮	—

13.【综合分析题】答案：

题号	资产负债表（万元）			利润表（万元）		
	流动资产	非流动资产	资产合计	营业利润	利润总额	净利润
（1）	-10	0	-10	-10	-10	-7.5
（2）	+5	0	+5	+5	+5	+3.75
（3）	0	0	0	0	0	0
（4）	0	0	0	0	0	0
（5）	0	0	0	0	0	0
（6）	0	0	0	+10	0	0
（7）	+3	-3	0	0	0	0
（8）	0	-3	-3	-3	-3	-2.25

第九章　会计业务循环

知识点：会计循环

1.【单项选择题】答案：B

解析：分录记录是账户记录的准备阶段。

2.【单项选择题】答案：A

解析：财务报表编制的主要依据是账簿记录。

3.【单项选择题】答案：B

解析：之所以要进行账项调整，就是要正确计算各期损益。

4.【单项选择题】答案：A

解析：财务报表是整个会计循环最重要的产出。

5.【单项选择题】答案：D

解析：因为在编制财务报表时，需要再确认与再计量，需要对某项目进行分解与整合。所以不仅要有总分类账，还要有一些明细账。

6.【多项选择题】答案：AC

解析：期末需要调整的收入项目包括应计未计的收入和递延收入的分配两个方面。

7.【多项选择题】答案：BD

解析：期末需要调整的费用项目包括预付费用的摊销和应计未付费用两个方面。

8.【多项选择题】答案：BCD

解析：结账，就是要逐一计算各个账户的本期发生额和期末余额。

9.【多项选择题】答案：ABD

解析：从会计信息处理过程来看，其依次是证—账—表。

10.【判断题】答案：错

解析：分析完经济业务后，下一步应该是分录记录。

11.【判断题】答案：错

解析：期末账项调整也是要有依据的，只不过这些依据可能主要是财务人员自制的一些原始凭证。

12.【判断题】答案：错

解析：记账凭证过入总分类账的方式，有逐一的、也有汇总的。但在信息技术时代，记账凭证都是逐一过入账簿的。

13.【简答题】答案：

我国企业会计循环的过程是：首先，根据填制或取得的原始凭证对经济交易进行确认和计量，并根据其结果编制记账凭证；然后，根据记账凭证登记会计账簿，期末调整有关账项并核对账目和结算各个账户的本期发生额和余额；最后，根据审核无误的账簿记录编制财务报表。其具体流程可以用如下图示表示：

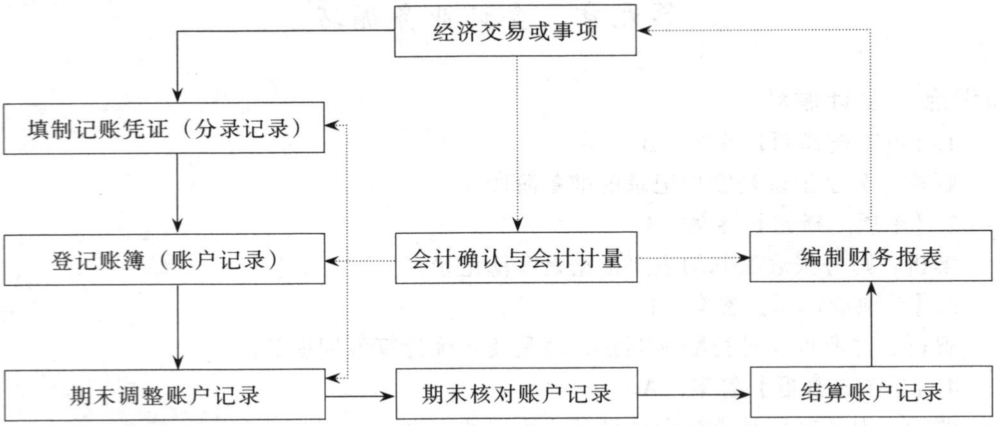

14.【综合题】答案：

存在的问题是：

（1）该付款凭证应该有附件张数；合计金额前应该有人民币符号“￥”；制证人员签章应该是“孙莉”而非“王莹”；由于尚未据以登记分类账簿，记账符号那栏不应该打钩。

（2）从银行提现应该编制的是付款凭证（涉及银行存款和库存现金相互划转的业务，为避免重复，只编制付款凭证）。另外，应该有附件张数；合计金额前应该有人民币符号“￥”；制证人员签章应该是“孙莉”而非“王莹”；记账符号那栏也不应该打钩。

（3）计提生产设备折旧编制的应该是转账凭证。贷方科目应该为累计折旧，另外，该凭证应该有附件张数；合计金额前应该有人民币符号“￥”；制证人员签章应该是“孙莉”而非“王莹”；由于尚未据以登记分类账簿，记账符号那栏不应该打钩。

（4）该凭证的合计金额栏应填列相应数字，并在前面添加人民币符号“￥”；制证人员签章应该是“孙莉”而非“王莹”；由于尚未据以登记分类账簿，记账符号那栏不应该打钩。

第十章　会计规范

一、知识点：会计规范体系与会计法

1.【单项选择题】答案：B

解析：《中华人民共和国会计法》是我国会计领域中的最高法律。

2.【单项选择题】答案：C

解析：我国企业会计准则是由财政部发布的。

3.【单项选择题】答案：C

解析：单位负责人或法定代表人是单位会计责任的承担者。

4.【单项选择题】答案：C

解析：我国的第一部会计法是在1985年颁布的。

5.【判断题】答案：错

解析：2017年颁布的《中华人民共和国会计法》已取消了会计从业资格证书。

6.【判断题】答案：错

解析：企业负责人或法人对本企业财务报告的真实性、完整性负责。

二、知识点：会计准则与会计制度

1.【单项选择题】答案：D

解析：我国第一份《企业会计准则》是在1992年发布的。

2.【单项选择题】答案：A

解析：美国制定统一会计标准的法定机构是美国证券交易委员会，这是美国国会授予的。

3.【多项选择题】答案：AC

解析：我国企业会计准则的层次主要包括基本会计准则和具体会计准则两部分。

4.【判断题】答案：错。

解析：会计准则主要针对会计确认、计量和报告；而会计制度主要集中在记录与报告。

5.【简答题】答案：

在我国，会计准则和会计制度都属于会计法规体系中的同一个层次，是企业会计确认、计量、记录和报告规范的两种不同形式。二者目的相同，侧重点不同。会计准则与会计制度的目的都在于规范企业会计行为、提高会计信息的可比性、确保会计信息真实可靠，但会计准则侧重于对会计确认、计量和报告的规范，而会计制度侧重于对会计记录和报告的具体行为进行详细规定。

6.【综合题】答案：

我国的会计法规体系主要包括五类基本内容：①会计基本法律，是指国家以法律形式对会计行为所作的规范，包括《中华人民共和国会计法》《中华人民共和国注册会计师法》《中华人民共和国审计法》等，由全国人民代表大会常务委员会通过后发布。②会计行政法规，主要是指由国务院所颁布的《企业财务会计报告条例》等高层次的政府行政法规。③会计准则和会计制度，是指对会计确认、计量、记录和报告进行规范的会计标准和规则，由财政部发布。④综合性会计规范，是指会计工作的一些基本制度，规定从事会计工作必须遵循的基本原则和基本规程，主要包括财政部颁布的《会计基础工作规范》、《内部会计控制规范》以及由财政部和国家档案局联合颁布的《会计档案管理办法》。⑤单位内部会计制度，是指由各经济组织或单位在遵守全国性统一会计法律法规制度的前提下，结合自身的特点和经营管理目标，制定出的适合于本单位的内部会计规范。

综合模拟测试 A卷答案

一、单项选择题（从备选答案中选出一个正确答案，并将答案写在题前括号内。共10小题，每小题2分，共计20分）

题号	1	2	3	4	5	6	7	8	9	10
答案	D	B	A	D	B	A	D	B	A	B

二、多项选择题（从备选答案中选出两个或两个以上的正确答案，并将答案写在题前括号内。共10小题，每小题2分，共计20分）

题号	1	2	3	4	5
答案	ACD	ABD	AD	ABCD	BD
题号	6	7	8	9	10
答案	CD	AD	ACD	AD	AC

三、判断题（用"√"表示正确，"×"表示错误，请将答案符号写在题前括号内。共5小题，每小题2分，共计10分）

1.× 2.× 3.× 4.× 5.×

四、计算题（要求列示计算过程，共2小题，每小题10分，共计20分）

1.（1）永续盘存制下的LIFO：

发货成本=50×6+200×7+50×8=2 100（元） （2.5分）

结存成本=100×5+50×6+50×7+50×8=1 550（元）

或 =（100×5+100×6+250×7+100×8）−2 100=1550（元） （2.5分）

（2）永续盘存制下的全月一次加权平均法：

加权平均单位成本=（100×5+100×6+250×7+100×8）÷（100+100+250+100） （3分）

=3 650÷550=6.64（元/件）

发货成本=（50+200+50）×6.64=1 992（元） （1分）

结存成本=（100×5+100×6+250×7+100×8）−1 992=1 658（元） （1分）

2.（1）第1年折旧额=152 000×2/5=60 800（元） （2分）

第2年折旧额=（152 000−60 800）×2/5=36 480（元） （2分）

第3年折旧额=（152 000−60 800−36 480）×2/5=21 888（元） （2分）

第4年折旧额=（152 000−60 800−36 480−21 888−2 000）÷2=15416（元） （1分）

第5年折旧额=15 416元 （1分）

（2）前3年共计提折旧=60 800+36 480+21 888=119 168（元） （1分）

第3年年末设备的账面净值=152 000−119 168=32 832（元）

出售所得收益=50 000−32 832=17 168 （元） （1分）

五、综合题（共计30分）

1.

资产负债表

编制单位：阳光股份有限公司　　20×7年10月31日　　单位：人民币万元

资产	金额	负债及所有者权益	金额
货币资金	1 120（0.5分）	负债：	
应收账款	100（0.5分）	短期借款	70（0.5分）
预付款项	85（0.5分）	应付职工薪酬	200（0.5分）
存货	1 000（0.5分）	所有者权益：	
固定资产	10 600（0.5分）	股本	12 635（0.5分）
资产总计	12 905	负债及所有者权益总计	12 905

2.

（1）1日，以3.8元/股的价格发行A股股票2 000万股，该股票面值为1元/股。根据协议，阳光公司向代理发行股票的券商支付100万元手续费。所筹资金已存入银行。

借：银行存款　　75 000 000　（2分）

　贷：股本　　20 000 000

　　资本公积——股本溢价　　55 000 000

（2）6日，从东方公司购买A、B两种材料。其中，A材料50千克，单价0.48万元，B材料80千克，单价0.1万元。在采购过程中，发生两种材料的运输费共计0.64万元（按买价总额的比例在两种材料之间分配），B材料的运输保险费为0.03万元。上述款项，阳光公司均已开出转账支票支付，材料于当日验收入库。

借：原材料——A材料　　244 800（2分）

　　——B材料　　81 900

　贷：银行存款　　326 700

（3）12日，生产车间一般性消耗B材料20万元。

借：制造费用　　200 000（2分）

　贷：原材料——B材料　　200 000

（4）预付下一年度生产设备的租金12万元。

借：待摊费用（或预付账款、预付费用）　　120 000（2分）

　贷：银行存款　　120 000

（5）20日，因拖延纳税时间被税务部门罚款0.3万元，该罚款已于当日用现金支付。

借：营业外支出　　3 000（2分）

　贷：库存现金　　3 000

（6）摊销本月应负担的厂部财产保险费1万元。

借：管理费用　　10 000（2分）

贷：待摊费用（或预付账款、预付费用） 10 000

（7）31日，结算本月职工薪酬。其中，甲产品和乙产品生产工人职工薪酬分别为56万元和18万元，车间管理人员职工薪酬为4万元。

借：生产成本——甲产品 560 000（2分）

——乙产品 180 000

制造费用 40 000

贷：应付职工薪酬 780 000

（8）31日，归集和分配结转制造费用。本月发生的制造费用总额为68万元，按照甲、乙产品机器工时比例3∶1分配。

借：生产成本——甲产品 510 000（2分）

——乙产品 170 000

贷：制造费用 680 000

（9）31日，向硕丰公司销售乙产品120件，销售单价为0.8万元。其中32万元货款已于上月收取，余款待收。所售乙产品的成本为70万元。

借：应收账款——硕丰公司 640 000（1分）

预收账款——硕丰公司 320 000

贷：主营业务收入 960 000

借：主营业务成本 700 000（1分）

贷：库存商品——乙产品 700 000

（10）31日，收到市政府的专项补贴款30万元。

借：银行存款 300 000（2分）

贷：营业外收入 300 000

（11）31日，计提本月应缴纳的消费税3万元。

借：税金及附加 30 000（2分）

贷：应交税费——应交消费税 30 000

（12）31日，计提本月固定资产折旧10万元，其中生产车间固定资产折旧6万元，行政管理部门固定资产折旧4万元。

借：制造费用 60 000（2分）

管理费用 40 000

贷：累计折旧 100 000

（13）31日，根据利润分配方案，提取法定盈余公积36万元，提取任意盈余公积72万元，宣告分配现金股利100万元。

借：利润分配——提取法定盈余公积 360 000（2分）

——提取任意盈余公积 720 000

——应付现金股利 1 000 000

贷：盈余公积 1 080 000

应付股利 1 000 000

综合模拟测试　B卷答案

一、单项选择题（从备选答案中选出一个正确答案，并将答案写在题前括号内。共10小题，每小题2分，共计20分）

题号	1	2	3	4	5	6	7	8	9	10
答案	B	B	B	D	D	A	C	D	B	C

二、多项选择题（从备选答案中选出两个或两个以上的正确答案，并将答案写在题前括号内。共10小题，每小题2分，共计20分）

题号	1	2	3	4	5
答案	AC	ABCD	BC	BCD	AB
题号	6	7	8	9	10
答案	BCD	ABCD	AB	BC	AC

三、判断题（用“√”表示正确，“×”表示错误，请将答案符号写在题前括号内。共5小题，每小题2分，共计10分）

1.×　2.×　3.×　4.√　5.×

四、计算题（要求列示计算过程，共2小题，每小题10分，共计20分）

1.永续盘存制下的FIFO：

销货成本=50×5+（50×5+100×7+50×6）+50×6=1 800（元）　（2.5分）

期末结存成本=150×6+100×8=1 700（元）

或　　=100×5+（100×7+250×6+100×8）−1 800=1 700（元）　（2.5分）

永续盘存制下的全月一次加权平均法：

加权平均单位成本=（500+700+1 500+800）÷（100+100+250+100）

=6.36（元/件）　（3分）

销货成本=6.36 ×300=1 908（元）　（1分）

期末结存成本=6.36 ×250=1 590（元）或 （500+3000）−1 908=1 592（元）　（1分）

2.（1）

第1年折旧额=（152 000−2 000）× 5÷15=50 000（元）　（2分）

第2年折旧额=（152 000−2 000）× 4÷15=40 000（元）　（2分）

第3年折旧额=（152 000−2 000）× 3÷15=30 000（元）　（2分）

第4年折旧额=（152 000−2 000）× 2÷15=20 000（元）　（1分）

第5年折旧额=（152 000−2 000）× 1÷15=10 000（元）　（1分）

（2）前3年计提折旧总额=50 000+40 000+30 000=120 000（元）（1分）

第3年年末该设备净值=152 000 −120 000=32 000（元）

出售所得收益=50 000 −32 000=18 000（元）（1分）

五、综合题（共计30分）

1.所有者权益5月初的金额=10 000−3 000=7 000（万元）（1分）

本月所有者权益的变化额=8 500−7 000=1 500（万元）（1分）

本月利润=1 500 −（1 300−500）=700（万元）（2分）

2.

（1）借：银行存款 500 000（2分）

贷：短期借款 500 000

（2）借：在途物资 300 000（1分）

贷：应付票据——大众公司 300 000

借：财务费用 12（1分）

贷：银行存款 12

（3）借：待摊费用（或预付账款、预付费用） 240 000（2分）

贷：银行存款 240 000

（4）借：管理费用 30 000（2分）

贷：待摊费用（或预付账款、预付费用） 30 000

（5）借：生产成本——A产品 100 000（2分）

贷：原材料——甲材料 100 000

（6）借：制造费用 60 000（2分）

管理费用 20 000

销售费用 20 000

贷：累计折旧 100 000

（7）借：管理费用 20 000（2分）

预提费用（或其他应付款等） 220 000

贷：银行存款 240 000

（8）借：应收账款 200 000（1分）

贷：主营业务收入 200 000

借：主营业务成本 80 000（1分）

贷：库存商品 80 000

（9）借：应付票据——大众公司 300 000（2分）

贷：银行存款 300 000

（10）借：原材料 300 000（2分）

贷：在途物资 300 000

（11）借：财务费用 30 000（2分）

贷：预提费用/应付利息　30 000

（12）借：生产成本——A产品　40 000（2分）

——B产品　60 000

贷：制造费用　100 000

（13）借：主营业务收入　200 000（1分）

贷：本年利润　200 000

借：本年利润　200 012（1分）

贷：主营业务成本　80 000

管理费用　70 000

销售费用　20 000

财务费用　30 012

综合模拟测试 C卷答案

一、单项选择题（共10题，每题2分，共计20分）

题号	1	2	3	4	5	6	7	8	9	10
答案	B	A	C	C	B	A	C	B	A	C

二、计算题（共2题，第1题12分，第2题6分，共计18分）

1.

收付实现制与权责发生制的比较　　单位：元

交易序号	收付实现制		权责发生制	
	收入	费用	收入	费用
（1）	200 000		160 000	
（2）	0		60 000	
（3）		0		45 000
（4）		0		30 000
（5）		10 000		60 000
（6）		40 000		40 000

（每题2分）

2.

应计折旧总额=100 000−4 000=96 000（元）（1分）

第一年折旧费=96 000×（5/15）=32 000元（1分）

第二年折旧费=96 000×（4/15）=25 600元（1分）

第三年折旧费=96 000×（3/15）=19 200元（1分）

第四年折旧费=96 000×（2/15）=12 800元（1分）

第五年折旧费=96 000×（1/15）=6 400元（1分）

三、业务题（共5小题。第1、2小题各10分；第3、4小题各11分，第5小题6分，共计48分）

1.

（1）A段运动反映企业以银行存款20 000元预付材料购货款。

B段运动反映企业购买材料120 000元，冲销预付款20 000，以银行存款支付70 000元，余款30 000元尚未支付，材料尚未验收入库；

C段运动反映企业所购材料已验收入库，金额为120 000元；

D段运动反映企业以银行存款偿还所购材料的赊购款30 000元。（每段2分，共计8分）

（2）借：在途物资　　120 000

　　贷：银行存款　　70 000

　　　　预付账款　　20 000

　　　　应付账款　　30 000（2分）

2.

（1）A段运动反映企业取得短期借款1 000 000元；B段运动确认应付利息5 000元；C段运动反映企业以银行存款15 000元支付应付未付的利息；（每段2分，共计6分）

（2）

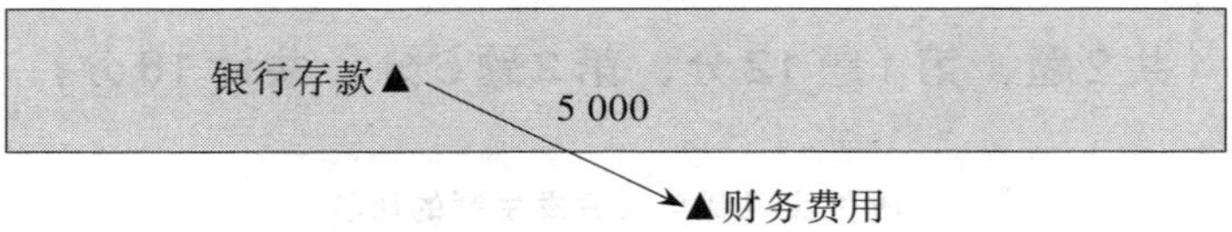

借：财务费用　　5 000

　贷：银行存款　　5 000（2分）

3.

（1）（每题1.5分，共计7.5分）

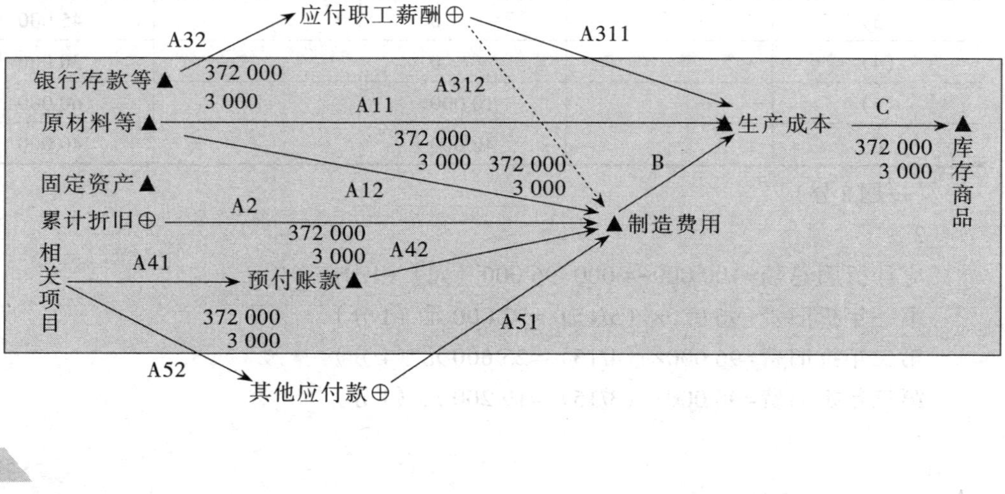

（2）

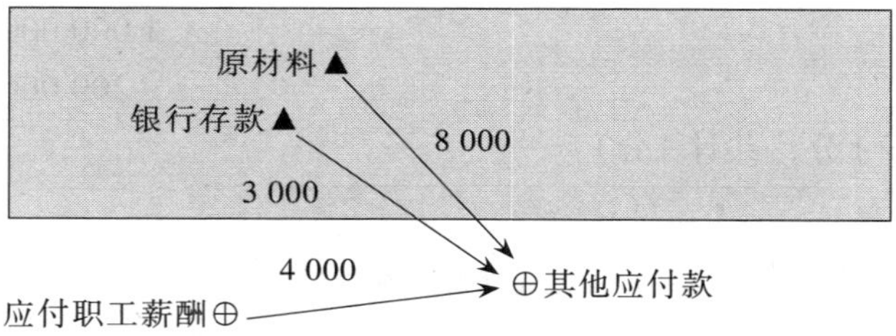

借：其他应付款　　12 000
　贷：原材料　　8 000
　　银行存款　　3 000
　　应付职工薪酬　　1 000

（3.5分）

4.

（1）（每题1.5分，共计7.5分）

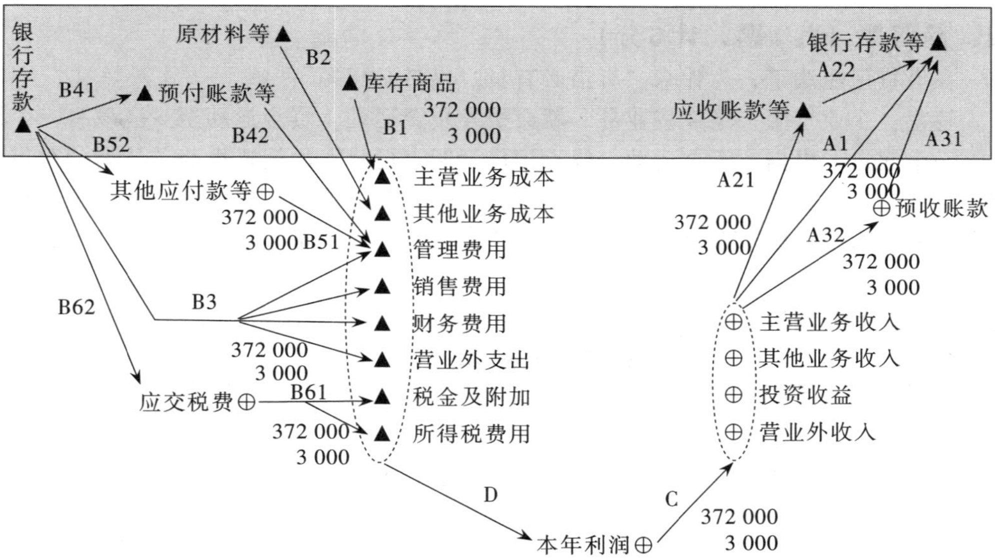

（2）

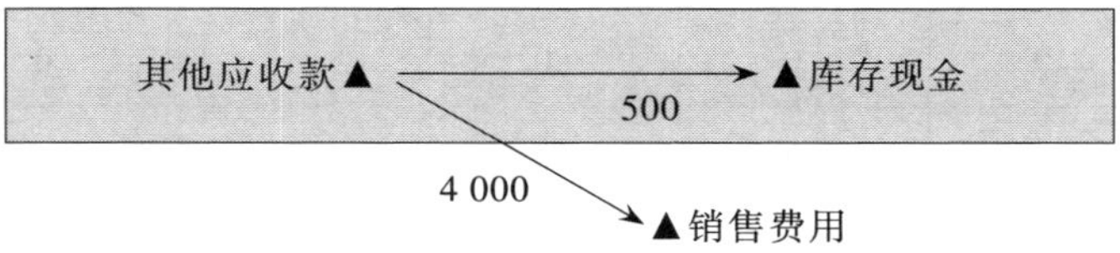

借：销售费用　　4 000
　库存现金　　500
　贷：其他应收款　　4 500（画图2分，会计分录1.5分）

5.

（1）（画图2分，编写会计分录1分，共计3分）

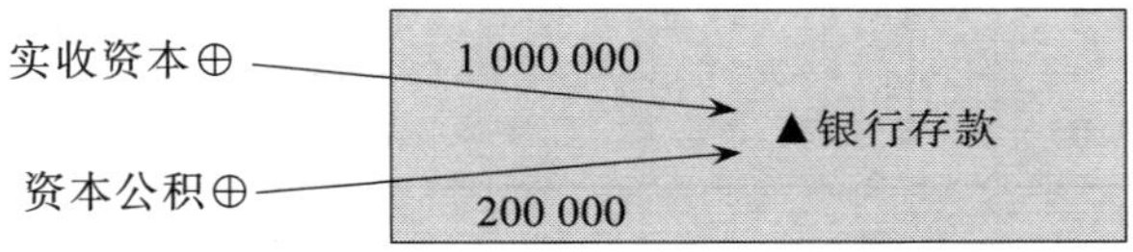

借：银行存款　　1 200 000

　贷：实收资本　　1 000 000

　　　资本公积　　200 000

（2）（画图2分，编写会计分录1分，共计3分）

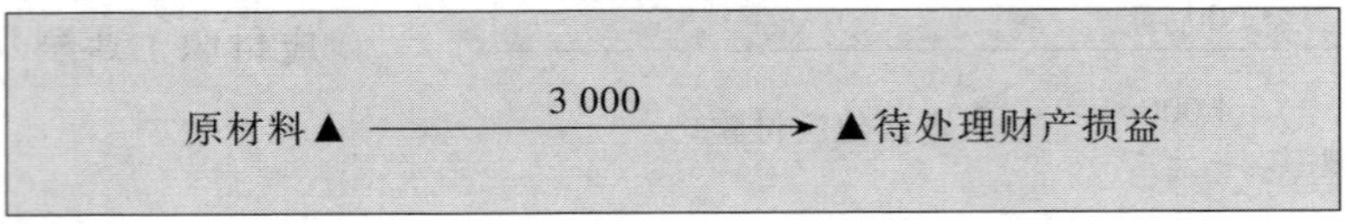

借：待处理财产损溢　　3 000

　贷：原材料　　3 000

四、简答题（共1题，计6分）

在借贷记账法下，为什么“有借必有贷、借贷必相等”？

答案：企业发生一笔经济业务，就会引发资金运动。资金运动至少应该有一个终点，一个起点。根据“资金运动，终点记借、起点记贷”的记账思路，所谓“有借必有贷”就是指资金运动，有终点就一定有起点，有起点就一定有终点。所谓“借贷必相等”就是指起点的资金流出量一定等于终点的资金流入量。

五、案例分析题（共1题，计8分）

账务处理错误影响分析表　　单位：万元

题号	资产负债表			利润表		
	流动资产	非流动资产	资产合计	营业利润	利润总额	净利润
（1）	−3	0	−3	−3	−3	−2.25
（2）	0	0	0	0	0	0
（3）	0	0	0	+5	0	0
（4）	+6	−6	0	0	0	0

综合模拟测试　D卷答案

一、单项选择题（共10题，每题2分，共计20分）

题号	1	2	3	4	5	6	7	8	9	10
答案	C	B	B	C	C	A	D	B	C	D

二、计算题（共2题，第1题12分，第2题6分，共计18分）

1.

收付实现制与权责发生制的比较　　单位：元

交易序号	收付实现制		权责发生制	
	收入	费用	收入	费用
（1）	0		10 000	
（2）	0		60 000	
（3）		10 000		0
（4）		0		1 000
（5）		40 000		40 000
（6）		2 000		0

（每题2分）

2.

发出存货成本=（1 000×8+2 500×9）+（500×9+1 500×10）=50 000（元）　（4分）

期末结存存货=500×10=5 000（元）　（2分）

三、业务题（共5小题。第1、2小题各10分；第3、4小题各11分，第5小题6分，共计48分）

1.

（1）A段运动反映企业赊购材料180 000元，该材料尚未验收入库。

B段运动反映企业以库存现金支付相关采购费用20 000元；

C段运动反映企业所购材料已验收入库，金额为200 000元；

D段运动反映企业以银行存款偿还所购材料的赊购款180 000元。（每段2分，共计8分）

（2）借：应付账款　　180 000

　　贷：银行存款　　180 000（2分）

2.

（1）A段运动将本年已实现的利润1 200 000元结转未分配利润项目；

B段运动提取或确认应付现金股利480 000元；

C段运动反映提取盈余公积金240 000元；

D段运动反映将已分配利润720 000元全部结转至未分配利润项目。（每段2分，共计8分）

（2）借：未分配利润　　　　　　　　　　　　720 000

　　贷：利润分配——应付现金股利　　　　　　　　480 000

　　　　　　　——提取盈余公积　　　　　　　　240 000（2分）

3.

（1）（每题1.5分，共计7.5分）

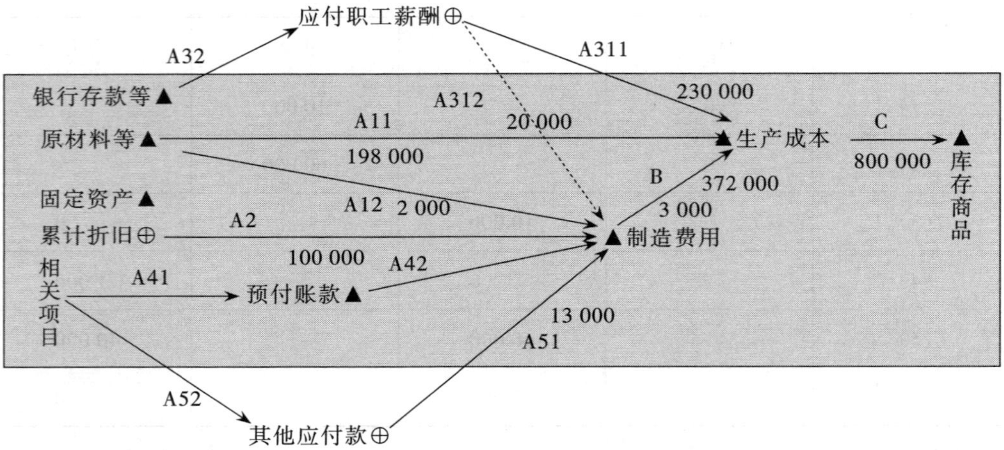

（2）本期制造费用的发生额=800 000−230 000−198 000=372 000（元）（1分）

借：生产成本　　　　　　　　　　372 000

　贷：制造费用　　　　　　　　　　　　372 000（1.5分）（填入图中，1分）

4.

（1）（每题1.5分，共计9分）

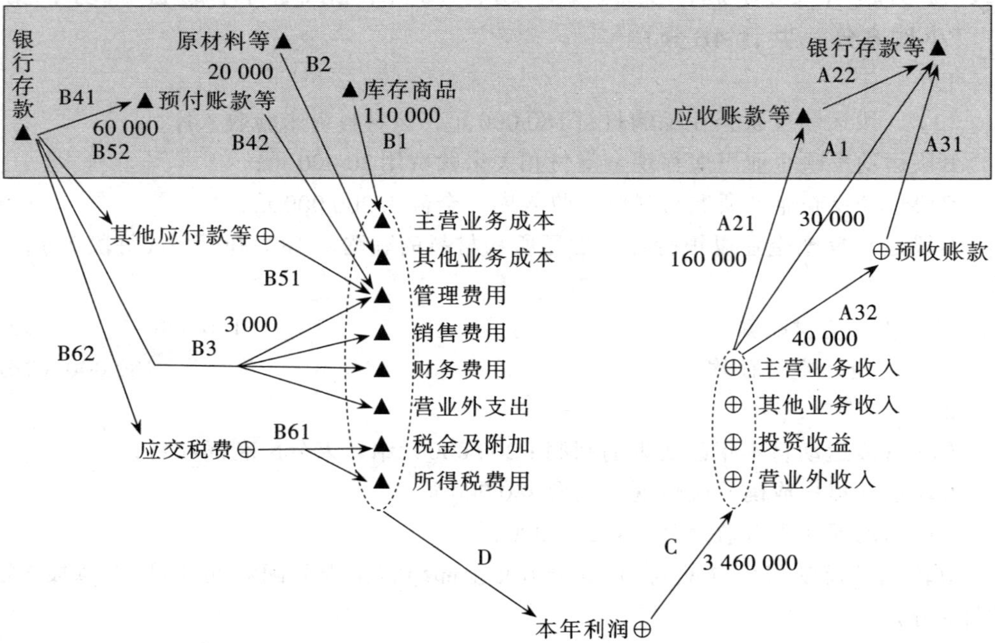

（2）借：主营业务收入　3 000 000
　　其他业务收入　300 000
　　投资收益　100 000
　　营业外收入　60 000
　贷：本年利润　3 460 000（2分）

5.

（1）（画图2分，编写会计分录1分，共计3分）

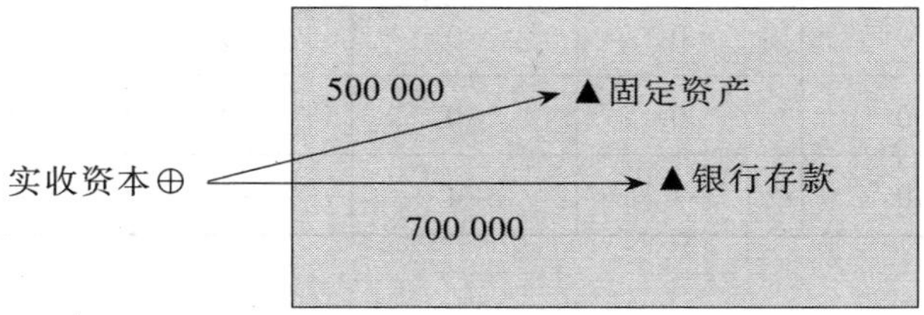

借：银行存款　700 000
　　固定资产　500 000
　贷：实收资本　1 200 000

（2）（画图2分，编写会计分录1分，共计3分）

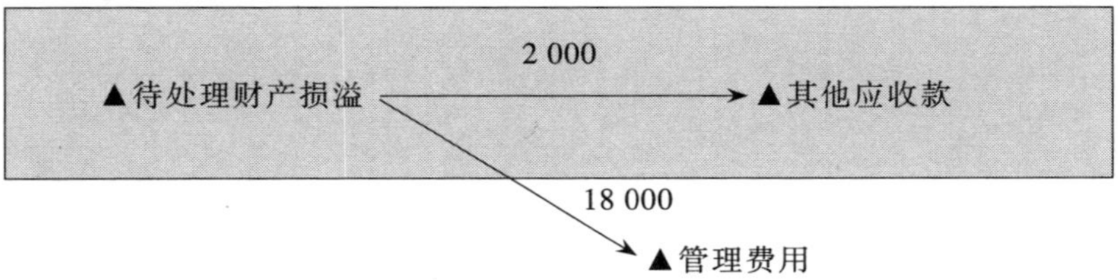

借：其他应收款——张正　2 000
　　管理费用　18 000
　贷：待处理财产损溢　20 000

四、简答题（共1题，计6分）

在复试记账法下，为什么必须在两个或两个以上的账户进行记录？

答案：企业发生一笔经济业务，就会引发资金运动。既然有资金运动，那资金运动至少应该有一个终点，一个起点。根据“资金运动，终点记借、起点记贷”的记账思路，所以至少应该打开两个资金运动项目对应的会计账户，进行会计记录。这就是为什么要在两个或两个以上的账户中进行记录的原因。

五、案例分析题（共1题，计8分）

账务处理错误影响分析表

单位：万元

题号	资产负债表			利润表		
	流动资产	非流动资产	资产合计	营业利润	利润总额	净利润
(1)	+6	0	+6	+6	+6	+4.5
(2)	0	0	0	0	0	0
(3)	0	0	0	0	0	0
(4)	0	−4	−4	−4	−4	−3

业财合一 · 流程管控

业财合一 · 流程管控系列教材

《会计学原理》（第三版）	施先旺　龚翔　主编	2024年7月出版
《会计学原理习题与解析》（第三版）	施先旺　刘美华　主编	2025年8月出版
《中级财务会计》（第三版）	施先旺　季华　主编	2024年8月出版
《中级财务会计习题与解析》（第二版）	施先旺　张健　主编	2022年6月出版
《高级财务会计》（第二版）	施先旺　马荣贵　主编	2023年6月出版
《高级财务会计习题与解析》	施先旺　李盈超　主编	2020年7月出版
《初级会计实务》	施先旺　向俊　主编	2020年11月出版
《初级会计实务习题与解析》	施先旺　张娇姝　主编	2020年12月出版
《政府会计》	施先旺 周磊　主编	2023年12月出版

《政府会计习题与解析》	拟出版
《会计学》	拟出版
《会计学习题与解析》	拟出版
《会计与税法差异分析》	拟出版
《会计与税法差异分析习题与解析》	拟出版
《中级会计实务》（会计资格考试辅导教材）	拟出版
《中级会计实务习题与解析》（会计资格考试辅导教材）	拟出版
《会计》（CPA考试辅导教材）	拟出版
《会计习题与解析》（CPA考试辅导教材）	拟出版
《会计》（注册税务师考试辅导教材）	拟出版
《会计习题与解析》（注册税务师考试辅导教材）	拟出版